Le quotidien

NUMÉRO DIRIGÉ PAR VÉRONIQUE NAHOUM-GRAPPE,
MARTYNE PERROT ET THIERRY PILLON

Communications est membre de Revues en lutte, mouvement initié en janvier 2020 contre les projets de Loi pluriannuelle de programmation de la recherche (LPPR) et de réforme des retraites (https://universiteouverte.org/category/revues-en-lutte/). Elle fait également partie du Parlement des revues qui en est issu et s'est réuni pour sa session inaugurale le 13 novembre 2020.

Véronique Nahoum-Grappe, Martyne Perrot, Thierry Pillon

Introduction

> Les brefs moments qui concernent les choses que vous et moi et le reste de l'humanité avons en commun, on peut dire qu'ils constituent la dimension de la vie quotidienne, cette matrice de tous les autres modes de la réalité.
>
> SIEGFRIED KRACAUER

La notion de quotidien implique une double temporalité : tout d'abord, celle d'une réduction d'échelle en direction du jour, d'une seule journée de vie incarnée dans le cadre matériel et physique de son déroulement. Le temps du jour est à la fois le plus concret, matériel, pragmatique, mais aussi le plus insensiblement irréversible. Le « quotidien » contraint donc à prendre en compte la durée du présent, de quelques heures à l'éclair de l'instant. Mais la notion renvoie également à une esthétique de la répétition, incarnée dans les formes historiques et sociales de la réalité physiologique et matérielle, dont l'entretien exigeant et itératif occupe un pôle central du champ du quotidien. La « vie quotidienne » est alors le plus souvent perçue comme « prosaïque », « minuscule », « ordinaire ». Autour du mot se forme en outre un nuage d'images et de valeurs. Espace du profane d'un côté, et monde des spiritualités, des extases normées, des voyages fous et des aventures extra-ordinaires de l'autre.

Le quotidien est donc d'emblée un défi pour la description. Comment rendre compte à la fois de la continuité et de la répétition, du banal et de l'exceptionnel ? La littérature est sans nul doute mieux armée. Au-delà de l'exemple canonique de Marcel Proust, les « carnets de notes » tenus par Pierre Bergounioux entre 1980 et 2020 en portent témoignage[1]. Conjugué au passé simple, le temps du quotidien se livre alors dans toutes ses dimensions. Pour autant, les sciences sociales n'ont pas désarmé devant l'épaisseur insaisissable du quotidien.

De la sociologie d'Henri Lefebvre à l'anthropologie de Michel de Certeau, de la sémiologie de Roland Barthes à la littérature de Georges Perec, la réflexion sur le quotidien a épousé la période dite des Trente Glorieuses. Elle en fut peut-être aussi un commentaire, une tentative de saisir la prolifération des objets, la perturbation des rythmes de vie, l'extension des villes, la colonisation du monde par les images. Thème de l'après-guerre, le quotidien n'a pourtant jamais cessé d'être un objet pour les sciences sociales. Dans la tradition des Annales, qui a ouvert le champ d'une perception scientifique des conditions de vie démographiques, sanitaires, culturelles et sociales des populations étudiées, puis inspiré par différents courants plus contemporains comme celui, né en Italie, de la microhistoire sociale, avec pour chef de file Giovanni Levi, et la microhistoire culturelle surtout représentée par Carlo Ginzburg, le souci d'étudier l'histoire du « peuple » a souvent entraîné une prise en compte de la vie ordinaire, quotidienne de celui-ci. Les grandes enquêtes, au XIXe siècle, sur les conditions de vie des paysans et des ouvriers, qui ont donné lieu aux célèbres monographies de Le Play, sont l'immense champ de références pionnier dans cette exigence déontologique de porter sur la scène du visible les formes de vie des couches sociales dominées et situées « en bas » de l'échelle des prestiges sociaux.

L'histoire s'est alors tournée vers la généalogie des gestes, des pratiques dérisoires, des actions mineures, ou majeures mais peu glorieuses, comme celle des pratiques alimentaires, des jardins, du lien conjugal, avec une attention passionnée, éthique et politique, aux personnes « sans histoires ». Elle a inauguré une prise en compte des rythmes de vie, des pratiques et expériences ordinaires et des sensibilités, illustrée notamment par les travaux de l'école des Annales en France, la découverte scientifique de la démographie historique et les publications de nombreux auteurs comme Emmanuel Le Roy Ladurie, Jean-Louis Flandrin, Jean-Claude Schmitt, André Burguière, Alain Corbin, Georges Vigarello, Hervé Mazurel, Christiane Klapisch ou Arlette Farge, entre autres historiens importants qu'il est impossible de citer tous et toutes ici. Un effort épistémologique remarquable a ainsi élevé à la dignité d'un savoir ce qui n'était jamais vu, trop répété pour émerger à la conscience réflexive.

« L'ethnologie du proche », née dans la tradition des enquêtes de terrain menées en France rurale dès les années 1960, notamment dans le cadre des recherches coopératives sur programme (RCP) lancées par le CNRS[2] – dans le Finistère à Plozévet (1961-1965), en Aubrac (1963-1966), dans le Châtillonnais (1966-1968), dans les Pyrénées audoises (1973-1978) – a permis de poser un nouveau regard sur le monde ordinaire de nos sociétés contemporaines, dont ont témoigné par la suite les travaux de Marc Augé et la création du Centre d'anthropologie des mondes contemporains de l'EHESS en 1992. Remarquons ici le souci de grandes anthropologues femmes, comme Margaret Mead, Françoise Héritier ou Mary Douglas, pour le partage sexué des tâches quotidiennes.

De son côté, la sociologie, devenue attentive aux interactions, nourrie de phénoménologie et de pragmatisme, a déployé des méthodes pour saisir la logique des actions les plus banales, comme en témoignent par exemple, autour de l'école de Palo Alto, les travaux novateurs sur les interactions et les formes de communication ordinaires, avec bien sûr Gregory Bateson, Edward T. Hall, Margaret Mead, Ray Birdwhistell, professeur d'Erving Goffman, etc. – les deux tomes de l'ouvrage classique de ce dernier portant sur « la mise en scène de la vie quotidienne » sont parus au début des années 1950 et ont été traduits en 1973 en France. Ces travaux, aussi divers soient-ils, font preuve d'une permanence de l'interrogation sur le monde ordinaire et ses différents milieux. Pluralité des objets et décloisonnement disciplinaire : le quotidien s'est offert à des discours variés. Sans doute est-ce le signe de la difficulté à le saisir, et plus encore à le désigner.

Il se présente au premier abord comme un ensemble d'habitudes concrètes, rarement questionnées, pourtant historiquement et socialement situées. Le regard historique ou ethnographique permet d'en comprendre la part d'arbitraire. Remarquons que le premier travail des ethnologues sur leur terrain, à savoir décrire les groupes culturels dont ils partagent la vie au jour le jour, est aussi celui qui produit le plus d'informations sur le temps quotidien des populations étudiées : leurs carnets d'enquêtes deviennent avec le temps des archives historiques de grande valeur concernant ce champ difficile de la quotidienneté des sociétés étudiées.

Par ailleurs, il faut aussi inscrire dans la problématique générale du domaine du quotidien un des tournants historiques majeurs de la philosophie contemporaine, qui fait se rencontrer la question des tâches, banales, dévalorisées, du quotidien répétitif, le plus souvent dévolues aux femmes, et une relecture de l'importance sociale du champ immense du *care* social, c'est-à-dire l'ensemble des activités relevant d'une logique non marchande de soin pour la survie, voire le bonheur d'autrui, encore largement méconnu dans les conditions réelles du « faire société », sauf en temps de catastrophes sanitaires majeures, parfois. En France, la philosophe Sandra Laugier, relisant Wittgenstein, Veena Das et Stanley Cavell, se situe au premier rang de ce changement de paradigme, né aux États-Unis avec Carol Gilligan en 1982, qui relie la question du quotidien, celle du partage sexué des tâches et rôles et celle de l'importance du contre-don invisible, déterminant, du *care* dans le « faire société ». Les derniers travaux de Geneviève Pruvost vont dans ce sens, en articulant écologie, subsistance et féminisme pour révéler le pouvoir révolutionnaire de la fabrique du quotidien.

Croisant histoire, sociologie et ethnologie, le présent numéro s'attache à dégager plusieurs dimensions et aspects de cette vie quotidienne.

La recherche des formes concrètes de la vie sociale nous est donnée à voir par André Burguière à partir de l'exemple d'un livre du XVIIIe siècle de Pierre J.-B. Legrand d'Aussy : *Histoire de la vie privée des Français*. Il en rappelle le souci ethnographique avant l'heure, incarné dans la recherche de formes sociales et d'habitudes éloignées des évidences de l'auteur. La vie quotidienne est appréhendée à travers les pratiques et les habitudes alimentaires, ainsi que leurs conditions matérielles de production ; une histoire de l'alimentation révélatrice des principes normatifs formant les goûts.

Aussi éloigné de nos habitudes occidentales est le quotidien des lieux au Japon, présenté par Philippe Bonnin. S'appuyant sur le regard des ethnographes pour saisir ce qu'il est possible de comprendre des usages d'un peuple, il revient sur l'étrangeté de l'univers domestique japonais, en particulier du fonctionnement des maisons. Espace foncièrement différent du nôtre, il conditionne autrement les catégories qui gouvernent nos propres habitats.

Traversée par des normes, des modèles de comportement, des représentations, la vie quotidienne, quand elle est saisie dans ses manifestations passées, ou géographiquement éloignées, par les historiens et les ethnologues, révèle sa part d'arbitraire. Les goûts, les sensibilités, les manières de faire, sont ainsi pétris et travaillés par des évidences non questionnées.

Le quotidien a aussi donné lieu à des approches techniques ou scientifiques. Il est très tôt devenu l'objet d'une pensée rationnelle, d'une recherche de mesure et d'efficacité. Les gestes les plus simples, les nécessités les plus impératives n'ont pas échappé à l'exigence de mesure qui s'impose au cours de la période moderne et jusqu'à aujourd'hui. Ainsi, la marche, mouvement naturel s'il en est, devient dès le XVIe siècle l'objet d'une géométrisation, étudié par Marco Saraceno. Il s'agit de soumettre la succession quotidienne des pas à leur mesure et à leur enregistrement. Derrière ces pratiques, il y a l'idée d'une économie d'effort, d'une rationalisation du temps quotidien. Souci hygiéniste, sans doute, mais qui se retrouve aujourd'hui dans l'ensemble des propositions techniques d'enregistrement, de comptabilité et de contrôle de nos actions quotidiennes.

Cette volonté de réduire l'acte quotidien à des données chiffrées, gouvernée par une pensée rationnelle, se retrouve également dans la science ménagère apparue aux États-Unis à la fin du XIXe siècle et dont l'ambition était d'appliquer les méthodes de la production industrielle inspirées de Taylor aux tâches ménagères. Martyne Perrot s'intéresse ici plus particulièrement à l'emploi du temps quotidien faussement libérateur qui en découle. Calcul du temps de chaque geste, organisation des espaces et comptabilité des pas afin d'en réduire le poids quotidien le lestent en fait d'une nouvelle charge mentale. Ouvrages, revues, photos viennent à l'appui de la diffusion de ces méthodes. On les retrouve aujourd'hui dans des ouvrages très contemporains, relayés par des sites Internet, des sessions de formation à vocation pratique, proposant de bien ranger son logement selon les principes du développement personnel, qui prétendent faire de la vie quotidienne « une source d'épanouissement de soi », comme l'analyse Thierry Pillon. La vie quotidienne fait donc l'objet d'un intense travail de rationalisation, selon des méthodes diverses, supporté par une instrumentation et des principes de calcul toujours plus performants. Le suivi de la météo qui, rappelle Martine Tabeaud, s'inscrit dans une longue tradition d'observation journalière du ciel comme principe de repérage temporel, s'appuie également de nos jours sur des technologies sophistiquées, permettant à chacun de savoir sans délai le temps qu'il fait ou fera. L'information prolifère et permet de régler ses déplacements, de faire le meilleur usage du temps quotidien en fonction des données maîtrisables. Mais cette pulsion rationnelle vient se surajouter à la succession naturelle des jours, elle contribue à en définir le sens et l'orientation pratique. C'est le cas dans l'exemple des détenus porteurs de bracelets électroniques qu'étudie Mathias Dambuyant. Si l'instrument est une alternative à l'enfermement, il joue son rôle de prescription et de contrainte des gestes, des temps, et de l'usage des espaces. Il modèle la vie quotidienne du porteur et lui donne une orientation conforme à l'exécution de la peine.

Si le quotidien renvoie à des systèmes de valeurs, des principes normatifs, ceux-ci ne sont pas immuables. Il se prête au changement. Les exemples sont aujourd'hui nombreux d'intellectuels devenus artisans, choisissant un autre mode de vie, affirmant dans l'activité des valeurs plus en prise avec leurs propres manières d'envisager le contenu normatif et politique de la vie quotidienne. Partant de trois cas de personnes qualifiées qui se sont tournées vers l'artisanat, Antoine Dain interroge l'intention à la source de ces orientations de vie. Le changement de métier apparaît comme une nouvelle manière d'articuler activité professionnelle et choix personnels, d'affirmer un style de vie et, au fond, d'agir sur sa vie quotidienne. Le désir de changer de quotidien est donc vu comme un mode d'action. Dans un champ plus réduit, la même idée d'un contenu politique du quotidien s'incarne dans l'exemple de l'occupation du lycée d'une favela près de Rio de Janeiro, au Brésil, en 2015-2016, à laquelle David Amalric consacre une observation participative. Sur le modèle des occupations d'usine, où les espaces et le temps sont recomposés par l'appropriation des lieux et le renversement des normes, c'est la chair même de la vie quotidienne qu'expérimentent ces lycéens. L'ordinaire devient extra-ordinaire, le vivre-ensemble un défi. Face au temps de l'occupation, le quotidien s'impose comme enjeu collectif et perspective utopique. L'inversion des temporalités se donne également à voir dans les usages de la nuit par des travailleurs nocturnes, interviewés par Luc Gwiazdzinski. Non pas qu'ici le quotidien soit traversé par un projet de transformation, il se présente au contraire pour ces travailleurs de la nuit comme l'ordinaire d'un temps extraordinaire, au sens propre. À l'usine, dans un bar, ou sans travail, la nuit offre à voir, avec plus de contrastes que le jour, la pluralité des quotidiens. Ces exemples soulignent la force de la norme, des valeurs inscrites dans la définition même du quotidien. Christophe Granger l'illustre parfaitement à partir d'un litige opposant, au début du XXe siècle, deux négociants bordelais à propos des nuisances olfactives provoquées par le stockage de morues dans la cour d'un immeuble. Le conflit porte sur la perception des odeurs et se termine au tribunal. L'affaire a donc deux dimensions, l'une relevant de la sensibilité, l'autre du droit. Elle montre à quel point le quotidien est l'objet d'une constante redéfinition, qu'il est le point autour duquel s'articulent vécu individuel et principe normatif. L'exemple réintroduit ici la norme, son périmètre et son contenu, dans l'épaisseur de la vie d'un quartier, d'une rue, de deux immeubles banals de Bordeaux. Il permet de définir le quotidien comme ce qui est accepté à titre de forme de vie collective.

Appréhender le quotidien demande de changer d'échelle, d'accorder de l'importance à l'élémentaire et au discret, de questionner le langage même. En effet, qu'est-ce qu'un usage quotidien des mots, l'ordinaire des échanges ? Sandra Laugier interroge avec attention le lien entre langage ordinaire et forme de vie, en puisant dans la tradition de la philosophie analytique. Car l'étude du quotidien renvoie également à la possibilité d'en rendre compte dans un récit, afin de saisir au plus près le déroulement du temps, l'enchaînement des actions, les gestes et leur caractère rituel. Ainsi, celui que propose Marie-Ange Schiltz de son expérience auprès des sans domicile fixe met au jour des bribes de vies violentées, des corps meurtris dans le quotidien de la rue. Espace contraint, plus encore que la rue, l'hôpital psychiatrique dont Martin de la Soudière décrit les rythmes impose aux corps des exigences ritualisées qui pèsent sur le malade. Dans les deux cas, le quotidien se révèle dans les plus petits détails ; les moindres gestes prennent de l'ampleur, pouvant perturber le déroulement d'une journée, ou mettre en danger l'intégrité physique des personnes. Comment saisir ces microévénements, ceux précisément qui échappent à la vue ? Il n'est pas surprenant que le cinéma se soit emparé de ce qui était au cœur de son propre fonctionnement : le déroulement du temps. Le récit du quotidien a très tôt emprunté les voies de l'image. Deux exemples sont présentés par Monique Peyrière : un cinéaste des années 1930, Paul Fejos, un autre de la fin des années 1970, David Perlov. Tous deux se sont attachés à rendre compte, par l'usage de procédés narratifs et techniques, de la dimension onirique, irréelle du quotidien pris dans le flux de la vie matérielle, tout en interrogeant la possibilité de saisir ce qui se dérobe et empêche d'en fixer le contenu *a priori*. Leurs tentatives, comme d'autres, relèvent le défi de parvenir à épouser les contours mystérieux du quotidien. Défi lancé au récit : pouvoir saisir la catastrophe quand elle surgit. Qu'est-ce qui perturbe, en effet, le quotidien, en modifie le tracé régulier ? Le temps du confinement a été un exemple de ces perturbations profondes, parce que révélatrices de ce qui n'était justement pas interrogé. Jean-François Laé retrace sous forme de récit des moments de l'année 2020 vécus par des personnes isolées, précaires ou exilés logeant dans des hôtels de la région parisienne, entre impuissance et désarroi. Il souligne que, par contraste, l'immobilité imposée révèle l'importance du déplacement dans la perception du quotidien. C'est aussi la vie précaire que retient Véronique Nahoum-Grappe, d'une part dans l'approche du quotidien comme désastre de guerre en temps de paix, et d'autre part dans celle du désastre de la guerre elle-même. Toute la vie quotidienne bascule dans ces deux cas. Son rythme est différent, son ampleur aussi, mais l'incertitude et l'insécurité forgent une perception du quotidien qui en renouvelle aussi la définition. La part de méconnaissance qui fait l'épaisseur habituelle de la vie de tous les jours disparaît au profit d'un état second, entre fatigue extrême et état d'alerte permanent, qui change toutes les conduites du corps et les regards, les liens sociaux : la question anthropologique centrale est ici celle du confort et de ses effets cognitifs. Le récit des temps quotidiens dans leur diversité permet de rendre compte des contrastes et des paradoxes qui, selon les situations, rendent plus ou moins présent ce qui, en temps normal, disparaît dans l'uniformité rassurante d'un minimum de sécurité matérielle, donc d'anticipation plus confiante du lendemain, ce qui a des effets sur le sommeil comme sur la perception du monde social et politique.

Véronique Nahoum-Grappe
v.nahgrap@wanadoo.fr
Chercheure en sciences sociales, anthropologie des mondes contemporains
Laboratoire d'anthropologie politique, EHESS, Paris

Martyne Perrot
perrot@ehess.fr
Ethno-sociologue
Laboratoire d'anthropologie politique, CNRS, Paris

Thierry Pillon
thierry.pillon@univ-paris1.fr
Professeur de sociologie
CETCOPRA, Université Paris I Panthéon-Sorbonne

NOTES

1. Pierre Bergounioux, *Carnet de notes, 1980-1990, 1991-2000, 2001-2010, 2011-2015, 2016-2020*, Lagrasse, Verdier, 2006-2021.

2. Voir, sur l'historique des RCP, l'ouvrage dirigé par Bernard Paillard, Jean François Simon et Laurent Le Gall, *En France rurale, les enquêtes interdisciplinaires depuis les années 1960*, Rennes, Presses universitaires de Rennes, 2010.

André Burguière

Pierre J.-B. d'Aussy, historien du quotidien au siècle des Lumières

L'intérêt des historiens pour les aspects quotidiens de la vie ne date pas de l'apparition de la célèbre collection « La Vie quotidienne » aux éditions Hachette dans les années 1930. Il existait dès l'Antiquité. Songeons à ce qui distingue les deux plus grands historiens grecs : pour faire le récit du conflit qui a opposé les Grecs à l'Empire perse, Hérodote, historien des guerres médiques, éprouve le besoin d'aller observer, par un travail de terrain, les manières de vivre, les usages des deux ennemis. Hérodote, comme l'a montré François Hartog[1], est ethnologue avant d'être historien. Thucydide, historien athénien de la guerre du Péloponnèse, s'intéresse aux hommes et aux institutions qui ont joué un rôle décisif dans le conflit. Il est psychologue et politiste avant d'être historien.

Dire que le premier écrit l'histoire des peuples et le second l'histoire des chefs exagérerait leur opposition. On retrouve dès l'Antiquité ces deux approches chez tous les peuples qui ont transmis le récit de ce qu'ils ont vécu, y compris chez le peuple juif, dont la Bible comprend, à côté de livres élégiaques ou prophétiques, des livres narratifs qui déclinent la liste des rois de Judée (Les Livres des Rois), racontent les guerres et les tourments que ce peuple a traversés. Dans le cas français, c'est la présence des Capétiens, dynastie puissante, installée depuis le Xe siècle, qui a inspiré un discours historique avant tout événementiel et politique. Les premières *Grandes Chroniques de France*, rédigées au XIIIe siècle par des moines de l'abbaye royale de Saint-Denis, sont des œuvres de commande[2]. Elles racontent les faits d'armes des souverains. Jusqu'à la Renaissance, les chroniqueurs enrichissent le récit des faits politiques de commentaires psychologiques de plus en plus sophistiqués, qui assimilent le peuple à ses princes et aux ministres qui le gouvernent.

Au milieu du XVIe siècle, dans le contexte des guerres de Religion qui déchirent la France et font vaciller la couronne, tiraillée entre protestants et catholiques, un nouveau courant d'historiens apparaît, désignés comme les tenants de « l'histoire parfaite[3] ». Issus du milieu des juristes humanistes, désireux d'échapper aux querelles religieuses, ils s'intéressent à cette France qui continue d'exister quand son roi est contesté... ou même assassiné, comme Henri III. Cette France incarnée par son peuple, c'est pour Étienne Pasquier, La Popelinière, Hotman ou Bodin la masse paysanne qui, selon eux, descend des Gaulois. Sa langue, c'est le patois local, et non le français issu du latin, la langue de l'envahisseur romain. Pour retrouver cette autre histoire, ces historiens d'un nouveau type s'intéressent aux chansons, aux contes et aux croyances populaires. Ils se font ethnologues. Ce courant a tourné court avec la fin des guerres de Religion quand Henri IV, le premier Bourbon, a rétabli la paix civile et l'absolutisme royal. Les historiens patronnés, voire financés par les Premiers ministres, comme Richelieu, redeviennent les chantres du pouvoir dont ils doivent rapporter et célébrer les hauts faits d'armes.

Dans les dernières décennies de l'Ancien Régime, un certain nombre d'esprits curieux partent à la découverte de la France comme on partait, cinquante ans plus tôt, à la découverte de l'Océanie. À quoi bon franchir les océans, puisque l'exotisme est à nos portes, dans cette France paysanne que le monde lettré n'avait su, pendant longtemps, que plaindre ou mépriser ? Le rousseauisme, bien sûr, guide leurs pas. Ce qu'ils recherchent dans la vie paysanne, c'est une forme du bonheur primitif, un état de civilisation proche de l'état de nature, une vie sociale pratiquement sans société. C'est pourquoi ils choisissent la France la plus ensauvagée, les Pyrénées pour Dussaulx[4] ou Ramond[5], l'Auvergne pour Legrand d'Aussy ; des campagnes que leur isolement naturel a préservées de la corruption urbaine.

Ces voyageurs sont également animés par un insatiable désir de connaître et de comprendre les formes concrètes de la société. Cette interrogation était déjà en creux dans la curiosité qui attirait quelques grands voyageurs vers les mers australes, à la recherche de populations inconnues, et qui incitait le public cultivé à dévorer les récits de voyages. D'un voyage à l'autre, les mêmes questions reviennent : comment se gouvernent les sociétés sans institutions ? Faut-il supposer qu'il y a, en dehors de notre civilisation, d'autres formes d'accomplissement possible pour l'humanité ? Si des hommes peuvent avoir d'autres principes pour se nourrir, pour répartir les rôles et les pouvoirs entre hommes et femmes, pour enterrer leurs morts, bref, pour tout ce qui paraissait représenter l'invariant et l'indiscutable dans la civilisation, pour ce qui semblait construire la notion même d'humanité, alors il faut admettre que notre civilisation n'est pas forcément « la civilisation » mais un possible parmi d'autres.

Au lieu de se demander dans l'abstrait si l'homme est naturellement bon ou mauvais, si la civilisation améliore ou corrompt, de s'interroger sur les formes du bon gouvernement, etc., ces voyageurs et ces érudits, positivistes avant la lettre, proposent d'explorer la diversité des usages, d'en donner la liste pour pouvoir en définir l'esprit. Comme Linné pour la botanique, qui estime nécessaire de donner la liste des espèces végétales avant toute reconstitution de l'histoire du monde végétal ou toute explication du système de la nature, ces « Observateurs de l'homme[6] » veulent faire l'inventaire des usages et des formes de sociétés existants, préalablement à toute hypothèse sur la nature de l'homme ou de la société.

Mais la question reste la même. Ce siècle aura été traversé par une seule interrogation, qui hante toutes les entreprises intellectuelles : ce qui fait problème, ce n'est pas la nature de l'homme, mais la nature de la société, ou plutôt de l'homme en société. Ce n'est pas le goût de l'étrange et de l'inexplicable qui pousse les savants à entasser les informations sur des populations lointaines, mais la volonté d'expliquer le même par l'autre, de donner du sens à nos propres habitudes en leur ôtant leur évidence, en les confrontant à d'autres habitudes.

> Je n'ai ni le but, ni le plan, ni la marche de l'Historien. Nos matériaux même sont entièrement différents ; et je ne fais guère entrer dans la confection de cet ouvrage que ceux qu'il exclut du sien. Obligé, par les grands événements qu'il doit raconter, d'écarter tout ce qui ne s'offre pas à lui avec une certaine importance, il n'admet sur la scène que les Rois, les Ministres, les Généraux d'armée [...]. Mais le Bourgeois dans sa ville, le Paysan dans sa chaumière, le Gentilhomme dans son château, le François enfin au milieu de ses travaux et de ses plaisirs, au sein de sa famille et de ses enfants, voilà ce qu'il ne peut représenter.

Ainsi s'exprime Pierre J.-B. Legrand d'Aussy dans l'*Histoire de la vie privée des Français, depuis l'origine de la nation jusqu'à nos jours*, qu'il publie en 1782. De cette histoire de la vie quotidienne qu'il prévoyait d'écrire, une « histoire des habitudes et des besoins », qu'il oppose à celle des « grands événements » et des « grands hommes », il n'a réalisé que le premier volet : une histoire de l'alimentation. Le sujet était entièrement inédit à son époque. Il reste neuf aujourd'hui.

Le livre traite successivement de : « la nourriture tirée du règne végétal », « la nourriture tirée du règne animal », « les mets apprêtés », « les boissons ». Les deux derniers chapitres sont consacrés aux « meubles et ustensiles propres aux repas » et aux « usages particuliers des repas ». Trois parties, en somme : 1) une histoire de la production alimentaire ; 2) une histoire de la cuisine ; 3) une histoire des manières de table. Mais l'originalité du livre est précisément de ne jamais séparer, dans ses analyses, l'évolution économique des fluctuations du goût et des formes de civilisation ou de sociabilité de la table. Ainsi, dans les premiers chapitres consacrés à l'alimentation frumentaire, il évoque successivement l'histoire de l'agriculture céréalière, l'histoire des moulins et l'histoire du pain. Dans les trois cas, il reconstitue les origines lointaines d'une technique comme la culture du blé, la genèse d'un produit comme le pain, de la bouillie protohistorique aux premiers essais de cuisson sous la cendre et à l'incorporation du levain ; il combine les évolutions ou les résistances de longue durée et les innovations du temps court. À propos des techniques de battage, il montre ce mélange du très ancien et du très récent qui fait toute la complexité du présent.

Quand il évoque le pain, c'est pour montrer les effets de mode, de ségrégation sociale qui ont diversifié sa composition, ses usages. Ainsi, le « pain tranchoir » qui fit jadis office d'assiette, y compris sur les tables opulentes, et conserve cette fonction chez les pauvres. Son déclin social lui vaut une fonction symbolique. Il figure dans le rituel du sacre :

> L'usage des tranchoirs, (c'est ainsi que les siècles postérieurs nommèrent ces pains-assiette, sans doute à cause de leur destination), s'est maintenu fort longtemps. [...] Nos Rois en ont conservé l'usage plus long-temps encore. Le jour de leur sacre, on en faisoit, en pain bis, une très-grande quantité que l'on présentoit aux convives pour la forme, et qu'on distribuoit ensuite aux pauvres. Au sacre de Louis XII, on en servit douze cent quatre-vingt-quatorze douzaines. Cette cérémonie s'observa encore au sacre de Charles IX.

Legrand d'Aussy procède en historien. Ce qu'il affirme doit être documenté et daté, si possible par un texte. « Ma méthode, quand je parle d'un usage quelconque, écrit-il, est de citer l'auteur le plus ancien chez lequel je l'ai rencontré ; non que je prétende par là en fixer l'origine du temps où celui-ci écrivait, ni même donner cet auteur comme le premier de ceux qui en parlent. Mais je raconte seulement ce que j'ai découvert. »

Après l'interdiction des jésuites, auxquels il appartenait, en France, Pierre J.-B. Legrand d'Aussy était entré au service du marquis de Paulmy pour gérer son immense bibliothèque (plus de 100 000 volumes), où il a puisé l'impressionnante érudition sur laquelle s'appuient ses propres travaux. Mais cet homme de bibliothèque, ce dénicheur de textes anciens, ce déchiffreur de manuscrits, est aussi un homme de terrain. Pour rendre compte d'une invention récente ou constater la permanence d'une tradition, il va vérifier sur place. Ainsi, pour apprécier les performances d'un nouveau procédé de mouture du grain :

> Un séjour de quelques mois à la campagne, près de Corbeil, m'a inspiré le désir de revenir de nouveau sur ce calcul. Je me suis adressé pour cet effet au sieur Le Leu, homme aussi officieux qu'intelligent [...] et qui, par le nombre de moulins qu'il a sous ses ordres, ainsi que par la multitude de personnes qu'il est journellement obligé de nourrir, pouvoit, mieux que qui que ce fût, me donner le vrai produit d'une certaine quantité de blé en farine et en pain. La double épreuve a été faite sous ses yeux, avec l'exactitude la plus scrupuleuse, au mois d'octobre 1779 ; et en voici le résultat.
> Deux setiers et demi de froment, première qualité, pesant ensemble 600 livres, ont donné par la mouture économique 456 livres de farine, et 558 livres de pain.

> Par la mouture lyonnoise, les deux setiers et demi ont produit en farine 490 livres, et en pain 600 livres ; ce qui forme poids pour poids, c'est-à-dire, livre de pain pour livre de blé.

Souci ethnographique de la chose vue, précision dans la description d'un instrument ou d'une technique : ces qualités ne font jamais défaut à Legrand d'Aussy chaque fois qu'il s'agit de rendre compte d'un savoir-faire qui s'est transmis sans le relais du savoir écrit. L'histoire d'une production ou d'un produit alimentaire ne se limite pas aux péripéties de ses améliorations ou de sa diffusion. Elle implique sa résonance sociale et le genre de vie qui a pris consistance autour d'elle. Legrand d'Aussy excelle à décrire non seulement le savoir technique, mais le climat psychologique qui entoure la production alimentaire. L'alimentation est aussi *cosa mentale*.

Non seulement l'histoire de l'alimentation a sa cadence propre qui rend vains tous nos efforts pour l'accorder au découpage d'une histoire événementielle rythmée par les règnes et les guerres, mais Legrand d'Aussy nous invite à nous méfier des explications par des facteurs extérieurs qui ignorent la logique sociale investie dans l'activité économique et les attitudes alimentaires. Évoquant le problème du reflux de la vigne en France vers le sud et vers l'est, il écarte les explications par des changements climatiques :

> Après avoir été cultivée avec succès par delà le cinquantième degré de latitude septentrionale, la vigne se refuse aujourd'hui au sol de la Bretagne, en deçà du quarante-huitième. Qui a produit cette révolution nouvelle et contraire ? Le climat a-t-il changé une seconde fois depuis Calais jusqu'à Nantes ? On ne le croira pas. [...] Peut-être n'est-il qu'un seul moyen d'expliquer ce fait ; c'est de se rejetter sur la mauvaise qualité de ces vins ; de dire que, pendant longtemps, malgré leurs défauts, ils suffirent aux habitants ; mais que quand les autres Provinces eurent enfin perfectionné les leurs, et que des communications plus libres permirent aux cantons dont nous parlons, de les connaître et d'en faire usage, ils renoncèrent peu-à-peu à ceux qu'ils recueilloient.
> Quant à la mauvaise qualité de ces vignobles, personne, je crois, ne la révoquera en doute. La Bretagne avoit encore une partie des siens sous François Ier ; et ils passoient pour donner les plus mauvais vins du Royaume.

Pour le déclin des crus de la région parisienne, hier encore très recherchés, l'explication est, selon lui, sensiblement différente. C'est l'essor de la demande parisienne qui a poussé les vignerons de l'Île-de-France à forcer la production en changeant parfois de cépage, au détriment de la qualité. L'explication est intéressante dans la mesure où elle met en cause les mécanismes du marché ; elle est, de plus, pertinente. Elle a été reprise et confirmée au XXe siècle par Roger Dion dans son *Histoire de la vigne et du vin en France*[7].

Legrand d'Aussy l'observe dans son éblouissant récit de l'introduction du café en France :

> On a débité beaucoup de fables sur la cause qui fit connoître aux Arabes la propriété de la boisson qu'ils pouvoient se composer avec le fruit des cafiers que produit leur sol. Ce qui paroît certain, c'est qu'au quinzième siècle cette boisson étoit commune à toute l'Arabie, et qu'au seizième siècle les pélerins qui revenoient de la Mecque ou de Médine, en avoient déjà répandu l'usage dans toutes les contrées Mahométanes [...]. Ceux des voyageurs d'Europe qui parcoururent le Levant, apprirent à l'y connoître. Pietro della Valle écrivant de Constantinople, en 1615, à un Romain son ami, lui mandoit qu'avant peu il enseigneroit à l'Italie comment on prenoit du cahué ; car c'est ainsi que les Turcs nommoient ce breuvage.
>
> En 1644, quelques Négociants Marseillois en rapportèrent de même l'usage dans leur patrie.
>
> [...] Thévenot en usoit à Paris, au retour de ses voyages, vers 1658 ; et, lorsqu'il donnoit à dîner, il ne manquoit jamais d'en régaler ses hôtes. Mais ce n'étoit-là qu'une bizarrerie de voyageur, qui, chez un peuple tel que les Parisiens, ne devoit faire aucune fortune. Pour accréditer le café, et lui donner quelque mérite, il falloit une circonstance extraordinaire et frappante. Or voilà ce qui arriva en 1669, à l'époque de l'Ambassade que le Grand Seigneur, Mahomet IV, envoya à Louis XIV.
>
> Soliman Aga, chef de l'Ambassade, ayant passé dix mois dans la Capitale, et pendant son séjour s'étant concilié l'amitié des Parisiens par quelques traits d'esprit et de galanterie, plusieurs personnes de distinction, et des femmes sur-tout, eurent la curiosité d'aller le visiter chez lui. La manière dont il les reçut, non-seulement leur inspira l'envie d'y retourner plusieurs fois, mais en attira encore d'autres à leur exemple. [...] Si, pour plaire aux dames, un François, en pareil cas, leur eût présenté sa liqueur noire et amère, il se fût rendu à jamais ridicule ; mais ce breuvage étoit servi par un Turc, par un Turc galant, c'en étoit assez pour lui donner un prix infini.
>
> D'ailleurs, avant que le palais pût le juger, les yeux étoient séduits par l'appareil d'élégance et de propreté qui l'accompagnoit, par ces tasses brillantes de porcelaine dans lesquelles il étoit versé, par ces serviettes, ornées de franges d'or, que des esclaves présentoient aux dames. Joignez à cela des meubles, des habillements, et des usages étrangers, la singularité de parler au maître du logis par interprète, celle d'être assises par terre sur des carreaux, etc., etc. ; et vous conviendrez qu'il y avoit bien-là plus qu'il ne falloit pour tourner la tête des Françoises... [...] Que produisit cet engouement extraordinaire ? C'est que, par un commencement d'habitude, les personnes qui en avoient goûté chez Soliman voulurent continuer d'en prendre chez elles [...].
>
> Ce n'étoit pourtant pas une chose aisée. La fève précieuse avec laquelle on le faisoit, étoit encore une marchandise inconnue dans le commerce. On ne pouvoit en trouver qu'à Marseille, et Marseille elle-même en avoit fort peu.

Aussi Labat assure-t-il que dans ces commencements la livre se vendit jusqu'à quarante écus.
[…] Trois ans après (ann. 1672), un Arménien, nommé Pascal, établi à Paris, ouvrit, à la foire Saint-Germain, […] une boutique de café, pareille à celles qu'il avoit vues à Constantinople ou dans le Levant. On nomma la sienne Café […]. Quoi qu'il en soit, quelques Lévantins, à l'exemple de Pascal, établirent des boutiques comme la sienne. Il y eut même deux de ces étrangers, qui, au lieu d'attendre le chaland dans un comptoir, préférèrent de l'aller chercher par les rues. […] Ils alloient de rue en rue, annonçant à grands cris leur café. Mais, quoiqu'ils ne le vendîssent que deux sous la tasse, ce qui, pour une nouveauté, étoit un prix raisonnable ; cependant ils n'eurent aucun succès, parce que ni les bourgeois ni le peuple n'avoient encore appris à connaître et à aimer le café. Les boutiquiers ne réussirent pas davantage ; mais ce fut leur faute. Au lieu de se procurer un lieu d'assemblée décent où pussent se réunir les personnes honnêtes, les seules alors qui usassent de café, ils n'eurent que de vraies tavernes où l'on fumoit, où l'on buvoit de la biere, et dont par conséquent la bonne compagnie n'osa jamais approcher.
C'est ce que sentit très bien Procope, ce Florentin dont j'ai cité le nom plus haut […]. Instruit par l'exemple de Pascal et de ses confrères, il s'établit rue de Tournon, puis dans la rue des Fossés-Saint-Germain-des-Prez, vis-à-vis l'ancienne Comédie françoise, pour vendre du café, du thé, du chocolat, des glaces, et des liqueurs de toute espèce : mais il eut soin d'embellir sa salle, et de l'orner avec goût ; en un mot, il tâcha d'y attirer les personnes que les autres avoient rebutées.
Le succès de son établissement fut tel, qu'en peu de temps il eut une foule d'imitateurs […].
Ce succès au reste, pour quiconque connoîtra la Nation Françoise, n'aura rien d'étonnant. Elle aime le vin, à la vérité : mais dans le vin, (il ne s'agit point ici de la classe du peuple), ce n'est pas le plaisir de boire qu'elle cherche ; c'est le chant, la joie, la gaieté qui accompagnent cette liqueur ; c'est l'agrément de se réunir en société. Néanmoins elle avoit contracté, je ne sais comment, au dix-septième siècle, le goût honteux de l'ivrognerie. Les plus Grands-Seigneurs alloient au cabaret faire des parties de débauche, dans lesquelles ils ne rougissoient pas de s'enivrer. Cette basse crapule étoit sur-tout devenue à la mode chez les élégants de la Cour qu'on avoit nommés petits-maîtres. Louis XIV, ce Roi si décent, avoit en vain accablé de son indignation et puni exemplairement quelques-uns des coupables […].
Qui l'eût cru que ce remède on alloit le devoir à Procope ! En effet, dès que lui et ses confrères eurent ouvert dans Paris des lieux d'assemblée honnêtes, tout le monde aussitôt s'y porta en foule, et les cabarets furent abandonnés. Ce fut alors sur-tout que les Savants, les Artistes, les Gens de Lettres, les beaux esprits, ou soi-disant tels, eurent un point de réunion. Dès qu'il y eut des cafés, ils purent se voir et se connoître. Plusieurs de ces établissements,

> et entr'autres celui de Procope, tiennent place dans les anecdotes littéraires de ce temps-là [...].

Dans cette analyse de la conquête du public parisien par la mode du café, Legrand d'Aussy révèle une capacité exceptionnelle à reconstituer les mécanismes du changement dans les habitudes alimentaires, c'est-à-dire dans ce qui ne devrait pas changer. « L'habitude est une seconde nature, écrit Pascal, et peut-être que la nature est une première habitude. » Le changement, dans les habitudes alimentaires, peut être de deux sortes. Soit il emprunte le temps long, celui des bases du goût, soit le temps court des modes. Le premier est, par exemple, celui des « fonds de cuisine », c'est-à-dire des graisses en usage pour la cuisine, qui avait fait l'objet d'une enquête du musée des Arts et Traditions populaires, commandée par Lucien Febvre pour l'*Encyclopédie française* à la veille de la Deuxième Guerre mondiale.

L'étude révélait une forte régionalisation de ces habitudes culinaires, qui reflétait souvent une vocation agricole révolue plus que les productions du moment. Les Charentes et les Deux-Sèvres, par exemple, utilisaient encore le saindoux alors qu'elles étaient devenues des régions productrices de beurre. Les paysans devenus employés ou métayers de grosses fermes d'élevage laitier restaient attachés au régime alimentaire de la polyculture qu'ils pratiquaient quand ils étaient de petits tenanciers. Une France agricole révolue survivait dans les graisses de cuisine utilisées. La nouvelle révolution industrielle que la France a connue à partir des années 1960 a fait largement disparaître ces survivances. Le rapatriement des Français d'Algérie en 1962 et bientôt l'arrivée d'une nombreuse main-d'œuvre maghrébine ont promu le couscous comme nouveau plat national, rival du steak-frites. Le succès des fast-foods, plus récemment, a fini de balayer les vieilles habitudes du goût. Le temps court et le temps long se sont mêlés dans ce bouleversement.

La mode du café, dont Legrand d'Aussy retrace les débuts incertains et finalement le succès foudroyant dans la haute société parisienne au cours du XVIIIe siècle, doit tout aux pouvoirs de l'imaginaire, au désir de l'ailleurs et rien à la nécessité. Il sait rendre la part d'inattendu dans la genèse de ce rite mondain, qui s'est vite répandu dans la population avant de donner naissance aux cafés littéraires, les nouveaux auxiliaires des salons parisiens. L'initiateur en est Soliman Aga, l'ambassadeur du Grand Turc, qui invitait les dames de la haute société parisienne à venir déguster ce breuvage inconnu. Elles ont été séduites non par le breuvage lui-même, mais par le décorum tout oriental avec lequel il était servi. Des serviteurs aux livrées chatoyantes offraient le café dans des tasses de porcelaine finement décorées.

C'est ce climat enchanteur qu'elles ont voulu retrouver chez elles, dans l'élégance de leur salon et la livrée de leurs domestiques qui servaient cette boisson. Succès foudroyant auprès d'un milieu mondain à l'affût de tout ce qui était nouveau. On se met à servir le café dans les cabarets. Le charme est rompu quand ce breuvage noirâtre doit cohabiter avec les boissons fortes que l'on vient y consommer pour s'enivrer. C'est un échec. Mais un traiteur florentin, Procope, ouvre un salon élégant, richement décoré, comme il l'avait fait à Venise, où l'on vient pour converser, loin des ivrognes. Introduit une première fois par les élégantes, le café a été sauvé par les philosophes et les idées nouvelles. Le goût du café, comme bien des innovations alimentaires exotiques, s'est imposé, non par sa qualité propre, mais par son image sociale et la part de rêve qu'elle ajoutait à sa saveur.

Legrand d'Aussy, à la différence des beaux esprits qui dominent son époque, est un sociologue, non un philosophe, parce qu'il croit plus à la force des mécanismes sociaux qu'au pouvoir des idées. Et il est plus anthropologue que sociologue, parce qu'il croit au pouvoir de l'imaginaire dans ce qui nous relie aux autres plus qu'au poids de la position que nous occupons sur l'échiquier social. Et comme il ne cesse de suivre à la trace ce qui change dans nos manières d'être et de ressentir, il est avant tout historien.

André Burguière
andre.burguiere@ehess.fr
CRH, EHESS

NOTES

1. François Hartog, *Le Miroir d'Hérodote. Essai sur la représentation de l'autre*, Paris, Gallimard, nouv. éd. rev. et augm., 2001 (1980).

2. Bernard Guenée, « Les *Grandes Chroniques de France*. Le Roman aux roys, 1274-1518 », *in* Pierre Nora (dir.), *Les Lieux de mémoire. II. La Nation*, Paris, Gallimard, 1997.

3. George Huppert, *L'Idée de l'histoire parfaite*, Paris, Flammarion, 1973 ; Corrado Vivanti, « *Les Recherches de la France* d'Étienne Pasquier », *in* Pierre Nora (dir.), *Les Lieux de mémoire*, *op. cit.*, p. 759.

4. Jean Dussaulx, *Voyage à Barège et dans les Hautes-Pyrénées, fait en 1788*, Paris, impr. de Didot jeune, 1796.

5. Louis Ramond de Carbonnières, *Voyage et observations faites dans les Pyrénées, pour servir de suite aux « Lettres de W. Coxe, sur la Suisse »*, Liège, Dumoulin, 1792.

6. La Société des observateurs de l'homme est fondée en décembre 1799.

7. Roger Dion, *Histoire de la vigne et du vin en France, des origines au XIXe siècle*, Paris, CNRS Éditions, 2010 (1959).

RÉSUMÉ

Pierre J.-B. d'Aussy, historien du quotidien au siècle des Lumières

Le titre du livre de Pierre J.-B. Legrand d'Aussy annonce une collection, « La Vie quotidienne », que les éditions Hachette rendront célèbre au XXe siècle. Il n'invente pas le concept. Depuis l'Antiquité, les historiens ont voulu distinguer une histoire des *événements*, retraçant la vie des grands personnages, et une histoire des *usages*, qui repère les changements dans les manières de vivre des sociétés. Mais son ouvrage propose, plus précisément, une histoire de l'alimentation des Français comme fait total, impliquant à la fois les conditions matérielles de la production et les transformations du goût alimentaire. L'histoire de la mode du café lui permet d'écarter les légendes et de rendre toute leur place aux mécanismes sociaux – snobisme, imitation, désir de distinction, etc. – qui sont à l'œuvre dans les changements des habitudes alimentaires.

MOTS-CLÉS : vie quotidienne, habitudes alimentaires, mimétisme et snobisme dans le goût alimentaire, un lieu à la mode pour les gens de qualité

SUMMARY

Pierre J.-B. d'Aussy, A Historian of Everyday Life in the Age of the Enlightenment

Pierre J.-B. Legrand d'Aussy's book entitled "La Vie quotidienne" somehow heralded the later popular collection published by Hachette in the 20th century. Yet he cannot be credited for the concept itself. From the Antiquity onwards, historians did differentiate the narratives of events around prominent figures from the changes in the ways of life of human societies. D'Aussy's book aims to precisely analyse the changes in food habits in France as a total fact related to evolutions both in the production and in tastes. By making use of coffee as a case in point of fashionable foodstuffs, Legrand d'Aussy points up the influence of social mechanisms, both imitation and desire of distinction, in accounting for the blooming of coffee shops across Europe in the 18th century.

KEYWORDS : everyday life, food habits, imitation and innovation in food habits, meeting locations for gentlemen, fashionable locations for ladies

RESUMEN

Pierre J.-B. d'Aussy, historiador de lo cotidiano en el siglo de las luces

El título del libro de Pierre J.-B. Legrand d'Aussy anuncia una colección, "La Vida cotidiana", que la editorial Hachette hará famosa en el siglo XX. Él no inventó el concepto. Desde la Antigüedad, los historiadores han querido distinguir entre una historia de los "hechos históricos" que recorre la vida de los grandes personajes y una historia de las costumbres que identifica los cambios en el modo de vida de las sociedades. Su obra propone específicamente una historia de la alimentación de los franceses como un hecho total que implica tanto las condiciones materiales de producción como las transformaciones del gusto alimentario. La historia de la moda del café le permite dejar de lado las leyendas y dar todo el alcance a los mecanismos sociales, el esnobismo, la imitación, el deseo de distinción, etc., que actúan en los cambios de los hábitos alimentarios.

PALABRAS CLAVES : vida cotidiana, hábitos alimentarios, mimetismo y esnobismo en el gusto por la comida, lugar de moda para gente de calidad

Philippe Bonnin

Le lieu du quotidien au Japon
Nihon no seikatsu kûkan
日本の生活空間

Nos gestes reviennent chaque jour, s'inscrivent donc dans un temps et un espace. Un temps circadien, socialement scandé, et des lieux de l'habitude. Il n'est pas de temps, fût-il quotidien, sans son espace. Il n'est pas de lien social durable qui ne soit simultanément espace, qui ne s'écrive dans cette langue de l'étendue en termes de proximités et de séparations, de voisinages et d'éloignements, d'intérieurs et de seuils… Et cet espace premier, c'est l'espace quotidien de la cellule sociale de base, la maison. Dans son organisation, dans ses dispositifs, elle enseigne par les routines, les recettes, les modes d'emploi et les manières de faire, d'une génération à l'autre, l'ensemble des acquis d'une culture.

D'un quotidien à l'autre, tout diffère puisqu'il s'agit non de simples additions de gestes épars, mais de systèmes pratiques visant à la cohérence, où tout se tient en dépendance.

L'espace des maisonnées offre une loge à chaque geste, à chaque moment. Il s'est possiblement complexifié avec l'augmentation de la richesse et les développements techniques des sociétés, dans chacune de nos deux contrées[1], mais la structure fondamentale de la demeure se lit toujours, en filigrane, sous l'organisation contemporaine. Elle en canalise et ordonne le sens.

De l'étrangeté des mœurs d'autrui.

Au commencement était Luís Fróis, qui rédigea en l'an 1585 un petit traité, d'une fine observation, sur « *les contradictions et différences de mœurs entre les Européens et les habitants de cette province du Japon* ». Il donnait ainsi connaissance simultanément des pratiques quotidiennes de ceux-ci et de ceux-là, en ces temps reculés. Son long titre se poursuivait : « [...] et nombre de leurs coutumes sont si étrangères et lointaines des nôtres qu'il semble presque incroyable qu'il puisse y avoir tant d'oppositions chez des gens d'une aussi grande police, vivacité d'esprit et sagesse naturelle comme ils sont[2] ».

Dans son sillage, notre propre « détour ethnographique[3] » nous permet de nous interroger sur ce que l'observation des pratiques quotidiennes d'un autre peuple, si éloigné soit-il, peut nous apprendre des nôtres et de la manière dont ce *quotidien de vie* – qui nous est commun – révèle, au-delà de l'apparence, des formes sociales et culturelles plus profondes, en général, surtout quand elles se disent à la fois en langue vernaculaire et dans celle de l'espace.

C'est qu'il n'est pas simple de prendre conscience de nos manières quotidiennes et de leur signification, sinon par contraste, par défaut, par éloignement géographique, culturel ou temporel. Incorporées à notre *habitus*, nous faisons l'économie de les rapporter à la conscience pour les reconsidérer à chaque instant, et de remettre en question le système de représentations et de valeurs qui a présidé au choix de leur forme, jusqu'à les ériger en manières propres et normatives, auxquelles nous sommes finalement attachés.

Peut-être est-il malaisé de mettre les leurs et les nôtres face à face sans céder à la tentation de les évaluer. Plus difficile encore de dépasser la description superficielle, l'étonnement exotique, pour faire émerger ce qu'elles disent de la société qui les a en propre.

À regret, il ne saurait être question ici de reprendre la lecture exhaustive et l'analyse du traité de Luís Fróis par le menu[4]. Rappelons cependant que ce précieux témoignage d'un précurseur de l'ethnographie du Japon avait attiré l'attention de Claude Lévi-Strauss, lequel en a proposé une brève analyse qui nous invite à une montée en généralité.

Nous voudrions en fait, nous appuyant sur nos propres observations et notes de terrain, montrer comment une société utilise au quotidien la spatialisation des gestes pratiques pour instaurer, reproduire et transmettre la part essentielle de sa culture.

L'apôtre ethnographe.

Luís Fróis, né en 1532 à Lisbonne, est encore novice et vient d'entrer dans la Compagnie de Jésus quand il débarque pour son apprentissage à Goa en 1548 – où il rencontre François Xavier – afin de participer à l'évangélisation des Indes. En 1562, ordonné prêtre, il est envoyé au Japon – y arrivant seulement en 1563 –, une terre promise pour les jésuites missionnaires et colonisateurs. Il y apprend la langue auprès d'un frère en place, jusqu'à en avoir une connaissance approfondie. Après une très abondante production de lettres et de rapports à son ordre, il décédera à Nagasaki en 1597, au plus fort de la persécution des chrétiens japonais ordonnée par le général et daïmio Oda Nobunaga, qui l'avait plusieurs fois reçu favorablement et autorisé à prêcher, puis par son successeur Hideyoshi.

Son ordre, en 1579, lui demande un « commentaire », destiné aux Européens, sur les mœurs et particularités du Japon, comme il était de coutume d'en rédiger à la Renaissance, où l'on était curieux des mondes lointains, particulièrement de celui-ci, avec lequel se tissaient des liens d'admiration réciproque. Mais rarement ces écrits furent aussi détaillés. Luís Fróis, qui a le goût des copieux ouvrages, convertit la commande en celle d'une volumineuse *Histoire du Japon*. En 1585, il réunit les notes prises au fil de la plume, pas même relues ni réécrites, et destinées vraisemblablement à l'introduction de sa future *Histoire*, pour constituer ce petit traité. En effet, son supérieur régional, Valignano, n'appréciait guère les descriptions minutieuses et détaillées chères à Fróis, et dut probablement influencer ce mode de rédaction par collection de courtes notes en balancement, voire en symétrie. Valignano avait lui-même pratiqué cette forme d'écriture dans une comparaison entre Japonais et Chinois, qu'il remplace ensuite par les Européens[5].

Après un séjour de vingt-deux ans au Japon, Fróis fait preuve d'une capacité peu commune d'observation et d'attention à des faits qu'on aurait pu considérer comme mineurs en regard des questions de croyances et de foi chrétienne. Les chapitres les mieux fournis concernent les hommes, les femmes, et leurs relations, l'alimentation, les armes et l'habitat, mais aussi la politesse, le sens des couleurs, etc. Il décrit les faits simplement, évitant presque toujours les jugements de valeur, hormis pour ce qui concerne la foi.

Ce qui avait attiré l'attention de Claude Lévi-Strauss était probablement ces termes de *contradictions et différences* et plus encore d'*oppositions* : ils ne pouvaient que lui rappeler la méthode suivie dans *La Voie des masques*. Il lui semblait y retrouver aussi cette figure ancienne de l'inversion, par quoi étaient pensés les antipodes chez Hérodote, au Ve siècle av. J.-C. – ce dernier considérait que « les Égyptiens se conduisaient en toutes choses à l'envers des autres peuples », c'est-à-dire des Grecs. Modèle de l'inversion littérale repris même par Basil Hall Chamberlain[6], premier descripteur moderne du Japon, pour qui « les Japonais font beaucoup de choses de façon exactement contraire à ce que les Européens jugent naturel et convenable ». Tout comme si les Japonais médiévaux avaient déterminé leurs mœurs par rapport aux Européens modernes.

Dans sa préface à la seconde édition du texte de Luís Fróis par la maison Chandeigne, Claude Lévi-Strauss faisait remarquer que « ces usages [...] n'opposent pas seulement le Japon à l'Europe : la ligne de démarcation passe entre le Japon insulaire et l'Asie continentale », tant il est vrai que les oppositions de mœurs se sont construites en fonction de celles des voisins contemporains, et non des peuples dont on ignorait jusqu'à l'existence[7].

S'y ajoute une question connue : l'observateur extérieur commet immanquablement de grossières erreurs d'appréciation aux yeux de l'autochtone. Mais regardant de plus loin, avec distance, il perçoit des cohérences et des invariants entre les pans d'une culture dont ne se soucie pas au premier chef celui qui y est plongé et qui la porte[8].

Une vue en miroir : Watsuji Tetsurō en Europe.

L'ethnologie « en miroir » donne lieu à des regards inattendus et éclairants sur la philosophie sous-jacente de nos univers domestiques réciproques. Une observation célèbre nous est rapportée par Watsuji Tetsurō (1889-1960) qui séjourne en Europe en 1927-1928, dans son ouvrage majeur *Fūdo* (« Milieux ») :

> Si l'on excepte les riches, les maisons (*ié* 家) [terme qui a le double sens de « famille » et de « maison »] des villes européennes ne sont pas des « bâtiments » (*tatemono* 建物) occupés par un seul ménage. Quand on entre dans un immeuble, il y a une « maison » de chaque côté du palier. Quand on monte l'escalier, cela se répète à chaque étage. Soit dix logements pour un immeuble de cinq niveaux, douze s'il y en a six, chacun donnant sur le palier. Si en outre on traverse la cour vers la deuxième entrée, le même dispositif se répète. Le palier (*rōka* 廊下), en quelque sorte, est un prolongement de la route (*dōro* 道路). Non, c'est plutôt une rue (*ōrai* 往来) au sens originel. Maintenant, prenons cette rue et entrons dans l'une de ces « maisons ». Il y a là un couloir (*rōka*) intérieur à « la maison », sur lequel ouvrent les portes des diverses pièces. Cependant, ces portes peuvent fermer à clef, et les passages entre deux pièces peuvent également fermer à clef. En un simple tour de main, chaque pièce peut donc devenir une « maison » indépendante. Une personne n'appartenant pas à la famille peut donc, sans occasionner la moindre gêne pour celle-ci, habiter l'une de ces pièces comme une « maison ». Ainsi, le couloir intérieur à la maison peut acquérir le statut d'une rue. Témoigne à l'évidence de ce caractère de rue le fait qu'un facteur, chargé d'une lettre recommandée pour le locataire d'une de ces pièces, peut y accéder en passant par le palier intérieur à l'immeuble puis par le couloir intérieur à l'appartement. De même font les livreurs des grands magasins, les coursiers des éditeurs, les bagagistes, etc. Ce qui correspond au *genkan* 玄関 d'une maison japonaise [l'entrée] est ici dans la chambre individuelle. De la sorte, la rue s'étend jusqu'à l'entrée de la chambre individuelle. L'individu est ainsi en contact direct avec la rue, donc avec la ville[9].

Et Watsuji poursuit la description jusqu'à sa conclusion, selon laquelle la notion de maison, au sens japonais (à savoir un certain collectif humain spatialisé), est absente du quotidien et des manières de faire de la ville européenne.

On ne saurait donc trop inciter à une infinie précaution lorsqu'il s'agit de traduire dans notre propre langue, parlée et spatiale, le système de notions dans lequel évoluent au quotidien les Japonais. Réciproquement, cette observation nous montre bien la profondeur de ce qui est en jeu dans l'écriture spatiale du quotidien de nos habitations et de nos villes, qui n'est en rien un donné naturel.

Penser le quotidien.

Au Japon, devant chaque chose, à chaque moment, il est bon de marquer un infime arrêt, à peine un demi-soupir, le temps de laisser se nouer le lien du sens, de percevoir l'impression – la forme imprimée – que l'objet et la situation dessinent sur notre registre intérieur. Le temps de sentir l'esprit des choses et du moment s'exprimer et nous parler leur langage.

Cette attention au détail, aux choses sans importance apparente, est peut-être ce qui a longtemps manqué aux disciplines dominantes des sciences de l'homme, précisément parce que dominantes et campées sur leur objet.

On peut s'interroger sur ce déclassement de l'interrogation sur le quotidien. Serait-il dévalorisé parce que non pensé à chaque accomplissement du geste ? Parce qu'attaché traditionnellement au domestique et au féminin, tandis que l'espace du travail salarié, prétendument masculin, mais tout aussi quotidien, y échapperait ? Parce que répétitif et mobilisant, de ce fait, peu de volonté et de création ? On sait aujourd'hui clairement que tout cela est aussi faux que la sous-estimation de la compétence inventive et re-créative du locuteur, et que l'oubli de l'apprentissage, de l'usage, et de l'appropriation de la langue sont trompeurs.

La question est celle du statut du quotidien, de l'ordinaire, du minime, du banal, et même du trivial, du concret, voire du vulgaire, dans leur rapport au précieux, à l'esthétique, au distingué, voire à l'abstrait ou au théorique, au sublime, au sacré, dans cette culture *nec plus alter*. Au Japon, le quotidien ne le cède en rien, ou si peu, à l'exceptionnel. La moindre activité, la plus basse besogne est digne d'autant d'attention que la plus haute. Pratique et sens ne sont jamais séparés. Chaque geste engage. Le trivial est tout aussi sublime que le sacré est présent, immédiat, en toute chose, à tout moment. Il y a moins de difficulté à s'enquérir de questions très ordinaires, grossières ou même vulgaires à nos yeux, qu'à aborder tout point de théorie abstraite, au risque de la logorrhée. C'est qu'il faut interroger la réalité fine des choses, et non demeurer dans l'évidence de concepts appris.

Ce pays qui ne hiérarchise pas l'art et l'artisanat, l'écriture et la peinture, qui met autant d'intensité dans chaque sorte de geste, qui l'affine et le nomme, se prête sans doute plus qu'un autre au travail que nous menons, au décryptage du contenu symbolique des actions les plus simples, les plus quotidiennes.

Même si l'esthétique de la rareté – de la raréfaction volontaire ou du dénuement et de la pauvreté – a déserté notre époque d'accumulation et de consommation éperdue, le monde quotidien est là, sous nos yeux, traversé de valeurs semblables. Les gestes habituels, les interactions personnelles, enchevêtrés dans un système de liens compact, robuste et coriace, les manières de faire ne se réinventent ni ne se dissolvent si facilement.

Si l'école de sociologie réunie tardivement autour de Michel de Certeau a donné droit de cité aux arts de dire et de faire dans notre propre société, et à la spatialité qu'ils inscrivent, ce n'est pas qu'ils soient subitement apparus. C'est plutôt que leur statut comme objets dignes de pensée commençait à changer. Les manières populaires ou *folk-lore* n'avaient auparavant qu'un statut académique secondaire la plupart du temps. Seule la paléoanthropologie faisait grand cas des infimes indications qu'elle pouvait recueillir sur les moindres gestes de civilisations révolues, témoins de leur culture, de leur pensée, de leurs croyances. Par cet éloignement temporel ou géographique, par l'exterritorialité, on validait ainsi l'exclusion de la pensée sur la quotidienneté de la société contemporaine. De la même manière que le déni de contemporanéité a longtemps renvoyé les cultures aborigènes et leurs modes de vie à des âges primitifs, ou « premiers » pour employer la litote politiquement correcte.

Longtemps cantonné à l'exercice littéraire, parfois virtuose, qui indique souvent la voie[10], le plaidoyer pour l'analyse de ces « petites choses », de l'apparente banalité, des productions modestes et sans éclat ne s'est développé que très progressivement. Révérence gardée envers Xavier de Maistre, on s'étonne à peine que sa prison soit un royaume qu'il ordonne à sa guise. Elle lui offre une image rassurante de son paysage intérieur, un condensé de tous les choix opérés pour construire ce nid à partir des valeurs qui l'habitent.

Ce langage silencieux que nous tient notre univers quotidien, comme une mythologie fondatrice, ne nous apparaît pas clairement lorsque nous le considérons, tant il est familier. S'il n'est perturbé par quelque intrusion, par quelque dérangement, qui nécessiterait une reconstruction, nous nous dispensons de le rebâtir quotidiennement, ne serait-ce que par souci d'économie cognitive et affective. Nos habitudes nous dispensent de refonder le monde chaque matin, à chaque instant, chaque geste. Aussi n'affleure-t-il qu'à peine à la conscience, si ce n'est pour des corrections minimes, une remise en place, une remise en ordre, dans son ordre.

Mais une autre opération facilite, si l'on peut dire, ce laborieux travail d'analyse : c'est précisément le détour anthropologique, la plongée dans un univers culturel qui nous est inconnu, qui semble incongru au premier abord. On sait qu'après une longue observation, un début de connaissance révèle une humanité commune et que cet univers semble dès lors moins étranger. Il est alors temps de quitter le terrain.

De ce point de vue, les cultures asiatiques en général du fait de leur éloignement, la culture japonaise en particulier, restée fermée au monde pendant plusieurs siècles, en raison de la méconnaissance qui en est résultée – et qui perdure en partie, plus qu'on ne croit –, sont propices à ce dépaysement, permettant de déjouer les préjugés, les fausses évidences.

De plus, l'attention qui y est portée à chaque objet, à chaque geste – y compris et même plus encore lorsqu'il apparaît minime, anodin –, sa dénomination, sa description, son choix, son usage, sa contemplation, deviennent les lieux d'une immense interrogation, profondément instructive.

Un exemple trop galvaudé, et que nous ne retiendrons pas, est la manière de faire chauffer de l'eau, de préparer le thé et de le boire, qui a focalisé l'attention, ébahi tant de curieux, mais qu'on ne peut qualifier de « quotidienne ».

Ce que disait Leroi-Gourhan.

La grande synthèse anthropologique qu'élabora André Leroi-Gourhan, au temps de la domination des paradigmes sociologiques et politiques totalisants, eut néanmoins de nombreux effets à plus long terme. En particulier celui de revaloriser l'attention qu'il faut porter aux aspects concrets, aux moindres gestes et aux moindres outils de la vie quotidienne des peuples et des différentes cultures, qui sont en fait des condensés de civilisation cachés sous l'évidence du quotidien.

Autre mérite de l'anthropologue, celui de montrer la relation inéluctable des faits culturels avec l'organisation des espaces des groupements sociaux de chaque société, des plus simples aux plus complexes. « Dans tous les groupes humains qui soient connus, l'habitation répond à une triple nécessité ; celle de créer un milieu techniquement efficace, celle d'assurer un cadre au système social, celle de mettre de l'ordre, à partir d'un point, dans l'univers environnant[11]. » Ordonner l'espace et le temps quotidiens, intérieurs comme extérieurs : une fonction « régalienne » par excellence. Leroi-Gourhan précise même que cette « intégration architecturale du monde [est] beaucoup plus déterminante dans l'élaboration d'une mesure du temps que la conception abstraite de périodes idéalement équivalentes ». Mesure du temps dont on sait qu'elle n'apparaît que très tardivement, permettant « une véritable prise de possession du temps et de l'espace par l'intermédiaire de symboles, (à) une domestication au sens le plus strict [...] la création d'un temps et d'un espace humains ».

Ce seront les bases de l'anthropologie de la maison et de l'espace domestique – qui se développeront dans les décennies suivantes[12] –, apparaissant comme une cosmogonie écrite sur les registres de l'espace et du temps, redite chaque jour en sourdine.

Enfin, il faut se rappeler qu'André Leroi-Gourhan était, à l'origine de ses travaux, spécialiste des religions et des peuples de l'arc pacifique nord-est, et qu'il fut envoyé en mission au Japon, jusqu'en Hokkaidō, pour y collecter tout matériel ethnographique qui pouvait intéresser le musée de l'Homme[13], objets de culte et objets du quotidien. Il projette alors un ouvrage général d'anthropologie du Japon, qui ne verra jamais le jour, sinon sous la forme posthume des *Pages oubliées*, qui avaient nourri entre-temps les quatre volumes de son œuvre principale. Il y consacre une centaine de pages à la maison, sans compter de multiples notations ponctuelles. Il y montre comment l'espace du noyau social, quelle que soit la culture considérée, s'organise en lieux du feu et de l'eau, lieux du sommeil et du travail, lieux du sacré et du profane, etc. C'est dire qu'*ab initio*, il y a eu volonté – sinon nécessité – de créer des lieux distincts pour des gestes distincts, ce qui ne va aucunement de soi : ils auraient pu se succéder temporellement en un même lieu, comme ils ont dû le faire longtemps et comme il en est encore très souvent. Dans une maison vernaculaire accomplie, tout n'est pas dans tout, ni réciproquement, quand bien même son espace est moins différencié.

Si chaque geste du quotidien se distingue et se sépare des autres comme par incompatibilité, c'est bien la distribution des gestes dans l'espace qu'il faut interroger. Distribution spécifique d'une culture, d'une époque, d'une catégorie sociale, et qui exprime son *ethos*.

Pour autant, cette allocation d'un fragment de l'espace de la maison à un ensemble de gestes quotidiens s'opère avec des gradations, par une séparation physique plus ou moins accentuée. Ce que l'on considère alors comme une architecture, qui devient identitaire ou vernaculaire, dont la forme se transmet et se reproduit de génération en génération, rappelant quotidiennement aux individus – et apprenant aux plus jeunes – sur le mode de la contrainte matérielle désormais, et pas seulement du récit mythique, l'obligation de distinguer des catégories de manière nette et indiscutable.

L'intérêt plus particulier du détour par la culture japonaise, c'est que son architecture se caractérise par l'économie des moyens matériels, par la légèreté des dispositifs, par la fragilité même de la construction. Choisissant de n'opposer aux injures du climat, des tempêtes de la mousson et des tremblements de la croûte terrestre qu'une fragilité voulue, que la ruse de la souplesse, elle n'affirme l'indispensable division de l'espace que par des indices plus que des obstacles, par une simple feuille de papier *washi* tendue sur un cadre de petits-bois par exemple. Ce qui compte, c'est la volonté d'établir cette division, au sein d'un ensemble symbolique. C'est ce qu'exprime la notion de *kekkai*[14], et l'expression « *kokoro no kejime* » [la conviction du cœur, c'est-à-dire de l'esprit], qui en est le ressort. Itō Teiji, l'auteur du *Kekkai no bi* (l'esthétique du *kekkai*), décrit ainsi la maison japonaise comme un assemblage de délimitations signifiantes, de *kekkai*, sans lesquels le monde serait anomique, étouffant, angoissant.

L'exemple des maisons japonaises.

Au-delà de cet essai fondamental pour comprendre l'espace japonais, mais qui est le fait d'un historien de l'architecture plus que d'un anthropologue, on dispose aujourd'hui d'un ensemble de monographies ethnographiques détaillées de maisons japonaises et de leur fonctionnement quotidien sur lesquelles nous appuyer. En premier lieu, *La Maison Yamazaki* de Laurence Caillet[15] et les travaux de Jacques Pezeu-Massabuau précités, sans compter les nombreuses notations rapportées par Nicolas Bouvier[16], les récits foisonnants d'autres observateurs de la quotidienneté japonaise (J. Cobbi, Y. Kitamura, T. Ushiomi, E. Morse[17], etc.), puis les monographies que nous avons eu l'occasion de publier successivement, consacrées à la maison T, la maison Nasu, la maison Kuroshima, la maison Okazaki, maintenant réunies dans l'ouvrage *Façons d'habiter au Japon*[18].

Décrivant par le menu l'espace de la maison, son architecture et sa construction, mais surtout son usage quotidien, toutes ces observations nous montrent un espace domestique foncièrement différent du nôtre, quand bien même la traduction et la description en langue française obligent à nommer les espaces et dispositifs par des termes partiellement inadéquats, mais qui seront compréhensibles pour le lecteur francophone. Certains de ces lieux de l'habitation n'existent tout simplement pas chez nous, et sont intraduisibles exactement d'un seul mot : *issashi*, *genkan*, *engawa*, *irori*, *nando*, *doma*, *zashiki*, *tokonoma*, *butsudan*, *furo*[19], etc. De plus, parler de « pièces » bien définies – ce qui n'est pas toujours le cas –, c'est réduire leurs relations au seul accès, évacuer la vue, l'ouïe, les sensations tactiles-thermiques (vent, froid, odorat...), ô combien importantes au Japon, c'est manquer ce qui tisse les liens du quotidien et toutes leurs saveurs.

Et c'est encore sans parler de la distribution elle-même, terme par lequel on peut traduire *madori*, c'est-à-dire précisément non pas le plan de l'architecte ou du maître-charpentier *daïku*, au sens d'un guide pour la construction, mais bien une organisation spatiale d'entités topiques, différenciées, de proximités et d'éloignements, de places dans des gradients de différentes valeurs (montré/enfoui : *omote/oku*, etc.)[20].

À se plonger dans ces récits et ces analyses, notre esprit curieux est capté, fasciné, émerveillé par ces autres mondes, simultanément familiers – du fait des questions qu'ils doivent résoudre – et étrangers – par la manière de les résoudre et leur logique propre.

Dès l'entrée dans la maison est mise en jeu l'opposition intérieur/extérieur *uchi/soto*, superposée à la dualité si puissante *nous/eux*, avec la panoplie subtile de paroles et de gestes qui l'accompagne, et tout ce qui réaffirme la stabilité du groupe domestique, pourtant en mouvement perpétuel. On y voit comment les trois sols de la maison (terre, planche, tatami) ou leurs dérivés, leurs dénivellations concrètes ou statutaires et jusqu'aux différentes chausses correspondantes marquent les catégories de l'espace quotidien interne et les pratiques qui peuvent s'y dérouler, bien autrement que des fonctions. On y voit comment se distribuent les liens dans les espaces de l'intime, dans celui du coucher selon les âges et les statuts. On y voit l'étrange dédoublement de celui de la toilette, et les relations de pudeur ou de liberté corporelle. On y voit comment se répartissent ou s'attribuent les objets domestiques, et comment ils circulent, comment se fixent et se réarrangent les places de chacun à table. On comprend comment la porosité physique de la maison est un facteur de cohésion sociale, au-dedans comme au-dehors, dans le voisinage et le quartier.

On entrevoit comment le lien au sacré, sous-jacent à toute pratique japonaise, prend place simultanément dans l'espace domestique et celui de la communauté locale, comment des dispositifs spécifiques de lien aux mânes des ancêtres signent la réalité d'une maison-famille japonaise : l'étagère *kamidana* des *kami* du culte shintō, l'autel bouddhique des défunts *butsudan*, à l'intérieur, référés au sanctuaire *jinja* du quartier, et au temple *tera* à l'extérieur, qui rythment de façons complémentaires les temps du quotidien.

On voit se tisser la chaîne des lieux à la trame temporelle et ses motifs saisonniers, ses respirations (comment personnes et maison changent d'habit deux fois l'an, à la date fixe du *koromogae*), ses couleurs des âges de la vie depuis le rouge de la naissance (*akachan*, le bébé, est *akai*, rouge) jusqu'à celui de la nouvelle vie (l'habit rouge et le riz rouge de la retraite-séparation *hanare*). Le quotidien nous suit, pas à pas.

Philippe Bonnin
philippe.a.bonnin@wanadoo.fr
Directeur de recherche émérite, CNRS

NOTES

1. Nous en avons analysé les transformations réciproques et les modèles dans : *L'Ostal en Margeride : pour une analyse des modèles sociaux de l'organisation de l'espace, la transformation du modèle topologique d'un type d'habitation rurale*, Paris, CNRS Éditions, 1983 ; « Transformations de la maison dans le Hokkaidō », écrit avec Adachi Fujio, *Architecture et comportement*, vol. 11, n° 2, 1995, p. 95-121 ; et *Façons d'habiter au Japon : maisons, villes et seuils*, avec Jacques Pezeu-Massabuau, Paris, CNRS Éditions, 2017.

2. Luís Fróis, *Européens & Japonais : traité sur les contradictions & différences de mœurs*, Paris, Chandeigne, 1998, p. 13.

3. Je l'appuierai sur mes premiers carnets de terrain, tenus lors de missions initiales, de 1991 à 1997, puis sur quelques décennies supplémentaires d'apprentissage de cette culture.

4. On pourra se reporter à l'introduction de Philippe Bonnin, Masatsugu Nishida et Shigemi Inaga, *Vocabulaire de la spatialité japonaise*, CNRS Éditions, 2014, p. 30 *sq*.

5. Alessandro Valignano, « Sumario Indiano », in *Il cerimoniale per I Missionari del Giappone*, Rome, Edizioni di storia e letteratura, 1946 (1581).

6. Basil Hall Chamberlain, *Things Japanese : Notes on Various Subjects connected with Japan*, Londres, Kegan Paul, 1890.

7. Voir nos développements dans l'introduction du *Vocabulaire de la spatialité japonaise*, *op. cit.*, p. 31.

8. Claude Lévi-Strauss, *L'Autre Face de la lune : écrits sur le Japon*, Paris, Seuil, 2011, p. 18.

9. Watsuji Tetsurō, *Fūdo, le milieu humain*, traduction française par Augustin Berque, Paris, CNRS, 2011 ; voir aussi Augustin Berque, « Public, commun et privé dans la spatialité japonaise vus de l'ère Shōwa (1926-1989) », colloque international « L'espace public », CNRS & Société française des architectes, Paris, 25-26 mai 2018.

10. On pensera à Xavier de Maistre, *Voyage autour de ma chambre*, Paris, José Corti, 1984 (1794) ; ainsi qu'à Georges Perec, *Les Choses*, Paris, Julliard, 1965.

11. André Leroi-Gourhan, *Le Geste et la Parole*, Paris, Albin Michel, 1964-1965, p. 150, 139, 145.

12. Pensons à l'introduction de l'enquête sur *L'Habitat pavillonnaire* que donna Henri Lefebvre (Paris, CRU-ISU, 1966) ; au travail d'Amos Rapoport, *Pour une anthropologie de la maison*, Paris, Dunod, 1972 ; à la compilation de Marion Segaud et Françoise Paul-Lévy, *Anthropologie de l'espace*, Paris, Centre Georges-Pompidou, Centre de création industrielle, 1983 ; à Georges-Hubert de Radkowski, *Anthropologie de l'habiter : vers le nomadisme*, Paris, PUF, 2002 ; à la thèse de Jacques Pezeu-Massabuau, *La Maison japonaise*, Paris, POF, 1981, ainsi qu'à l'ouvrage du même auteur, *La Maison, espace social*, Paris, PUF, 1983, etc.

13. Voir André Leroi-Gourhan, *Pages oubliées sur le Japon*, Grenoble, Jérôme Million, 2004.

14. Voir nos développements sur cette notion cruciale dans la préface de *La Beauté du seuil : esthétique japonaise de la limite*, Paris, CNRS Éditions, 2021, et la traduction de l'ouvrage d'Itō Teiji, *Kekkai no bi*, qui suit.

15. Laurence Caillet, *La Maison Yamazaki : la vie exemplaire d'une paysanne japonaise devenue chef d'une entreprise de haute coiffure*, Paris, Plon, « Terre humaine », 1991.

16. Nicolas Bouvier, *Chroniques japonaises*, Paris, Payot, 1991.

17. Jane Cobbi, *Le Végétal dans la vie japonaise : l'utilisation alimentaire de plantes sauvages dans un village de montagne, Kaida-Mura*, Paris, POF, 1978 ; Yoshiaki Kitamura, *De l'identité japonaise : changements et permanence d'une communauté rurale*, Paris, POF, 1986 ; Toshitaka Ushiomi, *La Communauté rurale au Japon*, Paris, PUF, 1962 ; Edward Morse, *Japanese Homes and Their Surroundings*, Rutland, Tuttle, 2007 (1886).

18. Philippe Bonnin et Jacques Pezeu-Massabuau, *Façons d'habiter au Japon : maisons, villes et seuils*, *op. cit.*

19. Ce pourquoi leur est consacrée à chacun une notice spécifique dans le *Vocabulaire de la spatialité japonaise*, *op. cit.*

20. Voir « Dispositifs et rituels du seuil : une topologie sociale. Détour japonais », *Communications*, n° 70, 2000, p. 65-92 ; et « Nommer/habiter. Langue japonaise et désignation spatiale de la personne », *Communications*, n° 73, 2002, p. 245-265.

RÉSUMÉ

Le lieu du quotidien au Japon

Notre propre « détour ethnographique » par le Japon nous permet de nous interroger sur ce que l'observation des pratiques quotidiennes d'un autre peuple, si éloigné soit-il, peut nous apprendre des nôtres. Ce *quotidien de vie* révèle, au-delà de l'apparence, des formes sociales et culturelles plus profondes, quand elles se disent à la fois en langue vernaculaire et dans celle de l'espace.

MOTS-CLÉS : vie quotidienne, espace domestique, dispositifs, *kekkai*, Japon

Philippe Bonnin

SUMMARY

The Place of Everyday Life in Japan

Our "ethnographic detour" into Japan affords to question what the observation of everyday practices of another people, distant as they may be, may teach about our own. This day-to-day routine exposes, beyond the immediate perception, deep social and cultural forms when they are expressed both in the vernacular language and in that of the space.

KEYWORDS : everyday life, domestic space, dispositifs, kekkai, Japan

RESUMEN

El lugar de la vida cotidiana en Japón

Nuestra propia "predisposición etnográfica" por Japón nos permite preguntarnos qué nos puede enseñar la observación de las prácticas cotidianas de otros pueblos sobre el nuestro, por muy distantes que sean. Esta cotidianeidad revela, más allá de la apariencia, formas sociales y culturales más profundas, cuando se hablan tanto en la lengua vernácula como en la de los espacios.

PALABRAS CLAVES : vida cotidiana, espacio doméstico, dispositivos, kekkai, Japón

Marco Saraceno

Histoire technique du podomètre. De la genèse d'un capteur du quotidien

Les recherches en sciences sociales sur le *self-tracking* ont souligné que les données des instruments d'automesure fonctionnent en quelque sorte comme des loupes par lesquelles une dimension à première vue peu saillante de l'activité est *extraite* du flux du quotidien[1] afin de construire une image bienveillante de soi[2]. Toutefois, le processus technique par lequel cet effet de loupe est *produit* n'a pas fait l'objet d'enquêtes spécifiques. Des travaux en ergonomie se sont certes intéressés aux rôles des affichages graphiques des données[3], mais le fonctionnement *technique* de l'enregistrement a été peu observé.

Dans cet article, nous nous pencherons en particulier sur les *activity trackers*, ces accéléromètres qui quantifient les déplacements du corps afin d'évaluer le niveau d'activité physique. D'après le discours marketing qui accompagne la diffusion de ces instruments, l'effort *modéré*, *bon* pour la *santé*, est difficile à la fois à réaliser et à évaluer dans le flux d'une vie quotidienne de plus en plus sédentaire. Aucun étalon précis ne permet cependant de définir ce que *vaut* en termes d'effort, et donc de bienfait, l'accélération d'un segment corporel. Néanmoins, afin de rendre compréhensibles ces quantifications, la plupart des bracelets grand public utilisent comme grandeur de référence le *pas*, qui devient ainsi une sorte d'unité de l'effort salutaire.

D'un point de vue comptable, ces instruments sont donc des podomètres. Cela fait du pas un exemple de ces dimensions à la fois *objectives* et *affectives* de l'expérience quotidienne que les sujets veulent « capter[4] ». En proposant une histoire technique du podomètre[5], cet article cherche à comprendre par quels truchements la comptabilisation des mouvements alternatifs des jambes a pu assumer ce sens particulier de mesure d'un quotidien *bien dépensé*.

Marco Saraceno

La géométrisation du pas : un instrument de réduction en art (1518-1700).

On évoque généralement un croquis de Léonard de Vinci comme le premier témoignage d'un outil pour enregistrer le nombre de pas. Le dessin de cette machine se trouve sur une planche contenant la description d'un instrument connu depuis l'Antiquité[6], l'odomètre, qui servait à mesurer les distances en comptant le nombre de tours d'une roue. Le rapport entre ces deux instruments est essentiel : dans le podomètre, il s'agit en effet de reproduire le principe de la comptabilisation du mouvement circulaire pour un mouvement alternatif. La solution décrite par de Vinci consiste à lier un système de roues dentelées à un levier attaché à la cuisse du cheval ou de l'homme par une jarretière. Cette traduction du pas en mouvement concentrique s'inscrit dans la conception léonardesque de la cinématique des membres comme une *giration sphérique* calquée sur le modèle aristotélicien des corps célestes. Cela faisait du podomètre une sorte de reproduction mécanique de la locomotion[7].

Alors que le projet de De Vinci ne fut probablement jamais concrétisé, plusieurs textes de vulgarisation citent, en s'appuyant sur un ouvrage du mathématicien et spécialiste autodidacte de l'histoire des chiffres Georges Ifrah[8], un « artisan » nommé Jean Fernel comme « créateur » du premier podomètre en 1525. Néanmoins, aucune source connue n'atteste de l'existence de cet objet. Ifrah se contente de renvoyer à un texte postérieur de soixante ans, de J. Errard de Bar-le-Duc, ingénieur du duc de Lorraine. Dans ce texte est présenté un « nouveau instrument géographique [...] par lequel & par le pas de l'homme on pourra exactement mesurer le circuy de quelque place ou la longueur du chemin faict[9] ». La référence à Errard révèle le rôle de l'ingénierie militaire dans l'invention du podomètre, déjà évidente chez de Vinci[10]. La fin du XVIe siècle se caractérise en effet par la volonté de *réduire en art* les techniques de la guerre et en particulier celles des fortifications. Le podomètre, en tant qu'instrument de *géométrisation* des pratiques d'arpentage, est typique de cet exercice technico-mathématique[11]. Ainsi, bien que l'outil n'apparaisse pas dans l'ouvrage majeur d'Errard, *La Fortification réduicte en art et démonstrée* (1600), il y est largement question de la géométrisation de la marche. Est notamment soulignée la différence entre le pas *commun* et le pas appelé *géométrique*, non qu'il soit plus précis, mais « a cause que celuy qui mesure entreprend davantage que l'ordinaire pour expédier la matière ; & par ce moyen, montre avoir quelque dessein ». Comme dans toute la métrologie prémétrique, la finalité et la pratique de la mesure se confondent[12] : c'est dans le but d'arpenter que le pas est allongé, et donc « *art*ificialisé ».

On retrouve par cette voie le nom de Fernel et la date de 1525. En effet, cette même année, l'astronome Jean Fernel réalise une expérience visant à mesurer le méridien terrestre. Il marche d'abord en ligne droite jusqu'à atteindre une différence d'un degré dans l'inclinaison du soleil. Pour connaître la distance exacte qu'il a parcourue, il utilise ensuite une voiture, dont il mesure la circonférence de la roue en *pieds* et qui fait office d'odomètre. Fernel cherche par la suite à expliquer l'écart entre sa mesure (68 milles italiens et 96 pas) et celle de 56 milles établie par l'astronome Campanus. Il relève notamment un problème d'équivalence, Campanus ayant comptabilisé des pas communs, alors qu'un mille italien représente 1 000 pas géométriques. Pour vérifier le rapport entre les deux unités, Fernel mesure la distance entre le Palais-Royal et l'abbaye de Saint-Denis en comptant les pas d'un homme *moyen*[13]. Aucun podomètre n'est évoqué, mais cela montre la place de la comptabilisation des pas dans la construction d'échelles d'équivalences métrologiques.

Ainsi, même si Fernel n'a probablement jamais utilisé de podomètre, il est passé à la postérité comme son inventeur. Il était en effet parfaitement identique pour lui de mesurer un chemin en connaissant la taille d'une roue en « pas » ou en comptant les pas d'un homme marchant de manière stable. D'ailleurs, l'Encyclopédie retrace l'expérience de Fernel dans la description de l'*odomètre* et de l'*odomètre à compter les pas* comme s'il s'agissait du même instrument[14]. En 1724, l'abbé Meynier chercha en effet à développer un odomètre applicable indifféremment à la roue d'une voiture et à la jambe d'un homme[15]. Au XVIIe siècle, le pas est donc la circonférence de base d'un système de cercles concentriques aboutissant au calcul du méridien terrestre qui, à la suite des mesures de l'abbé Picard, en 1669, deviendra l'unité géodésique de référence[16]. Dans le podomètre, l'oscillation des membres inférieurs est donc conçue, d'une certaine manière, comme l'élément régulateur d'un engrenage physico-cosmique. Aussi la rationalisation de la pratique d'arpentage est-elle solidaire de celle des unités de mesure de l'espace. Le podomètre semble constituer, au XVIIe siècle, un outil intellectuel permettant de passer du « pas » ordinaire à l'unité abstraite, prémisse du mètre.

Cet intérêt pour le mécanisme de l'instrument plus que pour son utilité pratique aura pour conséquence qu'il sera peu utilisé. À partir du milieu du XVIIe siècle, avec l'essor de la cartographie et de la topographie, on trouve partout en Europe de *nouveaux* instruments servant à compter les pas des animaux ou des hommes. Le savant anglais Robert Hooke, par exemple, s'en sert pour réaliser les mesures topographiques de la ville de Londres après le grand incendie de 1666[17]. Il avait également voulu persuader le cartographe John Ogilby de l'utiliser pour son atlas routier, en 1675. Mais celui-ci considéra toujours l'odomètre comme supérieur. Les usages du podomètre restent en effet marginaux comparés à la diffusion importante des pratiques cartographiques tout au long du XVIIIe siècle[18].

La personnalisation du pas : objet de poche (1719-1832).

Progressivement délaissé en topographie au cours du XVIIe siècle, le podomètre devient un objet de *cabinets de curiosités*[19]. C'est donc à la forme et à la finesse mécanique de l'objet plus qu'à son utilité que l'on prête attention. Ainsi dans le catalogue du cabinet de l'ingénieur lyonnais Grollier de Servière, publié en 1719 par son petit-fils, l'accent est mis sur le cadran du podomètre, ressemblant à celui d'une montre de poche et considéré comme « l'avantage particulier que cette Machine a sur les précédentes ». En effet, en gardant l'outil dans sa veste, on pouvait s'en servir pour mesurer les places ennemies « en présence même des officiers qui y commandent [...] en faisant semblant de voir l'heure qu'il est, vous regardez à quel degré sont vos propres aiguilles[20] ». Si le podomètre reste utilisé comme un outil militaire portatif, on peut ici percevoir l'émergence d'un intérêt nouveau pour la nature *personnelle* des informations qu'il produit. Cela marque le passage de l'instrument du contexte de l'ingénierie à celui de l'horlogerie, inscrivant le podomètre dans une plus générale histoire sociale de la portabilité[21]. En devenant un objet « de poche », il ne doit plus seulement être facile à transporter, mais également se transformer en accessoire *personnel* permettant au sujet d'évoluer dans l'espace social en s'affichant ostensiblement. Cela révèle un changement dans la nature du pas enregistré. La marche devient promenade, elle n'est plus ni une technique d'arpentage militaire ni une simple contrainte pour ceux qui ne peuvent se déplacer en carrosse, mais elle s'affirme comme une pratique sociale. Cela conduit les individus à la « personnaliser » dans le but d'en faire une occasion de distinction et de divertissement[22].

Dans cette quête de la portabilité, vers la fin du XVIIIe siècle, le podomètre connaît une transformation technique majeure. Le ruban qui liait le genou aux engrenages est éliminé et le compteur avance grâce au simple mouvement d'un contrepoids. Ce mécanisme élaboré est au cœur d'une innovation centrale dans l'univers de l'horlogerie : le remontage automatique. Les débats sur l'origine de cette invention sont encore ouverts et parfois houleux chez les historiens de l'horlogerie[23]. On n'a pas établi clairement si la conception du podomètre a précédé ou suivi celle des montres *perpétuelles*. Le premier compte-pas à transmission pendulaire fut commercialisé par Spencer & Perkins à Londres (vers 1770), il était alors présenté comme un instrument « qui, lorsqu'il est porté dans la poche, détermine la distance parcourue par le porteur ». L'élimination du ruban[24] permet donc le développement d'objets plus discrets, mais dont la fiabilité paraît plus discutable, le nouveau podomètre se limitant à compter le nombre d'oscillations sans transmission directe du pas, rompant ainsi avec l'imaginaire cosmico-géometrique de la Renaissance.

L'instrument, en changeant d'usage, voit ses caractéristiques se modifier. Les horlogers se servent de matériaux plus nobles et apportent une grande attention à l'élaboration et à la décoration des cadrans. À la fois outil scientifique, innovation technique et objet mondain, le podomètre semble appartenir parfaitement à l'écosystème technico-commercial du *toyware*[25]. Remonte d'ailleurs à cette époque le fait de considérer les podomètres comme des cadeaux de luxe, tel celui qui avait été fabriqué pour Napoléon[26] ou le modèle produit par le londonien William Fraser, qui avait été offert – avec un compas – au prince de Galles[27]. Cet instrument est par ailleurs commercialisé en 1784 comme « un compagnon agréable pour les messieurs qui marchent beaucoup et aiment le tir ». Le podomètre semble en ce sens être proposé comme une sorte de « technique du social[28] », c'est-à-dire comme un instrument dont l'usage marque l'inscription de l'utilisateur dans un groupe d'affinité qui le lie aux princes chasseurs. Son usage s'accordait parfaitement à la chasse, pratique caractérisée par une importante valorisation de la marche et une forte sociabilité de distinction[29], mais qui commence, au XVIIe siècle, à se « démocratiser » et à se « sportiviser »[30]. Toutefois, on n'a pas trouvé trace du podomètre dans les nombreux manuels et dictionnaires alors consacrés à la chasse, ce qui prouve que son usage demeure anecdotique.

En parcourant l'affiche publicitaire de l'instrument de Fraser, on voit également émerger un contexte d'application nouveau paraissant annoncer une évolution qui se concrétisera à partir du XIXe siècle. Pour Fraser, « un avantage particulier de cette machine est que ceux qui, sur les conseils de leurs médecins, sont contraints de faire une certaine quantité d'exercice sans pouvoir sortir de chez eux peuvent le vérifier par l'utilisation de cette machine[31] ». Cette quantification de la « marche d'intérieur » semble relativement en vogue au XVIIIe siècle puisque en 1771, déjà, Buffon raconte dans ses lettres qu'il compte les pas qu'il accomplit dans son logement lorsqu'il est empêché de sortir[32]. En effet, dans le cadre d'une appréciation néo-hippocratique du corps, la marche devient « promenade de santé[33] ». Or, lorsqu'on ne peut pas se promener en extérieur, on manque de repères pour savoir si l'on a réalisé suffisamment de pas, et c'est à cela que peut donc servir le podomètre. Outil mondain destiné à paraître à « l'extérieur » devenu instrument de surveillance « d'intérieur », l'usage du compte-pas au XVIIIe siècle semble annoncer les contradictions dans lesquelles sera prise la locomotion du quotidien à l'époque moderne, entre esthétisation et rationalisation.

La rationalisation du pas : instrument hygiéniste et temps libre (1850-1920).

Les usages médicaux du podomètre s'affirmeront avec force à partir du XIXe siècle, où l'on portera une attention accrue aux bienfaits de l'effort physique rationnellement organisé. Certains médecins commencent en effet à s'en servir explicitement pour réguler l'activité de leurs patients. Le docteur James

Henry Bennett, qui contribua au succès de la station balnéaire de Menton, considérait le podomètre comme un instrument fort utile pour prescrire « la quantité d'exercice qui doit être prise » afin de n'en faire ni trop peu ni trop[34]. Cette pratique semble relativement répandue vers la fin du XIXe siècle chez les médecins prescrivant des cures, de même que les journaux vantent cet instrument à leurs lecteurs comme un « vadémécum de la villégiature » permettant « au convalescent à qui le médecin a recommandé un exercice régulier et modéré [...] de savoir qu'il a obéi aux prescriptions et qu'il s'est acquitté de ses devoirs envers sa propre santé[35] ». Ces utilisations du podomètre dans le milieu médical se développent avec l'essor d'une nouvelle approche des soins thermaux où la dimension psychologique et affective joue un rôle tout aussi important que les effets bénéfiques de l'eau sur l'organisme. Cette conception, qui permet l'émergence de stations balnéaires au bord de la Méditerranée, transforme la cure en un art de vivre[36] où « délectation, jouissance et bien-être » contribuent au succès du séjour[37]. La promenade s'inscrit dans cette conception *romantique* de la cure[38].

Cela accompagnera l'apparition de stations dédiées exclusivement à la « cure de terrain » conçue par le médecin allemand Max Joseph Oertel. Cette pratique, à laquelle Fernand Lagrange consacrera des pages enthousiastes, « consiste à graduer le travail représenté par la marche, en faisant marcher le malade chaque jour un peu plus longtemps, et sur des chemins de plus en plus escarpés[39] ». Cela fait des villes de montagne les sites idéaux et implique un classement méthodique des sentiers. Oertel lui-même cherche à définir le rapport entre le nombre de pas et le pourcentage de la pente par des mesures réalisées à l'aide d'un podomètre[40]. La diffusion de ces nouvelles stations les fait entrer en concurrence avec les villes d'eau classiques. Les centres thermaux historiques s'équipent ainsi en balisant des sentiers dans les alentours. À Vichy, le docteur Salignat propose donc d'introduire le système de comptabilisation allemand afin de rationaliser la gestion médicale de la promenade dans la station, qu'il juge grossière : « Nous en sommes réduits, dans nos ordonnances [...] à prescrire, suivant les cas : marche d'une demi-heure, marche d'une heure, etc.[41] »

Peu d'informations concernant l'expérience de ces enregistrements vécue par les patients nous sont parvenues. Un récit tragi-comique relatant les pérégrinations d'un diabétique dans différents centres thermaux nous donne un aperçu de la tension entre *romantisation* et *rationalisation* de la cure dans laquelle se situe la pratique de la promenade : « cet établissement où je ne pouvais faire un pas – car on m'avait naturellement muni d'un podomètre – [...], pousser même un soupir qui ne fût contrôlé et enregistré à l'actif ou au passif du numéro 14, me fit l'effet d'une prison[42] ».

Or si l'utilisation réelle de l'instrument est difficile à apprécier, sa diffusion rend compte d'un intérêt pour la quantification de la marche qui s'étend au-delà de l'espace de la cure. C'est ce que montre notamment le cas de la promenade urbaine qui, à cette époque, évolue progressivement vers une pratique plus libre et individuelle, se confondant presque avec les déplacements quotidiens[43]. Le promeneur qui se montrait au XVIIIe siècle devient le flâneur qui se perd dans la foule de la ville simmellienne. Dans ce cadre s'ouvre un rapport nouveau à la déambulation urbaine : le flâneur est le marcheur capable de profiter de toutes les occasions esthétiques dans l'accélération de la vie moderne. Le flâneur ne marche pas toute la journée, désœuvré : flâner, c'est exploiter les interstices de liberté qui se nichent dans le rythme du temps urbain en les optimisant. C'est dans ce contexte que semble pouvoir s'intégrer le podomètre. L'outil révèle à l'homme des villes modernes la réalité de ces espaces entre deux obligations en le poussant à en profiter : « Si en se levant on met l'instrument dans sa poche […], on sera généralement surpris de voir le nombre de pas que l'on aura faits chez soi, en allant à ses affaires, chez des amis, etc.[44] » De même, sans citer le podomètre, la *Physiologie du flâneur* de Louis Huart rend compte de cette nécessité d'optimiser le nombre de pas accomplis, alors que le « musard » dépense « d'une manière déplorable et quelquefois même stupide ces trois heures et ces trois cents pas[45] ».

Le podomètre, telle une montre, permet au sujet de se repérer dans les pérégrinations urbaines. Ainsi Louis Énault, observateur attentif des « innovations » de son époque, fait l'éloge de l'instrument, en soulignant l'utilité de savoir à combien de pas de chez soi on se trouve, pour calculer combien de temps il reste avant « de rentrer au logis où quelque contrôle sévère nous attend[46] ». Mais cela fait également de l'instrument un potentiel outil de surveillance, notamment au sein du couple. Les œuvres littéraires de la seconde moitié du XIXe siècle où le podomètre est le plus présent sont les vaudevilles et les brefs récits comiques. Le journal *La Lanterne* lui consacre une longue série de nouvelles humoristiques : utilisé par un mari pour contrôler les détours de sa femme ou encore oublié sur le lit et enregistrant ainsi les ébats de deux amants, l'outil est au centre de nombreuses histoires d'infidélités.

Ces apparitions du podomètre montrent qu'il trouve sa place dans la société du XIXe siècle, mais qu'elle reste anecdotique, voire comique. Il perd ainsi le prestige d'objet mondain qu'il avait pendant la période des Lumières. S'il s'inscrit dans une tendance générale à la métrologisation de la vie sociale, le caractère à la fois banal et intime de ce qu'il mesure fait de son usage une caricature de la rationalisation moderne. Ainsi, entre la fin du XIXe et le début du XXe siècle, le podomètre pourrait entrer dans l'arsenal d'instruments de gestion du travail de l'époque, à côté du chronomètre[47]. Toutefois, rares sont ses utilisations dans l'organisation scientifique du travail[48]. Si les journaux rendent compte du nombre de pas accomplis par des facteurs, des serveuses et même par des chanteurs d'opéra, comptabilisé à l'aide du podomètre, c'est toujours en soulignant la dimension grotesque et anecdotique de ces quantifications.

Marco Saraceno

L'imagination du pas : jouet d'enfants et sport pour tous (1930-1980).

Si l'utilité du podomètre est mise en doute, ses usages dans le contexte de la cartographie ne sont pas complètement délaissés. Sa portabilité en faisait notamment un instrument précieux pour les voyages d'exploration dans les colonies[49]. Sa fiabilité est néanmoins toujours questionnée. Aussi plusieurs géographes conseillent-ils de compter mentalement les pas.

Au début du XXe siècle, l'image scientifique du podomètre est donc liée principalement aux aventures des explorateurs peuplant les romans pour la jeunesse qui fleurissent à cette époque. On retrouve d'ailleurs la trace de l'instrument dans la structuration d'une nouvelle pratique pédestre, à la croisée de la promenade de santé et de l'excursion aventureuse, destinée notamment aux enfants et aux adolescents : la randonnée. Ainsi, en calquant son équipement sur celui des explorateurs, Jean Loiseau compte-t-il le podomètre parmi les objets nécessaires aux randonneurs[50].

C'est en mobilisant cet imaginaire aventureux que la General Mills créa vers les années 1930, pour promouvoir les céréales Wheaties, une série radiophonique intitulée *Jack Armstrong, the All-American Boy*, narrant les aventures d'un jeune homme *comme tout le monde* qui voyageait dans des pays lointains. Les enfants pouvaient échanger contre des preuves d'achat des gadgets en relation avec les épisodes, comme l'Hike-O-Meter que Jack utilise pour sortir d'un labyrinthe. Or, ce podomètre, peu coûteux et susceptible de mobiliser un imaginaire puissant, devient l'un des cadeaux les plus fameux associés au programme, distribué jusqu'aux années 1970[51]. Le dernier modèle en date portait le nom de « Jog-O-Meter » et témoignait de l'émergence d'un nouveau contexte d'usage : le jogging.

Le développement de cette nouvelle pratique de marche rapide s'inscrit dans une transformation du rapport à l'activité sportive qui relève tout à la fois d'un mouvement contre-culturel formulant une critique de la compétition entre athlètes[52] et de la réponse médicale à la sédentarisation de la population. Les entraîneurs et les médecins qui contribuent à la formalisation de cette pratique insistent sur l'importance de produire un effort supérieur à celui de la marche quotidienne[53]. En prenant pour modèle l'entraînement sportif, le jogging vise une amélioration de la résistance. Ainsi, les premiers manuels proposaient à ceux qui le pratiquaient des tableaux servant à suivre leurs progrès[54]. Dans ce cadre, bien que l'utilisation du podomètre ne fasse pas partie des préconisations de ces manuels, l'instrument est rapidement proposé par les équipementiers comme une sorte de « témoin de l'effort », selon la formule d'une publicité des années 1980. La comptabilisation des pas ne sert donc plus à rationaliser une « prise d'activité physique » comme le prescrivaient les médecins du XIXe siècle, mais elle est utilisée pour inscrire la pratique de course/marche dans l'imaginaire d'une « performance sportive ». Le podomètre fonctionne alors à nouveau comme une

« technique du social » mais, à la différence des chasseurs du XVIIIe siècle, pour qui la quantification des pas n'avait aucun rapport avec leur pratique, les coureurs l'utilisent comme un outil permettant de confirmer l'efficacité de leur activité[55].

Toutefois, la possibilité de connaître aisément la distance parcourue en empruntant des itinéraires réguliers et l'attention portée principalement au temps dans une résurgence de la logique de compétition limitent la diffusion du podomètre chez les coureurs. Les revues spécialisées, dans leurs pages consacrées aux *ordinateurs d'entraînement*, font la part belle aux chronomètres. Néanmoins, entre la fin des années 1980 et le début des années 1990, le discours des spécialistes nuance l'idéal du *fitness* dans lequel avait émergé le jogging, et commence à évoquer les bienfaits d'une activité physique modérée et quotidienne[56]. Le podomètre s'inscrit dans ce contexte comme un outil de santé publique.

La gestion du pas : un instrument de santé publique (1990-2006).

On doit l'idée de ce nouvel usage à un médecin japonais, Yoshiro Hatano, qui s'inspire d'une pratique répandue dans son pays depuis les années 1960, c'est-à-dire les *clubs de marche*, des groupes plus ou moins formels pratiquant ce que l'on appelait la « *marche volontaire* ». Dans une communication de 1993, Hatano, qui a étudié grâce à un podomètre le nombre de pas accomplis quotidiennement lors des déplacements utilitaires par un panel de sujets, arrive à la conclusion qu'ils font entre 3 000 et 5 000 pas. Par ailleurs, il considère que la quantité d'activité physique qu'un individu moyen devrait accomplir pour brûler entre 300 et 400 kilocalories – soit la consommation énergétique optimale, selon lui, pour réduire le risque d'une attaque cardiaque – équivaut à 10 000 pas. Hatano cherche surtout à sensibiliser l'auditoire au fait que les déplacements quotidiens ne suffisent pas pour avoir une activité physique bénéfique[57]. Il évoque alors l'utilité du podomètre, très répandu dans les clubs japonais. Le chiffre de 10 000 pas – simple argument commercial en faveur d'un instrument lancé en 1964 à l'occasion des Jeux olympiques de Tokyo, le Manpo-kei (littéralement, « la mesure des dix mille pas »), produit par Yamasa – reçoit ainsi, après coup, une validation scientifique.

Les raisons qui ont fait du Japon le berceau de l'utilisation moderne du podomètre sont complexes et multiples. L'intérêt du pays pour l'activité physique bénéfique pour la santé, s'inscrivant dans une traditionnelle attention au corps liée à la culture taoïste, et la recherche de pratiques plus structurées que celles issues de la contre-culture californienne peuvent expliquer en partie le succès de cet outil[58]. Quoi qu'il en soit, dans les années 1990, lorsque les acteurs occidentaux de la santé publique commencent à s'intéresser de près au podomètre, c'est l'expérience japonaise qu'ils considèrent. Toutefois cela n'implique pas que les attentes concernant la précision métrologique, qui reste sujette à de nombreuses critiques[59], soient plus grandes, à la différence de ce qui se passe au Japon, où ces outils doivent être agréés par le ministère de la Santé.

L'entrée du podomètre dans l'arsenal de la santé publique est en effet complètement indépendante du processus d'encadrement des dispositifs médicaux. D'ailleurs, l'instrument n'est plus utilisé, comme cela se produisait de manière sporadique au XIXe siècle, pour prescrire une quantité de marche ciblée, sous le contrôle du médecin ; il s'agit au contraire de fournir aux sujets un outil pour améliorer leurs capacités, dans la continuité de son utilisation pendant le jogging. Ainsi, le podomètre sort de la relation médecin-patient pour entrer dans celle qu'entretiennent la société et le bio-citoyen[60]. Marcher pour être en forme n'est plus une prescription médicale, mais une préconisation de santé publique dans un contexte où la sédentarité est présentée comme une épidémie contre laquelle tout le monde est appelé à agir[61].

Durant les années 2000, l'intérêt pour les podomètres s'accentue. Dans ce cadre, l'instrument, pour la première fois depuis l'élimination du ruban au XVIIIe siècle, fait l'objet d'innovations techniques. Grâce au développement de la microélectronique, on utilise un accéléromètre à la place du mécanisme oscillatoire. Bien que ce capteur du différentiel de vitesse permette un traitement plus fin de l'activité physique (mesurant notamment l'intensité des mouvements) et qu'il soit d'ailleurs utilisé dans le cadre clinique depuis les années 1970[62], il est associé dans les années 2000 à des dispositifs qui traduisent, grâce à des algorithmes, les accélérations des segments corporels calculées sur trois axes orthogonaux, en nombre de pas. On obtient ainsi un podomètre d'un nouveau type, que l'on peut porter n'importe où sur le corps et utiliser presque sans étalonnage. Cela permet d'intégrer le compte-pas à des instruments d'usage quotidien. En 2004, au Japon, Fujitsu lance le premier téléphone avec podomètre intégré, et en 2006, le Fitbit voit le jour.

Conclusion.

Nous achevons donc cette étude à l'aube du *self-tracking* et de la diffusion du « podomètre » comme l'un des pivots du vaste changement de comportement qu'entraîne l'usage de capteurs dans la vie quotidienne[63]. L'histoire du podomètre peut en ce sens être lue comme celle de l'émergence d'un capteur. L'évolution de l'instrument est en effet un processus technique et intellectuel conduisant à distinguer le pas physique et le pas comme unité abstraite. D'abord outil de comptabilisation d'un phénomène perceptible, le pas physique, le podomètre devient un instrument traduisant un phénomène insaisissable, l'effort quotidien, en données manipulables (qu'il est possible de quantifier, comparer, stocker, d'identifier...), le pas abstrait. Cette abstraction implique à la fois un double processus de formalisation et d'imaginaire. Le pas devient en même temps une dimension géométrique et un souvenir imagé de soi. Ainsi, l'histoire de la concrétisation du podomètre-capteur révèle en creux la progressive identification de la locomotion quotidienne comme synecdoque de l'existence individuelle : un faisceau d'efforts continus, insignifiants dans leur singularité, nécessitant pourtant d'être constamment renouvelés.

Marco Saraceno
marco.saraceno@univ-reims.fr
Maître de conférences à l'université de Reims Champagne-Ardenne
Laboratoire Performance, Santé, Métrologie, Société (PSMS), EA7507

NOTES

1. Anne-Sylvie Pharabod, Véra Nikolski et Fabien Granjon, « La mise en chiffres de soi : une approche compréhensive des mesures personnelles », *Réseaux*, 2013, vol. 1, n° 177, p. 97-129.

2. Anne-Sylvie Pharabod, « "Faire ses 10 000 pas", vraiment ? Une enquête sur les pratiques de *self-tracking* ordinaires », *Réseaux*, vol. 4, n° 216, 2019, p. 157-187.

3. Moustafa Zouinar, « Théories et principes de conception des systèmes d'automesure numériques. De la quantification à la régulation distribuée de soi », *Réseaux*, vol. 4, n° 216, 2019, p. 83-117.

4. Christian Licoppe, « Formes de la présence et circulations de l'expérience. De Jean-Jacques Rousseau au "Quantified Self" », *Réseaux*, vol. 6, n° 182, 2013, p. 21-55.

5. Jacqueline Wernimont (*Numbered Lives : Life and Death in Quantum Media*, Cambridge, The MIT Press, 2018) a proposé une histoire politique féministe du podomètre. Malgré son approche très différente de la nôtre et certaines imprécisions, l'ouvrage nous a fourni des sources nouvelles (notamment anglophones) auxquelles confronter notre travail.

6. On en trouve une description chez Héron d'Alexandrie et il pourrait avoir pour origine les bornes milliaires en usage au IIIe siècle av. J.-C., selon Philippe Fleury, « L'odomètre d'Héron d'Alexandrie, complément de la dioptre », *in* Gilbert Argoud et Jean-Yves Guillaumin (dir.), *Autour de la dioptre d'Héron d'Alexandrie : actes du colloque international de Saint-Étienne, 17, 18, 19 juin 1999*, Saint-Étienne, Publications de l'Université de Saint-Étienne, 2000, p. 345-361.

7. Le dessin du podomètre est contemporain des études géométriques du mouvement reproduites dans le *Codex Huygens*. Cf. Mario Taddei et Edoardo Zanon (éds.), *Le macchine di Leonardo : segreti e invenzioni nei codici da Vinci*, Florence, Giunti, 2005.

8. Georges Ifrah, *The Universal History of Computing : From the Abacus to the Quantum Computer*, New York, John Wiley, 2001, p. 121.

9. Jean Errard, *Le Premier Livre des instruments mathematiques mechaniques de J. Errard*, Nancy, Jan-Janson, 1584, p. 38. Un objet similaire est décrit dans Paul Pfinzing, *Methodus geometrica*, Nuremberg, Valentin Fuhrmann, 1598. Le Saint Empire romain germanique fut, au XVIe siècle, le berceau de nombreuses innovations topographiques. Cf. Hebbel E. Hoff et L. A. Geddes, « The Beginnings of Graphic Recording », *Isis*, vol. 53, n° 3, 1962, p. 287-324.

10. Son odomètre est conçu pour la construction de la forteresse de C. Borgia. Cf. Pietro Cesare Marani, *L'architettura fortificata negli studi di Leonardo da Vinci*, Florence, Leo S. Olschky, 1984.

11. Hélène Vérin, *La Gloire des ingénieurs : l'intelligence technique du XVIe au XVIIIe siècle*, Paris, Albin Michel, 1993, p. 179.

12. Witold Kula, *Les Mesures et les Hommes*, Paris, Éd. de la Maison des sciences de l'homme, 1984, p. 11-12.

13. Jean Fernel, *Cosmotheoria*, t. I, Paris, Simon de Colines, 1528, p. 4.

14. Denis Diderot et Jean Le Rond d'Alembert (éds.), *Encyclopédie ou Dictionnaire raisonné des sciences, des arts et des métiers*, Paris, Briasson, David, Le Breton et Durand, 1751, t. XI, p. 351.

15. Arch. Nat. O/1/68, fol. 453-454. L'instrument sera amélioré par l'abbé Outhier : une deuxième corde fait avancer l'aiguille en sens inverse lorsqu'on recule. Cf. « Machines et inventions approuvées par l'Académie en 1742 », *Histoire de l'Académie royale des sciences*, année 1742, p. 143-146.

16. Jacques Blamont, « La mesure du temps et de l'espace au XVIIe siècle », *Dix-septième Siècle*, vol. 4, n° 213, 2001, p. 579-611.

17. Stephen Inwood, *The Man Who Knew Too Much : The Strange and Inventive Life of Robert Hooke, 1635-1703*, Londres, Pan Macmillan, 2011.

18. Nicolas Verdier, « Dal territorio alla carta : posta a cavallo e culture dello spazio tra la fine del Settecento e l'inizio dell'Ottocento », *Quaderni Storici*, 2009, vol. 131, n° 2, p. 579-606.

19. Antoine Schnapper, *Le Géant, la Licorne et la Tulipe : les cabinets de curiosité en France au XVIIe siècle*, 2e éd. revue et complétée, Paris, Flammarion, 2012, p. 245-247.

20. Grollier de Servière, *Recueil d'ouvrages curieux de mathématique et de mécanique ou Description du cabinet de M. Grollier de Servière*, Lyon, D. Forey, 1719, p. 94.

21. Gianenrico Bernasconi, *Objets portatifs au siècle des Lumières*, Paris, Éd. du CTHS, 2015.

22. Laurent Turcot, *Le Promeneur à Paris au XVIIIe siècle*, Paris, Le Promeneur-Gallimard, 2007.

23. Ces débats portent notamment sur l'attribution de l'innovation à A. L. Perrelet. Cf. Jean-Claude Sabrier, *La Montre à remontage automatique XVIIIe-XXIe siècles*, Paris, Cercle d'art, 2011.

24. L'oscillation latérale est brevetée par William Payne en 1832 mais, au XIXe siècle, le modèle à ruban est toujours en usage. L'instrument décrit par Th. Jefferson, qui pour certains vulgarisateurs serait son « invention », est un modèle à ruban. Cf. Lettre à J. Madison du 3 mai 1788. [En ligne]. Disponible sur : https://founders.archives.gov

25. Liliane Hilaire-Pérez, *La Pièce et le Geste : artisans, marchands et savoir technique à Londres au XVIIIe siècle*, Paris, Albin Michel, 2013.

26. Numismatic and Antiquarian Society of Philadelphia, « 5th March1903 », *Proceedings of the Antiquarian and Numismatic Society of Philadelphia for the Years 1902-1903*, Philadelphie, The Society, 1904, p. 34-37.

27. « Bill issued by William Fraser for a Pedometer in a Gilt Case with a Compass, with Receipt » [en ligne], Royal Collection Trust, Georgian Papers Online, inv. GEO/MAIN/29083. Disponible sur : https://gpp.rct.uk/Record.aspx?src=CalmView.Catalog&id=GIVBILLS%2f2%2f86

28. Gianenrico Bernasconi, *Objets portatifs au siècle des Lumières*, *op. cit.*

29. Philippe Salvadori, *La Chasse sous l'Ancien Régime*, Paris, Fayard, 1996.

30. Donna Landry, *The Invention of the Countryside : Hunting, Walking, and Ecology in English Literature, 1671-1831*, Basingstoke, New York, Palgrave, 2001.

31. « Print, Advertisement Pamphlet for Pedometer, Invented by William Fraser, London, 1780-1805 », History of Sciences Museum University of Oxford, inv. 14387 [en ligne]. Disponible sur : https://mhs.web.ox.ac.uk/collections-online#/item/hsm-catalogue-30651

32. Georges Vigarello « Le chiffre et la force », *in* Alain Corbin, Jean-Jacques Courtine et Georges Vigarello (dir.), *Histoire du corps. I, De la Renaissance aux Lumières*, Paris, Points, 2011, p. 296-298.

33. Samuel Tissot, *De la santé des gens de lettres*, Lausanne, F. Grasset, 1768.

34. James Henry Bennet, *De la nutrition dans la santé et la maladie*, Paris, Asselin, 1882.

35. Publicité parue dans *Le Matin*, le 23 juillet 1893.

36. Georges Vigarello, « La mer et le renouvellement de valeurs à la bascule du XXe siècle », *Revue de la BNF*, vol. 2, n° 32, 2009, p. 4-9.

37. Frédéric Dutheil, « Promenade dans les parcs de Vichy et saisons thermales (1850-1870) », *Ethnologie française*, vol. 36, n° 3, 2006, p. 543-552.

38. Georges Vigarello, *Le Sain et le Malsain : santé et mieux-être depuis le Moyen Âge*, Paris, Seuil, 1993.

39. Fernand Lagrange, *La Médication par l'exercice*, Paris, Félix Alcan, 1904.

40. Max Joseph Oertel, *Ueber Terrain-Curorte*, Leipzig, F. C. W. Vogel, 1886.

41. Léon Salignat, *Les Cures de Vichy : indications, régimes, bains, douches, buvette, exercice, Vichy et ses environs*, Paris, J.-B. Baillière, 1902.

42. Jules Cyr, *Impressions et aventures d'un diabétique à travers la médecine et les médecins*, Paris, V.-A. Delahaye, 1879.

43. Robert Beck, « La promenade urbaine au XIXe siècle », *Annales de Bretagne et des pays de l'Ouest*, vol. 116, n° 2, 2009, p. 165-190.

44. Guyot-Daubès, *Les Hommes-phénomènes : force, agilité, adresse. Hercules, coureurs, sauteurs, nageurs, plongeurs, gymnastes, équilibristes, disloqués, jongleurs, avaleurs de sabres, tireurs*, Paris, G. Masson, 1885.

45. Louis Huart, *Physiologie du flâneur*, Paris, Aubert et Cie, Lavigne, 1841.

46. Louis Énault, *Les Arts industriels : Vienne, Londres, Paris*, Paris, Hachette, 1877, p. 200.

47. Babbage, en 1853, cite le podomètre en tant qu'exemple de l'intérêt de l'automatisation comme « frein contre l'inattention, l'oisiveté, ou la fourberie des agents humains ». Charles Babbage, *On the Economy of Machinery and Manufactures*, Londres, C. Knight, 1832, p. 54.

48. On en trouve la trace chez Christine Frederick qui pensa appliquer le taylorisme à l'économie domestique et s'en servit pour rationaliser les déplacements dans la cuisine. Voir *L'Art ménager*, mai 1927, p. 96.

49. Antoine d'Abbadie, *Instructions pour les voyages d'exploration*, Paris, E. Martinet, 1867, p. 21.

50. L'instrument est néanmoins optionnel, le randonneur doit éviter de se transformer en « un tableau de bord », Jean Loiseau, *Camping et voyage à pied. Manuel pratique*, 5e éd., Paris, Jean Susse, 1946 (1934).

51. Jim Harmon, *Radio Mystery and Adventure and its Appearances in Film, Television, and Other Media*, Jefferson, McFarland, 2003, p. 87.

52. Jacques Defrance, « Un schisme sportif : clivages structurels, scissions et oppositions dans les sports athlétiques, 1960-1980 », *Actes de la Recherche en Sciences Sociales*, n° 79, 1989, p. 76-91.

53. Garth Gilmour, *Run for Your Life : Jogging with Arthur Lydiard*, Auckland, Minerva, 1965.

54. William J. Bowerman et Waldo E. Harris, *Jogging : A Physical Fitness Program for All Ages*, New York, Grosset & Dunlap, 1967. Alan Latham, « The History of a Habit : Jogging as a Palliative to Sedentariness in 1960s America », *Cultural Geographies*, vol. 22, n° 1, 2015, p. 103-126.

55. Marco Saraceno, « L'a-rationalité de l'auto-quantification des efforts physiques. Enquête sur la diffusion d'instruments de *self-tracking* dans les pratiques de course et marche rapide à visée d'entretien de soi », *Loisir et Société/Society and Leisure* [en ligne], vol. 46, 2022. Disponible sur : https://doi.org/10.1080/07053436.2022.2140976

56. Steven N. Blair, H. W. Kohl, N. F. Gordon et R. S. Paffenbarger, « How Much Physical Activity is Good for Health ? », *Annual Review of Public Health*, vol. 13, n° 1, 1992, p. 99-126.

57. Yoshiro Hatano, « Use of the Pedometer for Promoting Daily Walking Exercise », *Journal of the International Committee on Health*, n° 29, 1993, p. 4-8.

58. Laura Spielvogel, *Working Out in Japan : Shaping the Female Body in Tokyo Fitness Clubs*, Durham, Duke University Press, 2003.

59. Catrine Tudor-Locke, Susan B. Sisson, Sarah M. Lee et Cora L. Craig, « Evaluation of Quality of Commercial Pedometers », *Canadian Journal of Public Health*, n° 97, 2006, p. 10-16.

60. Nikolas Rose et Carlos Novas, « Biological citizenship », *in* Aihwa Ong et Stephen J. Collier (éds.), *Global Assemblages : Technology, Politics, and Ethics as Anthropological Problems*, Malden, Blackwell, 2005.

61. Après Wheaties, d'autres entreprises de l'alimentation distribueront des podomètres (par exemple, McDonalds Happy Meal – Go Active ! en 2004), mais il s'agit maintenant de répondre à une pression dénonçant les méfaits de l'industrie agroalimentaire. Cf. Lisa Tillinger, R. D. Johansen, *Fast Food Vindication : The Story you haven't been told*, Los Angeles, J. Murray Press, 2012.

62. Wim H. M. Saris et Rob Binkhorst, « The Use of Pedorneter and Actometer in Studying Daily Physical Activity in Man », *European Journal of Applied Physiology and Occupational Physiology*, n° 37, 1977, p. 219-228.

63. Mélanie Swan, « Sensor Mania ! The Internet of Things, Wearable Computing, Objective Metrics, and the Quantified Self 2.0 », *Journal of Sensor and Actuator Networkds*, vol. 1, n° 3, 2012, p. 217-253.

Marco Saraceno

RÉSUMÉ

Histoire technique du podomètre. De la genèse d'un capteur du quotidien

L'article suit l'histoire technique du podomètre en pointant l'évolution de son mécanisme et de ses usages du XVIe siècle jusqu'à sa « révolution numérique ». Il s'agit en outre de questionner la configuration sociotechnique qui a conduit la comptabilisation du pas à devenir un des supports centraux de ces pratiques contemporaines que l'on appelle *self-tracking*, consistant à enregistrer et comptabiliser des dimensions à première vue anecdotiques de l'existence quotidienne afin d'en valoriser un aspect.

MOTS-CLÉS : comptabilisation, quotidien, effort, marche

SUMMARY

Technical History of the Pedometer. Genesis of an Everyday Life Sensor

The article tracks the technical history of the pedometer, highlighting the evolution of its mechanism and uses from the 16th century up until its "digital revolution". The aim is to investigate the socio-technical configuration that has led the counting of steps to assert itself as one of the central features of contemporary practices labelled as self-tracking, which consist in recording and measuring facets – anecdotal at first glance – of everyday existences in order to enhance them.

KEYWORDS : measurement, everyday life, effort, walk

RESUMEN

Historia técnica del podómetro. De la génesis de un sensor del día a día

El artículo sigue la historia técnica del podómetro, destacando la evolución de su mecanismo y usos desde el siglo XVI hasta su "revolución digital". Se trata de cuestionar la configuración sociotécnica que ha convertido contar los pasos en uno de los soportes centrales de estas prácticas contemporáneas denominadas self-tracking, *que consisten en registrar y contar dimensiones a primera vista anecdóticas de la existencia cotidiana con el fin de valorizar uno de sus aspectos.*

PALABRAS CLAVES : contabilización, cotidiano, esfuerzo, marcha

Martyne Perrot

« À pas comptés ». Invention de la science ménagère et emploi du temps, de la fin du XIXe siècle aux années 1950

Il y a un darwinisme social éliminant les firmes qui ne savent s'organiser à temps, celles qui se développent sont naturellement les mieux organisées. Et la plus vieille de ces industries est l'industrie ménagère...

L'Art ménager, 1er janvier 1927

Dans l'Amérique du Nord du milieu du XIXe siècle apparaît une nouvelle science, celle du *home economics*, qui deviendra un enseignement universitaire dès 1860 et fera l'objet de nombreuses études en sociologie du travail et de genre[1]. S'adressant aux femmes de la classe moyenne, en leur octroyant le statut d'experte et en professionnalisant leur savoir-faire, cette « économie domestique » inédite invente le foyer « moderne » en transformant le quotidien de celles qui allaient devenir les « maîtresses » de leur maison tout en restant au service de leur famille. Leur emploi du temps, qui s'inspirera largement du taylorisme dès le début du XXe siècle, est alors, et pour la première fois, au centre des préoccupations. Minutieusement conçu pour alléger leurs tâches, il les soustraira encore davantage à l'espace public.

Les pionnières américaines.

Catharine Beecher (1800-1878) est l'une des figures pionnières de ce mouvement. Auteure du *Treatise on Domestic Economy* (1841), elle est aujourd'hui considérée comme la fondatrice du modèle de la « ménagère professionnelle », œuvrant pour le bonheur des siens, l'harmonie de son couple et l'éducation de ses enfants[2].

Née en 1800 dans l'État de New York, Catharine Beecher appartient à la classe moyenne blanche, originaire de Nouvelle-Angleterre, la WASP (*White Anglo-Saxon Protestant*) au sein de laquelle, sous la présidence d'Andrew Jackson (1829-1837), triomphent le *self made man* et la libre entreprise. Devenue enseignante, elle va lutter toute sa vie pour l'éducation des femmes, bien qu'elle soit défavorable à leur participation à la vie politique et opposée à leur droit de vote. Fille de pasteur, protestante évangélique rigoriste, et sœur de Harriet Beecher Stowe, auteure du célèbre roman antiesclavagiste *La Case de l'oncle Tom*, elle désavoue en effet l'action des féministes de l'époque et oppose la sphère privée à l'espace public, tout en fondant le Hartford Female Seminary, dans le Connecticut, qui fut le premier établissement d'enseignement supérieur féminin aux États-Unis. Elle anime également en 1829 une campagne contre l'Indian Removal Act, loi proposée par le président Andrew Jackson, qui visait à expulser vers l'ouest du Mississippi cinq nations amérindiennes sédentaires[3].

Mais Catharine Beecher est surtout connue pour son best-seller : *The American Woman's Home : Or, Principles of Domestic Science*[4], qu'elle écrivit en collaboration avec sa sœur Harriet. Dans ce livre, considéré aujourd'hui aux États-Unis comme « l'acte de naissance des arts ménagers[5] », elle expose une doctrine qui fut parfois qualifiée de « féminisme domestique[6] », obéissant à cette injonction contradictoire : « les femmes sont supérieures et sujettes ». Celles auxquelles elle s'adresse, considérées d'abord comme mères des futurs citoyens, peuvent et doivent agir de l'intérieur de leur foyer – dont elles assurent la direction – pour réaliser « le bien-être moral et physique de la famille ». La gestion de la maison qui leur est proposée suppose, dès lors, la rationalisation de toutes leurs activités, dans un espace réaménagé.

Un espace conçu pour un emploi du temps sans temps mort.

Dans le chapitre intitulé « Habits of System and Order[7] » dédié « affectueusement » aux « femmes américaines dans les mains desquelles reposent les réelles destinées de la République [...] », il est conseillé aux débutantes de « systématiser » leurs activités, c'est-à-dire de les ordonnancer :

> Dans l'emploi de notre temps, nous devons tenir compte du sommeil, de la préparation de la nourriture, de la sécurisation des moyens de subsistance, de l'amélioration intellectuelle, de l'exercice et du divertissement, des loisirs sociaux et des devoirs bienveillants et religieux. Et c'est la juste répartition du temps à ces divers devoirs qui constitue sa véritable économie[8].

Si la référence religieuse sert de cadre spirituel à ce rigoureux emploi du temps, le loisir et la santé ne sont pas pour autant négligés, bien au contraire, et l'ouvrage des sœurs Beecher consacre de nombreux chapitres à l'hygiène, à la saine alimentation et à l'exercice physique qui doit être effectué au quotidien :

> Le christianisme enseigne que, pour tout le temps qui nous est accordé, nous devons rendre compte à Dieu ; et que nous n'avons pas le droit de perdre une seule heure. Mais le temps passé au repos ou à l'amusement est souvent aussi utile que s'il était consacré au travail ou à la dévotion. […] Des aliments sains, une peau propre et des exercices quotidiens en plein air sont indispensables. Prenez sept ou huit heures de sommeil par nuit, et non par jour. […] Dormez autant que vous le pouvez, car alors le cerveau et les nerfs se rétablissent[9].

Ces principes vont être au cœur de la nouvelle « science ménagère » et d'un espace réorganisé pour l'appliquer. Le plan de la maison est ainsi pensé pour éviter perte de temps et fatigue inutile. C'est dans cette perspective que Catharine Beecher propose d'introduire comme exercice scolaire, dans les cours destinés aux jeunes femmes, la conception d'une habitation qui tienne compte de ces exigences, et principalement en ce qui concerne la cuisine, sans oublier, ajoute-t-elle, le « bon goût architectural[10] ».

> Aucun sujet de l'économie domestique n'implique plus sérieusement la santé et le confort quotidien des femmes américaines que celui de la construction appropriée des maisons[11].

Et chaque jeune fille, poursuit-elle, « devrait être formée pour être une femme raisonnable qui construit sa maison correctement » :

> La disposition de la pièce, […] l'économie du travail et le confort sont souvent négligés. Par exemple, une cuisine sera située à un étage, un salon à un autre, et la *nursery* au troisième. Rien n'est plus fatigant pour une femme fragile, que de monter et descendre des escaliers, et cela pour gagner la place de deux grands salons à montrer à quelques amis[12].

Il est intéressant de relever que dès cette époque, et plus tard chez Christine Frederick (1910), une attention soutenue est accordée à l'architecture domestique, qui inspirera dans les années 1920 la *designer* allemande Margarete Schütte-Lihotzky et l'architecte Erna Mayer, créatrices de la célèbre « cuisine de Francfort[13] ».

Mais si l'organisation des tâches ménagères et bientôt l'arrangement de l'espace de la cuisine ont pour objectif premier de diminuer la fatigue des femmes au foyer, ils leur font aussi accepter qu'elles seules en sont responsables, les excluant progressivement d'un possible espace collectif d'activités partagées.

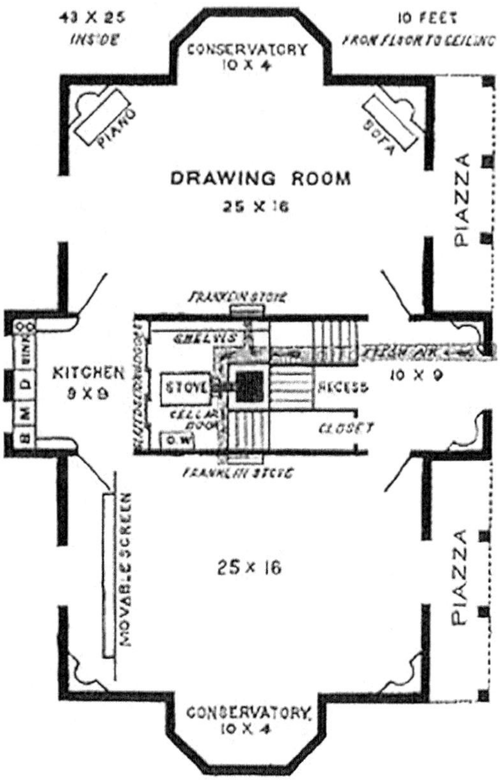

Figure 1 – Plan de la maison conçu pour économiser temps et fatigue dans le respect de l'hygiène et de l'esthétique. Extrait de Catharine Esther Beecher et Harriet Beecher Stowe, *The American Woman's Home : Or, Principles of Domestic Science. A Guide to the Formation and Maintenance of Economical, Healthful, Beautiful, and Christian Homes*, New York, J. B. Ford and Compagny, 1869.

En Angleterre, en pleine ère victorienne, en 1861, une autre adepte de cette nouvelle science, Isabella Beeton, publie *The Book of Household Management*[14]. Issue d'une famille bourgeoise, étudiante à Heidelberg, elle se passionne pour la pâtisserie. Elle devient responsable d'une rubrique culinaire[15] de *The Englishwoman's Domestic Magazine*, grâce à son mari qui en est l'éditeur. Cette rubrique ne manque pas de faire allusion à la nécessité, là encore, de lier économie domestique et aménagement de l'espace. En effet, il faut se souvenir, écrit Isabella Beeton, que :

> La cuisine est le laboratoire de chaque foyer. Il est nécessaire qu'elle ait de grandes dimensions, de la lumière et une bonne ventilation. Elle doit aussi être suffisamment éloignée des principales pièces de la maison.

Le sous-titre de l'ouvrage ne laisse pas d'illusion sur le public auquel il s'adresse et la domesticité dont les lectrices sont encore entourées : *Le Livre de la gestion du foyer, incluant des informations pour la maîtresse de maison, la gouvernante, la cuisinière, la fille de cuisine, le majordome, le valet de pied, le cocher, le valet, les bonnes supérieures et inférieures, la femme de chambre, la bonne à tout faire, la blanchisseuse, l'infirmière et la servante infirmière, les nourrices allaitantes ou non, etc., etc. ; ainsi que des conseils sanitaires, médicaux et légaux : avec un historique de l'origine, des propriétés et des usages de toutes choses en rapport avec la vie domestique et le confort.*

Le taylorisme appliqué à la sphère domestique.

L'emploi du temps deviendra progressivement le thème obsessionnel et récurrent des ouvrages ultérieurs destinés aux femmes de l'entre-deux-guerres. Soumises corps et âme à celui-ci, elles finiront, en s'y conformant, par être assignées à résidence et isolées dans leur « *home* ».

Une seconde Américaine, Christine Frederick, jouera un rôle fondamental dans la diffusion des nouveaux portraits et rôles de la femme au foyer. C'est en 1920 que paraît en France la traduction de son ouvrage daté de 1913, *Le Taylorisme chez soi, pratique de la direction de la maison*[16]. Mariée, mère de deux jeunes enfants, appartenant à la petite bourgeoisie new-yorkaise, l'auteure fait le constat d'une fatigue permanente et du manque d'un temps pour soi qui aurait pu être consacré « à la lecture, à la toilette, à l'accompagnement d'une chanson », ce qu'elle décrit comme « un peu de vie supérieure », indispensable à « l'indépendance de sa personnalité ». Christine Frederick a en effet le sentiment de « n'arriver à rien », et de n'avoir « presque jamais un instant à elle », au quotidien. La formulation peut surprendre venant d'une femme qui revendique « aimer s'occuper de son intérieur », mais sitôt le problème posé, l'auteure s'oriente vers une solution qui suppose un emprunt et beaucoup de pragmatisme.

Tout part en effet de la rencontre avec le milieu professionnel de son mari, en contact étroit avec le mouvement en plein essor de « l'organisation scientifique du travail ». Cette nouvelle approche de la rentabilité du travail est une révélation pour celle qui a alors l'idée originale et novatrice d'appliquer les principes du « taylorisme industriel » aux « travaux du ménage ». Ce transfert de méthode s'accompagne, fait notable, d'une revendication d'égalité de compétence dans l'espace domestique, mais sans que celle-ci ne bouleverse la répartition des rôles masculin et féminin.

> Je ne veux pas que vous fassiez, vous les hommes, toutes les grandes et nobles choses. Je vais découvrir comment ces experts conduisent leurs investigations et tout ce qui s'y rapporte, et j'appliquerai ensuite leur résultat à ma fabrique, à mes affaires, à mon intérieur[17].

Le ton est donné, le ménage devient « scientifique » et la femme au foyer, une « professionnelle », dotée d'un savoir-faire en la matière.

Les principes guidant cette méthode sont, en priorité, l'économie de temps et la diminution espérée de l'effort :

> Par cette nouvelle science du travail, nous essayons d'abord d'en normaliser chaque partie de façon à l'exécuter dans le plus court délai possible, et avec le moins d'effort – c'est la première étape.

S'ensuivent deux autres étapes : la disposition de la cuisine « normale » et le choix du bon instrument. Il faut ensuite organiser un emploi du temps, établir un horaire « normal », « hebdomadaire, puis journalier ». Le terme « normal » revient comme un *leitmotiv*, signalant qu'il s'agit bien, là aussi, indirectement et sans que cet objectif soit volontaire ni conscient, d'une entreprise de régulation de la vie quotidienne à travers la vie domestique et d'un recentrage sur le foyer.

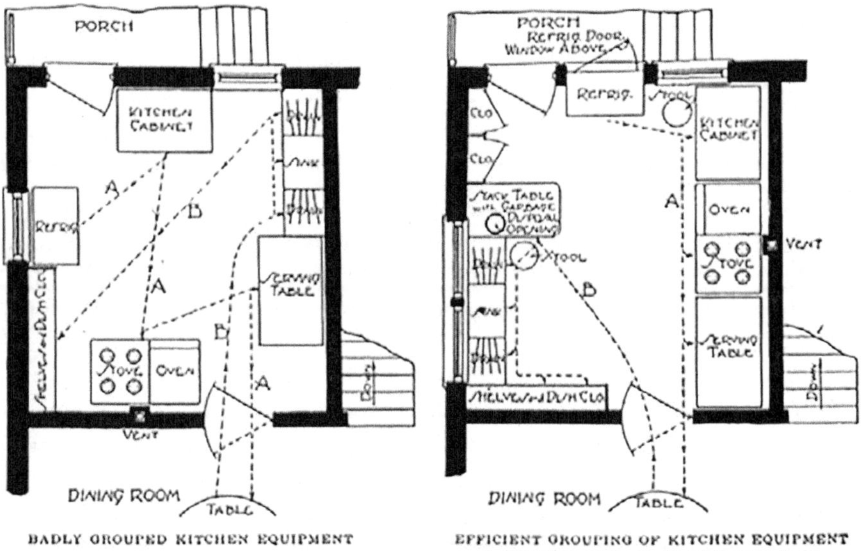

Figure 2 – La gestion scientifique de la maison. Plans extraits de Christine Frederick, *Efficient Housekeeping. Or, Household Engineering, Scientific Management in the Home*, Chicago, American School of Home Economics, 1919.

À pas comptés…

Pour réaliser ce programme, Christine Frederick compte avec une précision extrême à la fois la durée nécessaire à la réalisation de chacune de ces tâches, « sans interruption », et l'espace qu'elle parcourt dans sa cuisine pour les accomplir.

Faisant référence aux ingénieurs « du rendement normal » dans les usines, à ceux qui font des études de temps « jusqu'à une fraction de seconde », elle dresse – « sans chercher une telle précision », souligne-t-elle néanmoins – une liste de tâches « ordinaires à effectuer le plus rapidement possible ». Pour échapper à la pénibilité des besognes, il faut parvenir à « une normalisation des mouvements opératoires[18] ».

À titre d'exemple :

Tâches	*Temps nécessaire*
Bain de bébé	15 minutes
Travail du pain	12 minutes
(trois opérations)	
Malaxage du gâteau	10 minutes
Ménage de cinq petites pièces tous les jours	30 minutes
Faire reluire l'argenterie	40 minutes[19]

Cette comptabilité minutieuse se base également sur l'efficacité des instruments employés. Inefficaces ou inappropriés, ils sont en effet la cause de mouvements inutiles.

> Avec un hache-viande (plutôt qu'un simple hachoir), je peux écraser trois livres de viande en une minute, car le temps n'est plus gaspillé à lever et à abaisser le bras cinquante fois et plus[20].

Mais l'instrument est moins important que la « méthode de travail » pour augmenter le rendement.

Qu'on en juge par celui auquel Christine Frederick se soumet elle-même :

> Lever : 6 h 30
> Déjeuner : 7 heures
> J'habille mon petit garçon ; je gratte les plats et je les porte à la cuisine ; j'aère les lits.
> Bain de bébé : 7 h 30 ; bébé fait un somme de 9 heures à 10 heures.
> Je lave la vaisselle, je dresse le menu, je prépare et cuis le dîner de 9 heures à 10 heures, mon petit garçon joue dehors, à la porte, ou dans la maison.
> Je fais les lits, balaie et époussette de 10 heures à 11 heures.

> Je prépare le déjeuner et je couds une demi-heure tout en jouant avec les enfants (de 11 heures à midi).
> Déjeuner avec les deux enfants à midi. Je ne lave pas la vaisselle du déjeuner, pour pouvoir faire immédiatement un somme d'une heure avec les enfants, sans être interrompue.
> Je m'habille et j'habille les enfants à deux heures ; je vais à la promenade, au marché ou en visite.
> Je reviens à la maison à 17 heures ; je donne leur souper aux enfants et les mets au lit à 18 heures.
> Je dîne seule avec mon père à 18 h 30.
> Je fais la vaisselle tout en préparant les fruits et le potage de bébé pour le cuiseur sans feu. Je termine le tout à environ 19 h 30[21].

Elle s'accordera néanmoins « une sortie, une ou deux après-midi par semaine », qu'elle conçoit à nouveau comme « une règle de vie avec ses enfants ou sans eux, dont s'occupera alors une jeune fille[22] ». Christine Frederick fait en effet partie des femmes de cette classe moyenne américaine en plein essor, qui ne bénéficient pas ou peu de domestiques et auxquelles il est proposé d'alléger le travail ménager en exécutant au plus vite les tâches pour mieux les multiplier au quotidien.

Les ménagères doivent non seulement savoir tout faire, mais le faire vite et bien. La tyrannie a changé de visage et, pour la masquer, les femmes au foyer sont devenues des gestionnaires avisées de leur propre intérieur, reflet de leurs nouvelles compétences.

Aucun contenu n'est d'ailleurs donné à ces différentes tâches, ou rarement. Les savoir-faire sont abandonnés au profit du « discours de la méthode ménagère ».

La vie en rose.

Ce titre évocateur est celui d'un des livres de Paulette Bernège (1896-1973)[23]. Journaliste française ayant suivi des études de philosophie, elle est la première en France à faire connaître et promouvoir ces « sciences domestiques ». Connaissant bien les travaux de Christine Frederick, qu'elle a rencontrée lors d'un séjour de trois mois aux États-Unis, elle devient la rédactrice en chef du nouveau magazine : *Mon chez moi*. En 1924, elle fonde la Ligue d'organisation ménagère, et publie de nombreux textes dans des revues comme *L'Art ménager* et *L'Éducation ménagère*. Son ouvrage, *De la méthode ménagère*[24], qui paraît en 1928, est un grand succès de librairie, traduit en plusieurs langues et réédité jusqu'en 1969.

Son livre s'inspire largement de celui de Christine Frederick en ce qui concerne notamment l'emploi du temps, qui reste toujours celui du temps gagné sur le temps perdu, inoccupé, mal employé. À l'instar de cette pionnière qu'elle admire, Paulette Bernège s'emploie en effet à bien distinguer chaque activité en fonction de la durée passée à la réaliser. L'économiser devient le maître mot :

il faut « rendre la journée plus longue en la rendant plus pleine[25] ». Ainsi le *planning* fait-il son apparition sous sa plume en 1935[26].

> [La maison] comme une usine bien dirigée doit avoir son bureau de *planning* qui permet la prévision, la préparation, la prévoyance. […] Cette retraite méditative prépare les grandes actions[27].

Plus de pas inutiles, et c'est à l'aide d'un croquis en forme de pétales de fleurs que chaque tâche est représentée. Toutes seront systématisées en obéissant à la formule « Où ? Quand ? Comment ? Pourquoi ? » Paulette Bernège propose ainsi quatre pôles d'activités : préparation, cuisine, service et lavage, ainsi que deux espaces avoisinants et complémentaires des activités de la cuisine : la salle à manger et l'escalier de service[28].

En 1928, dans son manifeste d'architecture intitulé *Si les femmes faisaient les maisons*, elle exprime « les désirs et les revendications » des femmes oubliés par le projet de loi Loucheur[29], car « les ménagères que nous sommes diront aux architectes et aux entrepreneurs ce qu'ils ignorent toujours : en quoi consiste l'efficience du travail ménager ».

> Les calculs d'heures perdues qui vont suivre feront sûrement sourire les hommes superficiels et les femmes oisives, mais les statistiques officielles nous apprennent que plus de 5 millions de femmes françaises gagnent leur vie en dehors de leur maison et que, pour elles, le travail ménager vient en complément d'une journée bien remplie. Les hommes d'État, Monsieur Loucheur, n'ont pas le droit de sourire[30].

Non seulement la maîtresse de maison exerce un « vrai métier », mais celui-ci est beaucoup plus difficile que bien des métiers masculins très spécialisés, poursuit-elle. Et la femme « pleine d'énergie », qui jongle avec les horloges sur le dessin illustrant cette conviction, a « sept existences », et « le principe de toute simplification du travail est qu'il doit être préparé intellectuellement avant d'être exécuté matériellement »[31].

Ce travail sera, dès lors, présenté comme un nouvel idéal domestique exigeant connaissances scientifiques et techniques. Le *planning* proposé laisse en réalité très peu de loisir. De 8 heures du soir à 10 heures, la mère de famille peut profiter d'une phase de « méditation » (*sic*), de sa famille, ou peut se consacrer à la lecture, mais sans oublier la comptabilité. Deux intervalles dits « de liberté » sont néanmoins réservés le jeudi après-midi et le dimanche de 15 heures à 17 heures[32].

Dans un chapitre intitulé « Ô temps, suspends ton vol » figurent deux dessins : « les femmes faibles, résignées, qui acceptent le Temps » (représenté par un vieillard en haillons) et celles au contraire : « qui s'arment contre le temps pour ne pas vieillir[33] ».

Bien sûr, il est tentant d'ironiser, à distance de près d'un siècle, à propos de cette rationalisation excessive. Il faut cependant rappeler quelles étaient la pénibilité et l'ampleur des tâches quotidiennes à accomplir pour une femme au foyer avec enfants, qui ne bénéficiait pas d'aide extérieure, ni des équipements électroménagers qui feront leur entrée sur le marché dans les années 1930, mais seront réservés, on s'en doute, à une minorité qui aura les moyens de les acheter.

Jean et Françoise Fourastié, écrivant en 1950 *Les Arts ménagers*, justifient cette mesure pointilleuse en se reportant aux enquêtes sur ce qu'ils nomment « la structure des travaux domestiques caractérisée par la diversité des tâches » :

> De patientes enquêtes ont montré qu'une ménagère doit vaquer dans une même journée à un minimum de soixante occupations différentes. Lorsqu'elle a des enfants en bas âge, ce nombre de soixante s'élève fréquemment jusqu'à cent quarante[34].

Et le ménage devint un art...

Cette science ménagère dont Paulette Bernège devint la représentante la plus populaire connaîtra un certain succès avec la création du premier Salon des arts ménagers. Après deux premières éditions en 1923 et 1924, le Salon des appareils ménagers, fondé par le visionnaire Jules-Louis Breton (1872-1940)[35], s'installe en 1926 au Grand Palais et devient celui des « arts ménagers ». Malgré l'indignation de certains devant cette esthétisation des pratiques ménagères, ce salon attirera cette année-là 145 000 visiteurs ! Dans le dossier qui lui est consacré, Caroline Dubai rappelle que les organisateurs ont atteint leurs deux objectifs : le premier était de soutenir les inventeurs français de l'équipement ménager, en concurrence avec les Américains en cet après-guerre où les ménages ont d'autres soucis que d'équiper leur cuisine ; le second, de remédier à la rareté de la domesticité en favorisant la diminution de leurs efforts et en économisant du temps. Le public visé est d'abord celui de la bourgeoisie en mal de personnel, mais aussi « les salariés qui rêvent de confort[36] ».

La revue *L'Art ménager*, qui accompagne l'ouverture du Salon de 1927, se présente, dans son premier numéro de janvier, comme celle de la femme, de la maîtresse de maison « qui, dans son labeur quotidien, par son dévouement incessant, a bien mérité d'être libérée du servilisme ménager d'antan pour ne connaître que les joies du foyer allègrement et facilement tenu ».

Ce salon marque également le point de départ de l'arrivée des petits appareils ménagers électriques dans les foyers, ces « nouveaux serviteurs toujours dociles et empressés qui s'appellent le gaz, l'eau et l'électricité » selon la formule de Louis Loucheur, ancien ministre et président du conseil d'administration de l'Office national des recherches scientifiques et industrielles et des inventions.

> La cafetière électrique, l'aspirateur, l'appareil de chauffage pratique, qui suppléeront au service insuffisant d'une femme de ménage revêche [...]. Ils deviennent pour cette dame de province : la découverte des dernières innovations du présent qui viendront au secours d'un noble passé [...] et pour ce célibataire, qui déambule entre les allées, un remède contre les petits désagréments qui, quotidiennement accumulés, sont plus lancinants qu'un grand chagrin d'amour (*sic*)[37].

En juillet 1927, la revue parlera du Salon comme d'une « Basilique du Progrès » dont la fonction première est d'instaurer un « féminisme pratique qui fera la vie meilleure par le moyen de toujours plus de confort et d'hygiène ».

L'écho des magazines féminins.

Les magazines féminins vont être, dès leur apparition, réceptifs à ce nouveau discours. Ainsi, *Marie Claire*, créé par Jean Prouvost et Marcelle Auclair en 1937 sous forme d'hebdomadaire, s'adressant à la « femme nouvelle » soucieuse de son corps et de son élégance, se fait l'écho de cette attention récente portée au confort de la maison[38]. Une rubrique inédite apparaît alors, « le carnet de la maîtresse de maison », qui recommande le 20 octobre 1942 de « savoir utiliser au mieux ce que vous avez, simplifier votre tâche, découvrir des idées utiles, faire produire un coin de terre. Autant de sujets qui vous intéressent et que nous avons étudiés pour vous ».

Rentabilité, simplification, production sont quelques-uns des maîtres mots de ce qui se présente comme une « révolution domestique » ; le plus insistant reste encore et toujours le gain de temps.

En pleine France occupée, le magazine continue en effet à donner des conseils pour ne pas en perdre :

> Pendant que vous faites votre ménage, accrochez à votre ceinture une poche en toile cirée et mettez dedans les débris que vous trouvez, cela simplifiera votre travail, plus de pas inutiles (10 janvier 1942).

Les alertes sur Paris ne découragent pas ces journalistes soucieuses de poursuivre cette mission modernisatrice :

> Tard le soir, mais cela varie chaque semaine, l'électricité coupée depuis le matin, la ménagère se dépêche de repasser ou de manier l'aspirateur. Elle a toute la nuit pour ces travaux du jour... (15 juillet 1944)
> Souvent une ménagère courageuse se lève à 5 heures... (1er août 1944)

Elle, qui se présente comme revue moderne et prétend mettre sur un pied d'égalité hommes et femmes, n'est pas en reste dans ses conseils aux femmes de la bourgeoisie qui travaillent[39]. Elle propose, en 1947, « l'emploi du temps modèle », décomposé en cinq séquences : ordre, soin, prévoyance, ménage, vaisselle :

> Tout le ménage doit être terminé le matin avant votre départ. Organisez votre emploi du temps pour le faire au plus vite, une pièce peut être faite en dix minutes si elle est tenue en ordre[40].

Non seulement la double journée des femmes ne fait pas encore l'objet de la moindre analyse critique, mais elle est devenue exemplaire, notamment sous la plume de Françoise Giroud, engagée, au sortir de la guerre, comme directrice de la rédaction du nouveau magazine, et qui invente la notion de « revenu quotidien ». Dans un article du 9 avril 1946 intitulé « Je n'ai le temps de rien. Apprenez à vivre en établissant votre budget-heure », elle rappelle à ses lectrices cette évidence que les journées ne comptent que 24 heures pour tous, et se lance dans une comparaison pour le moins surprenante :

> [...] Cette seule matière première (le temps) qui soit également distribuée à tous les hommes du monde : Staline, Danielle Darrieux, le curé de votre paroisse, la blanchisseuse, vous et moi disposons de 24 heures chaque jour, que personne ne peut nous dérober. C'est peut-être le seul point sur lequel nous sommes parfaitement égaux [...]. La vie est un capital qui nous sert à tous le même « revenu quotidien »[41].

On remarquera que les femmes sont comprises dans l'expression « tous les hommes du monde » et que le voisinage de Staline ne semble pas incongru à l'auteure !

Françoise Giroud distingue alors « un grand but : réussir » et « un petit but : plaire », et la solution permettant à la femme au foyer comme à celle qui travaille de les atteindre tous les deux. Que ce soit dans le métro ou dans la file d'attente de la boulangerie, chacune doit penser à remplir son temps de façon utile, mais sans oublier de plaire.

La femme qui plaît est en effet celle qui ne perd pas de temps à « bayer aux corneilles », mais qui se cultive, qui observe, « qui sait où est l'Iran, [...] qui connaît la dernière histoire sensationnelle de Jean Cocteau et quand elle craque sa dernière paire de bas de soie sait dire, mi-passionnée mi-rieuse, pourquoi il n'y a pas de nylon et comment on le fabrique[42] ».

Si les pionnières du taylorisme domestique voulaient donner une nouvelle légitimité au travail ménager pour l'alléger et le professionnaliser, ce magazine aux prétentions féministes nous offre, au lendemain de la guerre, l'image d'une femme « moderne », dont la réussite doit aussi se conjuguer avec la séduction.

Ce faisant, elle réduit le travail ménager à un simple « revenu quotidien », qui le rend encore plus invisible et aliénant, car c'est bien ici d'une double soumission qu'il s'agit : séduire en travaillant, travailler en séduisant – à réaliser en 24 heures ! La critique de l'inégale répartition des tâches n'est pas encore d'actualité. Elle verra le jour avec celle de la double journée dans les années 1970, dans un cadre militant et universitaire, proposant la solution d'un salaire, qui fera long feu[43].

Nouvel idéal domestique et mise en scène de la vie quotidienne dans les années 1950.

Les « Trente Glorieuses » vont bientôt transformer les ménagères de la classe moyenne en consommatrices aspirant à ce nouvel idéal domestique. Les « machines » symbolisent la fin de toutes les privations de la guerre et promettent une société d'abondance et de raffinement. En couverture de la revue *La Maison française*, de 1952 à 1954, c'est la vie quotidienne qui est mise en scène dans le logement moderne[44]. Un homme jeune annote un dossier dans son salon, confortablement installé sur son canapé (n° 69) ; une mère de famille impeccable verse du lait dans la tasse de sa petite fille (n° 58) ; un couple dialogue en souriant au-dessus d'un bureau rabattable (n° 75) ; une jeune femme, absorbée dans un roman, est assise sur une méridienne. Tout le mobilier s'inspire des créateurs de la reconstruction, René Gabriel ou Marcel Gascoin[45].

Autre innovation, au Grand Palais, le Salon des arts ménagers de l'année 1954 fait appel aux stars de cinéma de l'époque pour présenter la « maison électrique », celle où Lise Bourdin passe l'aspirateur dans le jardin intérieur, Martine Carol et Christian-Jacque figurent un couple, lui lisant allongé sur le lit, elle rangeant ses vêtements. Quant à Patachou, elle feuillette les pages d'un magazine dans la cuisine, que l'on devine équipée des appareils ménagers les plus performants[46]. Sur ces photos, la lecture semble être à l'honneur, sans aucun doute pour suggérer le loisir que permettent les nouvelles machines.

En 1958, la villa Arpel, le décor conçu par Jacques Tati pour sa comédie *Mon Oncle*, constituera une critique savoureuse et humoristique de cette vision moderniste de l'architecture et de l'omniprésence des appareils ménagers, qui se développa dans la France de l'après-guerre.

Conclusion.

Ainsi, de la fin du XIXe siècle aux années 1950, la femme au foyer est l'objet d'une attention particulière. Il s'agit de transformer son quotidien en rationalisant ses activités ménagères. Gagner du temps fut et reste le mot d'ordre pour atteindre cet objectif. Mais cette accélération des gestes et ces déplacements à pas comptés ne laissent pas beaucoup de loisir à celle qui se voue à l'épanouissement de sa famille, sinon de l'enfermer dans une solitude quotidienne plus grande. Le gain de temps s'est en fait révélé illusoire, et la charge de travail au XXe siècle n'a pas diminué, comme le souligne Katherine Blunden[47]. En revanche, la charge mentale, elle, a augmenté, en exigeant des femmes « d'intérieur » qu'elles remplissent leurs activités le plus rapidement et le plus efficacement possible.

Alors que la dernière réédition du livre phare de Paulette Bernège date de 1969, le Mouvement de libération des femmes (MLF), dans les années 1970, analyse le lien entre travail domestique et sphère professionnelle, démontrant la dimension politique de l'espace privé et stigmatisant le modèle de la ménagère experte[48]. Cependant, Geneviève Pruvost dans son récent ouvrage (2021), articulant écologie, féminisme et subsistance, observe que depuis un demi-siècle, à la différence des théoriciennes du MLF, les écoféministes[49] ont déjà critiqué l'évidence de la modernité industrielle, responsable notamment de l'effacement des savoir-faire et ignorante des rythmes du monde vivant. C'est en donnant un nouvel ancrage écologique et collectif à la vie quotidienne, qui doit être considérée comme une « fabrique », qu'elle appelle à renouer avec ce qu'elle qualifie de « féminisme de subsistance ».

Au quotidien désincarné que dessinent les sciences ménagères jusque dans les années 1950, rythmé par une succession d'activités dont la comptabilité a occulté le contenu, délégitimé les savoirs vernaculaires et assigné les femmes à résidence, assiste-t-on aujourd'hui à la réappropriation des gestes de subsistance et à la relocalisation des échanges qu'analyse cette auteure, comme le laissent entrevoir certains modes de vie alternatifs en milieu rural[50] ?

Martyne Perrot
perrot@ehess.fr
Ethno-sociologue
Laboratoire d'anthropologie politique, CNRS, Paris

NOTES

1. Notamment, Françoise Werner, « Du ménage à l'art ménager : l'évolution du travail ménager et son écho dans la presse féminine française de 1919 à 1939 », *Le Mouvement social*, n° 129, 1984, « Images des familles en France au XXe siècle », p. 61-87.

2. Robert L. Frost, « Machine Liberation : Inventing Housewives and Home Appliances in Interwar France », *French Historical Studies*, vol. 18, n° 1, 1993, p. 109-130 ; Jackie Clarke, « L'organisation ménagère comme pédagogie. Paulette Bernège et la formation d'une nouvelle classe moyenne dans les années 1930 et 1940 », *Travail, genre et sociétés*, vol. 1, n° 13, 2005, p. 139-157 ; Claire Duchen, « Occupation Housewife : The Domestic Ideal in 1950s France », *French Cultural Studies*, vol. 2, n° 4, 1991,

p. 1-11 ; Martine Martin, « Femmes et société : le travail ménager (1919-1939) », thèse de troisième cycle, Université Paris VII, 1984 ; Joël Lebeaume, *L'Enseignement ménager en France. Sciences et techniques au féminin, 1880-1980*, Rennes, Presses universitaires de Rennes, 2014. Je me permets également de faire référence à mes anciens travaux qui concernaient plus spécifiquement les femmes en milieu rural : Martyne Perrot, « Servante et maîtresse de maison. La paysanne entre deux feux », *La Revue d'en face*, n° 2, 1977, p. 5-11 ; « Machines du dedans, des automatismes ménagers en milieu rural », *Culture technique*, n° 3, 1980, p. 199-204.

3. Les Cherokees, Séminoles, Choctaws, Creeks et Chickasaw.

4. Catharine Beecher et Harriet Beecher Stowe, *The American Woman's Home : Or, Principles of Domestic Science*, 1869.

5. Jean et Françoise Fourastié, *Les Arts ménagers*, Paris, PUF, 1950, p. 53.

6. Cf. Françoise Basch, « Éducation des filles et droits des femmes en Amérique au XIXe siècle : Catharine Esther Beecher, 1800-1878 », *in* Michèle Hecquet (éd.), *L'Éducation des filles au temps de George Sand*, Arras, Artois Presses Université, 1998, p. 53-60.

7. Catharine Beecher et Harriet Beecher Stowe, *The American Woman's Home : Or, Principles of Domestic Science*, *op. cit.*, p. 231.

8. *Ibid.*, p. 231.

9. *Ibid.*, p. 247, traduction de Martyne Perrot.

10. *Ibid.*, p. 430.

11. Catharine Beecher, *A Treatise on Domestic Economy for the Use of Young Ladies at Home, and at School*, Boston, Thomas. H. Webb & Co, 1842, p. 258-259.

12. *Ibid.*, p. 258-259.

13. Christine Frederick, *The New Housekeeping. Efficiency Studies in Home Management*, New York, Doubleday, 1914, d'abord paru dans le *Ladies Home Journal*, sept.-déc. 1912. Ce texte fut traduit en allemand sous le titre « Die rationelle Haushaltsführung » (« La tenue de la maison rationnelle ») en 1922. Ainsi sera créée la « cuisine de Francfort » (*Frankfurter Küche*), considérée comme la première des cuisines équipées modernes, conçue pour rentabiliser les tâches ménagères, tout en étant accessible à des foyers modestes. Dans les années 1950, la cuisine de Charlotte Perriand et Le Corbusier, pensée comme un « petit laboratoire », sera réalisée, à son tour, pour simplifier le travail domestique au quotidien.

14. Le titre complet du livre est *The Book of Household Management : Comprising Information for the Mistress, Housekeeper, Cook, Kitchen-Maid, Butler, Footman, Coachman, Valet, Upper and Under House-Maids, Lady's-Maid, Maid-of-all-Work, Laundry-Maid, Nurse and Nurse-Maid, Monthly, Wet, and Sick Nurses, etc., etc. – also Sanitary, Medical, & Legal Memoranda, with a History of the Origin, Properties, and Uses of all Things Connected with Home Life and Comfort.*

15. Son époux, Samuel Beeton, est un éditeur qui milite pour l'égalité entre les hommes et les femmes et la promeut éditrice de son magazine.

16. Christine Frederick, *The New Housekeeping. Efficiency Studies in Home Management*, *op. cit.*

17. *Ibid.*, p. 7.

18. *Ibid.*, p. 31.

19. *Ibid.*, p. 32.

20. *Ibid.*, p. 32.

21. *Ibid.*, p. 82-83.

22. *Ibid.*, p. 81.

23. Paulette Bernège, *Le Ménage simplifié ou la Vie en rose*, Paris, Stock, 1935.

24. *Id.*, *De la méthode ménagère*, 2e édition, revue et corrigée, Paris, Dunod, 1934 (1928).

25. *Id.*, *Le Ménage simplifié ou la vie en rose*, *op. cit.*, p. 87.

26. *Id.*, *De la méthode ménagère*, *op. cit.*, p. 20.

27. *Ibid.*, p. 20.

28. Cf. Paulette Bernège, « L'installation de la cuisine », *La Construction moderne*, vol. 44, n° 35, 1929, p. 437, fig. 2, « Schéma isolant les quatre centres de travail et montrant la marche rationnelle du travail ». Disponible en ligne sur Gallica : https://gallica.bnf.fr/ark:/12148/bpt6k6962759p.

29. La loi Loucheur du 13 juillet 1928 fut votée à l'initiative de Louis Loucheur, ministre du Travail et de la Prévoyance sociale entre 1928 et 1930. Elle permet l'intervention financière de l'État pour favoriser l'habitation populaire.

30. Paulette Bernège, *Si les femmes faisaient les maisons*, Paris, À « Mon chez moi », 1928, p. 13.

31. *Id.*, *Le ménage simplifié ou la vie en rose*, *op. cit.*, p. 87.

32. *Id.*, *De la méthode ménagère*, *op. cit.*, p. 73-74.

33. *Id.*, *Le ménage simplifié ou la vie en rose*, *op. cit.*, p. 84-85.

34. Jean et Françoise Fourastié, *Les Arts ménagers*, *op. cit.*, p. 55.

35. Christine Moissinac et Yves Roussel, *Jules-Louis Breton, 1878-1940 : un savant parlementaire*, Rennes, PUR, 2010. « Étudiant révolutionnaire passionné de science, jeune parlementaire durant l'affaire Dreyfus, il fut un protecteur intransigeant de la santé et la sécurité des travailleurs. Responsable pendant la guerre des armes nouvelles, on le reconnut comme l'un des inventeurs des chars d'assaut. Ensuite, ministre de l'Hygiène, de l'Assistance et de la Prévoyance sociale, élu à la même époque à l'Académie des sciences, il dirigea le premier organisme national voué à l'organisation des recherches scientifiques (l'Office national des recherches scientifiques et industrielles et des inventions, ONRSII, qui a ouvert la voie au CNRS) et il créa, en 1923, le Salon des arts ménagers qu'en un demi-siècle près de quarante millions de Français ont visité », (présentation de l'éditeur).

36. Caroline Dubai, RMN-GP, Paris, 2020.

37. *L'Art ménager*, janvier 1927, p. 5.

38. Voir Françoise Werner, « Du ménage à l'art ménager… », art. cité, 1984.

39. Le premier numéro du magazine *Elle* est publié le 21 novembre 1945, peu après l'adoption du droit de vote des femmes en France. Sa fondatrice est une exilée russe, Hélène Lazareff.

40. *Elle*, 28 octobre 1947.

41. Françoise Giroud, « Je n'ai le temps de rien », *Elle*, 9 avril 1946, p. 6-7.

42. *Ibid.*

43. Christine Delphy, « Par où attaquer le "partage inégal" du "travail ménager" ? », *Nouvelles questions féministes*, vol. 22, n° 3, 2003, p. 47-71.

44. Créée en 1946, la revue spécialisée *La Maison française* encourage la modernisation de l'habitat et l'équipement ménager. Les créateurs de la reconstruction, héritiers de Marcel Gascoin (1907-1986) ou René Gabriel (1899-1950), y signent régulièrement des articles. Elle est présente au Salon des arts ménagers. Voir à ce sujet, Béatrice Grondin, « *La Maison française*, alliances de styles au cours des Trente Glorieuses », *in* Claire Hendren, Barbara Jouves et Hadrien Viraben (dir.), *Aménagement intérieur et cohabitation des styles aux époques moderne et contemporaine*, actes de la journée d'étude tenue à Paris, le 19 mars 2018, à l'Institut national d'histoire de l'art, mis en ligne en novembre 2018, p. 3-9.

45. Notamment celui de Pierre Guariche, Jacques Hauville, Jacques Hitier, Pierre Paulin… qui symbolisent le style Ve République.

46. Élisabeth Chauvin et Pierre Gencey, *Utopie domestique, intérieurs de la Reconstruction, 1945-1955*, Paris, Piqpoq, Le Havre, Ville du Havre, 2014, p. 132.

47. Katherine Blunden, *Le Travail et la Vertu. Femmes au foyer, une mystification de la révolution industrielle*, Paris, Payot, 1982, présentation du livre.

48. Geneviève Pruvost, *Quotidien politique : féminisme, écologie et subsistance*, Paris, La Découverte, 2021.

49. Notamment Françoise d'Eaubonne, Vandana Shiva, Maria Mies, que Geneviève Pruvost qualifie comme telles.

50. Voir l'enquête de Geneviève Pruvost, *Quotidien politique : féminisme, écologie et subsistance*, *op. cit.*

RÉSUMÉ

« À pas comptés ». Invention de la science ménagère et emploi du temps, de la fin du XIXe siècle aux années 1950

Si le mouvement de rationalisation domestique est déjà bien connu des spécialistes du travail, du genre et de la consommation dans la France du XXe siècle, il s'agit ici de montrer comment le ménage fut présenté à la fin du XIXe siècle, d'abord en Amérique, ensuite en France, comme une science puis un art pour transformer le rythme de la vie quotidienne des femmes au foyer. En leur octroyant un nouveau statut d'experte, cet emploi du temps, minutieusement conçu pour alléger leurs tâches, les assignait aussi à résidence.

MOTS-CLÉS : taylorisme domestique, femme au foyer, arts ménagers, emploi du temps, féminisme

SUMMARY

"Save Your Steps". The Invention of Household Science and Schedule From the Late 19th Century to the 1950s

Although the tendency towards domestic rationalization is a well-known fact to specialists in the field of labour, gender and consumption in 20th century France, this paper will expose how household chores were – first in America, then in France – depicted, from the end of the 19th century onwards as a science, then as an art, with the ambition to transform housewives' everyday lives, by rationalizing domestic work. By granting them the status of experts on the matter, the schedule, minutely calibrated to ease their workload, was also a device to confine them to their home.

KEYWORDS : domestic Taylorism, housewife, household economics, schedule, feminism

RESUMEN

"Avance forzado". Invención de la ciencia doméstica y horarios desde finales del siglo XIX hasta los años 50

El movimiento de racionalización doméstica es ya bien conocido por los especialistas en trabajo, género y consumo en la Francia del siglo XX. El objetivo es mostrar cómo el hogar se presentó a finales del siglo XIX, primero en América y luego en Francia, como una ciencia y después como un arte, para transformar el ritmo de la vida cotidiana de las amas de casa racionalizando el trabajo doméstico. Al acceder a una nueva condición de "expertas", el horario meticulosamente diseñado para aligerar sus tareas también supuso un arresto domiciliario.

PALABRAS CLAVES : Taylorismo doméstico, ama de casa, economía doméstica, horario, feminismo

Thierry Pillon

Le nouvel ordre quotidien. Savoir ranger sa maison

Une littérature.

Issus d'une tradition qui remonte à la fin du XIXe siècle[1], les manuels, les guides et autres ouvrages à vocation pratique destinés à permettre de ranger au mieux son « intérieur », d'en améliorer l'esthétique ou la fonctionnalité, se sont multipliés depuis la période de l'entre-deux-guerres. Si on s'en tient aux dernières décennies, on peut classer ces ouvrages en deux catégories. La première correspond aux publications de la décade 1980-1990 et s'inscrit dans la lignée des guides pour l'aménagement et la décoration du logement. Il s'agit de rationaliser l'usage des espaces, de conquérir les coins perdus de la maison, de gagner de la place dans un cadre qui contraint les ménages à occuper des logements peu spacieux[2]. Le registre du discours est celui de l'astuce. On incite au bricolage et à la création de rangements inattendus. L'optimisation des lieux passe le plus souvent par la fabrication de dispositifs complémentaires à ceux qu'offrent habituellement les meubles classiques. La vedette revient sans doute aux marches d'escalier tiroirs pour les studios pouvant accueillir une mezzanine. Le facile, l'astucieux, le rapide, la récupération sont donc les maîtres mots de ces ouvrages d'aide à bien vivre chez soi.

À partir de la fin des années 1990 et du début des années 2000, le registre du conseil pour « organiser son logement » se déplace vers un discours d'économie du temps subordonné à la bonne disposition des choses. Si cette question n'est pas absente des précédents conseils, destinés à faire « gagner de la place », elle devient centrale dans les guides incitant à mieux conduire sa vie par l'aménagement de son lieu de vie. C'est le cas par exemple avec l'ouvrage d'Alexander Skye dont le titre indique d'emblée que le rangement est rapporté au temps du quotidien : *Le Rangement pièce par pièce en 10 minutes. Des centaines d'astuces faciles et efficaces pour chaque pièce de la maison*, publié au États-Unis en 2005, traduit en français en 2007[3]. Plusieurs ouvrages reprennent d'ailleurs les minutes comme unité de mesure du temps quotidien consacré à l'entretien de son logement.

Puis le souci de ranger et de gagner du temps se combine à celui d'économiser les choses elles-mêmes. Une nouvelle manière d'envisager le rangement le subordonne désormais à la décongestion des lieux de vie. Ranger dépend d'un effacement préalable de l'encombrement et vise un bonheur qui surpasse la vie domestique. C'est le cas, par exemple, avec l'ouvrage d'Alice Le Guiffant et Laurence Paré publié en 2009, intitulé *L'Art du désencombrement. Se libérer de l'inutile pour vivre plus léger* – effort poursuivi par Alice Le Guiffant dans un blog, sur un site, lors de stages, de conférences et dans nombre d'ouvrages montrant la voie de la sagesse par l'épurement de son environnement[4]. Le rangement se présente alors sous le registre de la libération non seulement du tiroir, mais des usagers eux-mêmes, enfin débarrassés des pesanteurs matérielles.

Les ouvrages de rangement appartiennent à la catégorie des livres pratiques. Le Syndicat national de l'édition indique dans son rapport de 2021 que cette part de marché est la sixième en valeur pour l'ensemble des ouvrages vendus au cours de l'année 2020, avec un chiffre d'affaires de 315,9 M€. Concernant l'édition numérique, le livre pratique est en tête (avec un total de 6,2 M€) au sein de la catégorie « grand public hors littérature », dont il représente 34 % du chiffre d'affaires[5]. Les guides de rangement appartiennent donc à un secteur florissant de l'édition. Les auteurs prolongent souvent leurs ouvrages par une activité sur les réseaux sociaux qui favorise l'achat de nouvelles versions papier ou numériques. La collection à succès « Pour les nuls » a naturellement consacré plusieurs titres à la question[6].

Ces textes constituent un corpus assez cohérent pour en proposer une analyse faisant ressortir des corrélations entre leurs thématiques. Le point de vue que nous adoptons est donc celui d'une analyse du discours[7], et non des pratiques observées à partir d'une étude *in situ*. Nous retenons six thèmes qui semblent couvrir l'essentiel du contenu des différents ouvrages consultés. Outre l'injonction, la répétition est en effet la principale forme rhétorique adoptée. C'est pourquoi étendre le corpus, ou détailler plus encore les propositions des auteurs n'apporterait pas d'informations radicalement différentes[8]. Ces textes ont en commun de procéder à deux déplacements par rapport à des discours antérieurs.

D'une part, le rangement se colore aujourd'hui d'une forme de mystique du développement personnel où l'ordre des choses est associé à l'organisation de l'esprit, le vide des lieux à la clarté de la pensée, la rigueur des classements à la fermeté de la volonté. On comprend que les auteurs vedettes de ces manuels viennent du Japon. Hideko Yamashita, Marie Kondō, par exemple, ont publié des guides vendus à des millions d'exemplaires dans le monde, relayés par des séries télévisées ou des « séminaires » à grand succès. *Danshari. L'art du rangement* de Hideko Yamashita, « consultante en désordre », a été publié au

Japon en 2009, traduit en français en 2016 ; *La Magie du rangement* de Marie Kondō est paru en 2011 au Japon, sa traduction française en 2015[9]. La référence aux traditions japonaises, largement réécrites, permet en effet de lier le dépouillement des lieux à la rigueur des attitudes, présentée comme la source d'un développement de soi. Un exemple de cette rencontre entre Japon et psychologie de la conscience se retrouve à l'état pur dans l'ouvrage de Shunmyo Masuno, *Ranger, une pratique zen* : « On découvrira que le ménage est une des pratiques les plus fondamentales du zen et que le rangement peut se révéler un véritable exercice de pleine conscience[10]. »

D'autre part, l'articulation des pratiques de rangement sur les principes du développement de soi ne vise plus seulement les femmes, comme c'était encore le cas dans les manuels ménagers. Les guides contemporains s'adressent tout autant aux hommes et, plus souvent, à la famille dans sa totalité. Lorsque Marie Kondō vient prodiguer ses conseils de rangement dans la série documentaire présentée sur la plateforme Netflix, c'est toute la famille qui l'accueille à bras ouverts, légèrement angoissée toutefois par le jugement qu'elle va porter sur la manière de vivre de chacun. Le destinataire est donc une « personne », un « humain », au fond un « moi », dont il faut transformer le rapport au monde par le truchement du contrôle des objets. L'extension du public visé n'est en rien ici une critique de la division sexuelle du travail domestique. Le discours se présente avant tout comme une abstraction qui vise, au-delà de la réalité sociale et contrairement aux représentations ordinaires de la réalité matérielle, l'épanouissement de soi pour chacun des adeptes de la méthode.

Une catastrophe.

Tous les guides ont en commun d'inviter les lecteurs à prendre conscience de l'état de leur logement. C'est le stade de l'éveil : « La première chose à laquelle vous devez vous confronter, c'est l'ampleur du chaos et la confusion générées par vos objets[11]. » D'emblée, l'environnement domestique apparaît sous le registre de la catastrophe, dont la réalité matérielle relève d'une dramaturgie de la dispersion et du désordre. C'est sans doute Hideko Yamashita qui va le plus loin dans cette dramaturgie, jusqu'à mobiliser un imaginaire de l'ordure et de l'excrément. La maison en désordre y est comparée à un « dépôt d'ordures », un « débarras », et l'ensemble des objets à « une vase gluante et ensorcelante [...], créatrice de chaos[12] ». Le désordre agit en profondeur dans l'inconscient des lieux et des sujets qui les habitent :

> Comparons une pièce à un intestin. Les objets que vous n'avez pas jetés [...] s'amoncellent dans votre pièce, ils y entrent [...], mais n'en sortent jamais. Exactement comme lorsque vous êtes constipé. Vous mangez et mangez encore,

> mais rien ne sort. […] Ainsi, vous habituer à l'accumulation des objets dans une pièce est une situation semblable à la constipation qui engendre une paralysie des sens[13].

Habiter un lieu de désordre, c'est donc faire l'expérience de son étrangeté et, dans un retournement paradoxal, c'est vivre dans une méconnaissance intime, viscérale de ce qui est pourtant le plus familier. Parmi ces ouvrages, beaucoup insistent sur la profondeur méconnue de l'environnement domestique. Les manières de ranger les objets dans les plus petits recoins de la maison, de les stocker au niveau du sol, par exemple, conduit à perdre contact avec leur quantité ou leur qualité[14]. Nos biens dispersés perdent alors en consistance. Les manuels d'organisation nous rappellent que la vie de tous les jours est faite de ces interrogations continuelles sur l'ordre des objets, leurs lieux et leur disparition au moment de s'en servir : où sont les clefs, où est ce livre, ce papier important ? L'environnement domestique se dédouble ainsi entre l'existence tangible des choses et l'image qu'elles nous ont laissée. Dans un tel chaos, le quotidien s'épaissit, englué dans d'infinies complications. Faire un lit prend l'allure d'un défi : comme le note Dominique Loreau, « il faut d'abord trouver les draps qui sont à la taille du matelas, puis la taie qui n'est pas déchirée ou tachée, et ainsi de suite[15] ».

Le désordre des choses engendre également une forme d'effondrement moral et psychique :

> Une maison négligée est une maison où règnent le chaos et la confusion engendrés par le désordre. Vous ne recevez que des mauvaises énergies, qui au fur et à mesure vous poussent à la négation de soi, voire au dénigrement envers vous-même. […] Vous vous méprisez en vous rabaissant constamment. Votre subconscient éprouve beaucoup plus de honte que votre conscience en ressent. […] Vous ne savez plus si vous avez honte parce que c'est sale ou si c'est sale parce que vous avez honte[16].

Si le rangement permet de dissiper cette fausse conscience, il révèle aussi la part de folie que renferme une maison en désordre : « Si vous décidez de faire le tri dans votre cuisine par exemple, vous y trouverez peut-être quelques saladiers que vous regrouperez mais, une semaine plus tard, alors que vous vous attaquerez au salon, vous découvrirez une autre pile de saladiers et vous vous retrouverez alors avec deux fois plus de saladiers que nécessaire[17]. » Multiplier l'achat de saladiers, les empiler, les disperser dans la maison révèle l'agitation mentale qui s'empare de la ménagère désordonnée. L'espace concret a donc son pendant dans l'espace mental, un parallélisme que postulent les ouvrages de rangement pour lesquels le chemin vers l'existence consciente d'elle-même passe avant tout par l'organisation des choses.

Une bataille rangée.

L'idéal de transparence exige des actions guerrières. « Partir au front », « plan de bataille », « dans le feu de l'action »[18] sont autant d'expressions utilisées par les auteurs des guides pour souligner l'enjeu d'une modification radicale de notre quotidien. L'attaque doit porter sur les objets. Car l'objet « encombre », oblige et fait peser le poids de sa présence embarrassante alors même qu'il est le plus souvent « mort », ce qui justifie de s'en défaire sous peine d'un incontrôlable débordement, d'une guerre civile menée contre leurs propriétaires. Le logement doit donc d'abord inspirer de la défiance. C'est pourquoi il s'agit de combat. Car ranger ne signifie nullement modifier quelques arrangements, redistribuer partiellement, mais saisir la totalité des possessions dans l'ensemble des espaces de la maison et leur faire rendre raison de leur utilité. Cette vision totalisante relève de la conversion, au sens militaire. Un changement de position, un retournement des forces vers un autre front. Il s'agit de jeter, d'enlever, de faire disparaître et de s'attaquer au désordre. L'injonction manifeste la tonalité autoritaire du rangement. Il s'agit de convaincre le lecteur de se plier aux ordres du manuel, mais surtout d'affermir sa volonté. Car l'usage militaire du rangement est travaillé par le fantasme de toute-puissance. Non seulement dans le fait d'interroger l'ensemble de nos biens, de les rassembler, comme lors d'un déménagement, mais surtout de les interroger un à un et de faire preuve à leur égard d'une capacité de décision irréversible.

Une logique.

Le principe d'ordre vanté par les guides va au-delà des règles de l'équipement domestique. On peut dire qu'il les redouble. Le mobilier, on le sait, réalise déjà ce principe. Son histoire est celle d'une spécialisation. Les meubles modernes sont pourvus de dispositifs adaptés à chaque objet. Armoires ou commodes intégrées ; portes coulissantes, battantes, relevables ; intérieur avec tiroirs, tablettes mobiles, compartiments à chaussures, etc. Le meuble est un principe d'organisation logique. Il permet au quotidien de répartir les divers objets dans des espaces qui renvoient à des occupations spécifiques. Les vêtements seront près de la chambre et les fourchettes dans la cuisine. Cette répartition est le résultat d'une longue histoire de la spécialisation des pièces et des rythmes de vie, dont la normalisation, au cours du XXe siècle, est due à celle des horaires de travail, des transports et des institutions publiques. Elle témoigne également de la spécialisation des objets proposés sur le marché pour répondre aux exigences de la vie quotidienne. Logements, temps sociaux et mobiliers ont donc évolué ensemble[19]. Les manuels de rangement renouvellent ces principes de répartition des choses en reprenant les catégories d'objets tels qu'ils se donnent dans l'ordre devenu « naturel » des logements occidentaux. Ce redoublement retrouve ici, sans le vouloir, une logique structurale qui veut que classer réduise la richesse empirique à des catégories simples. Dans un logement présenté comme une épaisseur insondable de choses diverses, l'inclassable est inacceptable. Les auteurs ont donc des règles assez communes de réduction du complexe au simple. Pour Marie Kondō, par exemple, ce qu'il faut trier, ce sont d'abord les vêtements, puis les livres, les papiers, les objets divers, et enfin les objets de valeur. Pour Dominique Loreau, les vêtements et « tout autre article en tissu » en premier lieu, puis les livres, la vaisselle, les petites choses et, enfin, les souvenirs et objets sentimentaux : « respecter cet ordre est de grande importance[20] ». Marie Kondō retient trois catégories de matériaux : le tissu, le papier et ce qui est électrique. Hideko Yamashita s'attache à distinguer le « grand », le « petit », le « moyen »[21]. La démarche est élémentaire non seulement parce qu'elle reprend les usages convenus, mais parce qu'elle s'applique au moindre détail. Chaque chose doit avoir non pas une place, mais « sa » place au sein des grandes catégories acceptées par le mouvement de la modernité. C'est donc la manie qui distingue ici les classements. Des boîtes insérées dans des meubles, si possible « intégrés », divisent les catégories d'objets que la tradition a depuis longtemps répartis dans des tiroirs ou des armoires. Et s'il n'y a pas de classement sans imaginaire des catégories, celui de Marie Kondō renvoie à une géométrie que n'aurait pas reniée le fonctionnalisme architectural : « Une maison est essentiellement constituée d'espaces cubiques, par conséquent, des éléments de rangement et des compartiments de configuration carrée à l'intérieur de ces espaces fonctionnent mieux[22]. » Les divisions et les principes se déclinent *ad nauseam* dans les différents ouvrages. Pour autant, les catégories n'en restent pas moins floues, car il y a dans l'objet un fond incoercible que le classement ne peut véritablement réduire. C'est aussi pourquoi les guides invitent à considérer différemment le monde des choses matérielles.

Une excitation.

Il ne s'agit pas seulement de juger de la fonctionnalité ou de l'esthétique de l'objet, mais d'en percevoir la force intérieure, la capacité à entrer en communication avec vous et à vous inciter à agir. Ainsi pour Mari Kondō, afin de décider si l'on conserve ou si l'on jette un objet,

> [...] il est important de toucher l'objet en question, c'est-à-dire de le tenir fermement entre vos mains, comme si vous communiiez avec lui. Soyez très attentif à la manière dont votre corps réagit lorsque vous procédez ainsi. Quand un objet vous procure un sentiment de joie, vous devriez ressentir un frisson d'excitation, comme si toutes les cellules de votre corps pétillaient doucement.

> Cependant, lorsque vous tenez dans vos mains un objet qui ne vous procure aucune joie, vous remarquerez que votre corps vous paraît pesant[23].

L'objet doit être un signifiant immédiatement reconnaissable, non seulement l'expression d'une émotion, d'un affect ou d'un plaisir, mais le dépositaire mystérieux d'une puissance dont je peux seul mesurer la profondeur et ressentir la force en moi. S'interroger sur chaque élément matériel, c'est étendre à l'infini le champ de l'interprétation. Il n'y a donc pas de rapport neutre avec le quotidien, mais une inquiétude reconduite vers une nouvelle interprétation : après tout, cet objet que je souhaitais conserver provoque-t-il toujours autant de joie aujourd'hui qu'il m'en a donné hier ? Les objets de faible tenue n'ont alors plus d'existence, comme s'il fallait accéder à toujours plus d'intensité, celle d'une vie présente, consciente d'elle-même grâce à la manipulation des choses : « Existe-t-il, entre vous et l'objet que vous tenez entre vos mains, une relation vivante[24] ? » Car le rangement de notre logement ne procure pas la simple satisfaction du travail bien fait, du ménage accompli, comme on le proposait dans les écoles ménagères au début du XXe siècle[25]. Les objets sélectionnés doivent être bien plus, source d'une jouissance transformant le quotidien en excitation renouvelée par la contemplation, qui est le pendant de l'exposition. D'ailleurs, la question de la transformation de son lieu de vie en musée est soulevée par certains auteurs. Le paradoxe est d'abolir en partie l'usage même des objets, de les figer dans un éternel présent. Lorsqu'il écrit, Georges Perec rêve de préparer sa table comme celle « impeccablement lisse des présidents-directeurs généraux », puis le travail avance et la table s'encombre selon une progression logique qui donne toute sa place au plaisir de l'objet : « En gros je pourrais dire que les objets qui sont sur ma table de travail sont là parce que je tiens à ce qu'ils y soient. Cela n'est pas lié à leur fonction ni à ma seule négligence. [...] D'une certaine manière, ces objets sont choisis, préférés à d'autres[26]. » Faire pour soi « un espace de vie rempli d'objets qui (nous) plaisent[27] », comme le propose Marie Kondō, revient peut-être à ne pas ranger inconsidérément, mais au contraire à laisser à ces objets le loisir d'être parfois avec nous, sans raison fonctionnelle, et d'autres fois sans nous, dans l'indifférence de leur disposition.

Une ergonomie.

Le plaisir passe également par l'efficacité des gestes. Dans l'expression « se simplifier la vie[28] », il faut entendre performance, gain de temps, réduction des efforts et fluidité des mouvements. Bref, une très classique administration rationnelle de la vie quotidienne. C'est sur ce versant de l'efficacité que les ouvrages de rangement se rattachent le plus directement à la longue histoire de l'enseignement ménager et des conseils en organisation des logements[29]. Faire de sa maison un espace logique reste sans nul doute le point de focalisation du rangement et la source d'une jouissance qui tient à l'empire exercé sur les objets. Car la dernière intention de ces techniques est d'obtenir une vue synoptique du logement, de trouver chaque chose utile au moment précis où l'on en a besoin, « même les yeux fermés[30] », c'est-à-dire dans une économie de gestes classique et rabâchée de livre en livre : que « le moindre effort ou geste inutile soit évité[31] ». Là encore il s'agit de fonder la démonstration sur les gestes élémentaires, ceux précisément qui, au quotidien, échappent à la mesure, comme le rangement d'une feuille de papier : « Nous nous sommes amusées à compter le nombre de gestes nécessaires pour ranger une feuille de papier dans un classeur. Résultat ? Dix gestes pour une simple feuille de papier ! N'est-ce pas énorme, ridicule presque[32] ? » Se décline ainsi, dans chaque ouvrage, une petite axiomatique du mouvement rapportée à son efficacité. Celle que propose Dominique Loreau en vaut bien une autre. Il s'agit d'appliquer au rangement cinq principes : « fréquence ou rareté d'utilisation » ; « netteté de la vision (rôle de l'œil) » ; « facilité de préhension (rôle de la main) ; emplacement le plus proche de l'endroit où l'objet va être utilisé (loi de "proximité") ; dimensions de l'espace choisi pour le ranger (juste rapport entre la taille d'un objet et celle de son contenant) »[33]. Les principes de proximité, d'étagement, de répartition, etc., constituent une ergonomie fondée sur des zones d'action, modèle directement issu de la rationalisation du travail[34] et de l'histoire moderne de l'habitat, comme nous l'avons signalé plus haut. Une « loi des mouvements » qui vise l'aisance et le confort. La vertu du dépouillement est donc de rapporter la charge érotique de l'objet au contrôle intégral exercé sur lui, la satisfaction venant tout autant du choix de l'objet, préféré à d'autres, que de son adaptation parfaite à l'environnement matériel du logement.

Une idéologie.

Entre la conversion matérielle et le changement psychologique qu'engendre la discipline de notre univers quotidien, il n'y a pas de solution de continuité. Ce qui se réorganise dans la matérialité des boîtes trouve sa parfaite symétrie dans l'ordre des idées et des émotions. Un parallélisme maintes fois repris par les guides : « Tous les meilleurs psychologues en conviennent : le désordre dans la maison est le fidèle reflet du chaos qui règne dans la tête de ses occupants[35]. » Entre l'esprit et l'espace, le mental et le matériel, les mêmes règles s'appliquent pour favoriser l'amélioration des deux dimensions de l'existence domestique. L'encombrement, par exemple, vaut tout autant pour le tiroir que pour l'esprit : « Le vrai gaspillage, c'est d'encombrer son esprit à penser à des choses mortes, inutiles ou comme malheureuses. C'est avoir à veiller à ce qu'elles ne moisissent pas, à ce qu'elles ne soient pas mangées par les rats ou volées[36]. » La relation entre les deux dimensions est si constante que cela lui confère un caractère de causalité : « Une personne désordonnée souffre souvent. Elle est inquiète, tourmentée, parfois dépressive. En un mot, elle est “dérangée”[37]. » FlyLady, pseudonyme de Marla Cilley, autrice américaine de nombreux guides de rangement et d'entretien de la maison, promotrice de la méthode des routines de ménage par zones, l'énonce également dans le titre de son ouvrage, *Le Remède au chaos. Gérez votre maison et apaisez votre esprit en 15 minutes chrono*[38].

La référence aux « meilleurs psychologues » – comme cautions scientifiques[39] – accouple cette littérature à celle du développement personnel. C'est sans doute le sens ultime de son projet. Elle en reprend les principaux thèmes. Tout d'abord, « une célébration continue de la nouveauté[40] », qui s'exprime dans la croyance en la possibilité de toujours améliorer la situation, de gagner en ordre et en discipline. Ensuite, l'attestation d'un mérite dans la mise en œuvre d'une volonté. On a vu que le constat d'un désastre ouvrait à une maîtrise vertueuse. Comme l'analyse parfaitement Nicolas Marquis dans les théories du développement personnel, « le mérite de chacun est évalué à l'aune de sa volonté d'agir[41] ». Il s'agit d'une inversion morale de la consommation au profit d'une consomption des biens. Tout jeter signe l'affermissement de la volonté. On peut dire que le pouvoir d'agir sur les conditions extérieures se donne ici dans sa version la plus radicale. Ranger engage la personnalité et le contrôle de soi. Ainsi, « pourquoi désencombrer les sous-vêtements ? Parce que : comme “ça ne se voit pas” à l'extérieur, on peut se laisser aller à porter de vraies horreurs. Cette lâcheté ne vous ressemble pas[42] ». Une fermeté d'esprit qui se manifeste socialement selon les principes d'une morale bourgeoise où il est interdit à la maîtresse de maison d'être prise en défaut : « Ai-je toujours de quoi grignoter avec le thé, même pour une visite à l'improviste[43] ? » Enfin, le rêve d'une transformation de sa vie quotidienne en œuvre d'art façonnée par une méthode, un ordre, et se révélant au quotidien dans la chorégraphie des gestes domestiques. Car finalement, le pouvoir sur les choses atteste celui que j'ai sur moi et révèle ma capacité à créer ma propre vie[44]. « Libérez-vous de vous-même », prône la psychologie humaniste[45] ; « libérez-vous de vos biens », répondent les guides de rangement.

Conclusion.

L'analyse de ces différents ouvrages révèle une grande cohérence des thèmes. Pour certains – la logique, l'ergonomie –, ils prennent appui sur des discours plus anciens, caractéristiques de l'application des méthodes dites « rationnelles » aux activités quotidiennes. Dès les années 1920, la référence au taylorisme fondait le principe de l'ordre et de la simplicité de la vie domestique. À propos de la cuisine moderne, on peut lire dans le *Journal de la femme* de janvier 1933 : « Tout trouve sa place, on ne voit rien et rien ne traîne[46]. » Mais les enjeux sont aujourd'hui déplacés. Ce n'est plus aux seules femmes au foyer que ces discours s'adressent. Les exigences d'ordre, d'hygiène et de bon emploi du temps qui ont dessiné les contours d'une morale de la bonne ménagère de la classe moyenne[47] s'appliquent dans ces ouvrages à l'ensemble des usagers du logement. Mais, dans cette extension, rien de progressiste. Selon les principes de l'éducation ménagère, la division du travail domestique apparaissait comme fondée en nature. Les discours contemporains sur le rangement ne se présentent en aucune manière comme une critique de cette naturalisation. Ils déplacent en quelque sorte la question en renvoyant l'individu à lui-même. Leur modernité tient donc moins à leurs recettes qu'à l'idéologie individualiste de l'optimisation de soi-même présentée comme nouvelle vertu. La question de l'entretien du logement est désocialisée au profit d'un discours abstrait vantant les mérites de l'abolition de la contingence matérielle, méconnaissant sur le fond les contraintes objectives pesant sur la vie quotidienne.

Thierry Pillon
thierry.pillon@univ-paris1.fr
Professeur de sociologie
CETCOPRA, Université Paris I Panthéon-Sorbonne

NOTES

1. Voir, dans ce numéro, l'article de Martyne Perrot.

2. Jacques Chamberlain, Cyriac Labos, *Rangements, astuces*, Paris, Dessain et Tolra, 1986 ; Philippe Bierling, *Aménagements, rangements : utilisation des coins perdus*, Ingersheim, SAEP, 1994 ; Maxime Ordesky, *Le Grand Guide du rangement. Manuel pratique pour mieux organiser son intérieur, découvrir de nouveaux espaces de rangement et gagner de la place*, Paris, Hachette, 1996.

3. Alexander Skye, *Le Rangement pièce par pièce en 10 minutes. Des centaines d'astuces faciles et efficaces pour chaque pièce de la maison*, Varennes (Québec), AdA, Escalquens, 2007.

4. Alice Le Guiffant et Laurence Paré, *L'Art du désencombrement. Se libérer de l'inutile pour vivre plus léger*, Genève-Bernex, Saint-Julien-en-Genevois, Éditions Jouvence, 2009 ; site Web d'Alice Le Guiffant : https://aliceleguiffant.com/ (consulté le 26 décembre 2022).

5. « Synthèse du rapport statistique du SNE. Les chiffres de l'édition, France et international, 2020-2021 », Paris, SNE, juin 2021, p. 9-11. Il faut noter que cette catégorie inclut aussi les livres de cuisine et de santé.

6. Philippe Chavanne et Héloïse Martel, *Le Rangement pour les nuls*, Paris, First éditions, 2016 ; Astrid Eulalie et Marygribouille, *Le Cahier coach rangement pour les nuls*, Paris, First éditions, 2018 ; Héloïse Martel et Manuela Xavier, *Une maison toute propre pour les nuls*, Paris, First éditions, 2014.

7. Celle à laquelle nous nous référons n'est pas d'ordre linguistique, mais plutôt telle que Michel Foucault l'entendait dans *L'Archéologie du savoir*, Paris, Gallimard, 1969. Sur la distinction entre analyse des « formations discursives » et analyse linguistique, on pourra se reporter à Dominique Maingueneau, *Genèses du discours*, Bruxelles, Liège, P. Mardaga, 1984.

8. Nous laissons de côté l'étude des sites Internet et des reportages mis en scène. Elle suppose la mise en œuvre d'outils que nous ne possédons pas.

9. Le livre de Hideko Yamashita aurait été vendu à 3 millions d'exemplaires dans le monde, si l'on en croit le site spécialisé dans la littérature japonaise Nautiljon : https://www.nautiljon.com/people/yamashita+hideko.html (consulté le 26 décembre 2022) ; celui de Marie Kondō à 8 millions d'exemplaires,

selon la notice de Wikipédia qui lui est consacrée : https://fr.wikipedia.org/wiki/Marie_Kond%C5%8D (consulté le 26 décembre 2022).

10. Shunmyo Masuno, *Ranger, une pratique zen*, Paris, Éd. Picquier, 2021, quatrième de couverture.

11. Hideko Yamashita, *Danshari. L'art du rangement*, Vanves, Marabout, 2017 (2009), p. 40.

12. *Ibid.*, p. 123-50-91.

13. *Ibid.*, p. 83-84.

14. *Ibid.*, p. 123.

15. Dominique Loreau, *L'Art de mettre les choses à leur place*, Paris, Flammarion, 2014, p. 28.

16. Hideko Yamashita, *Danshari…*, *op. cit.*, p. 107. Même idée d'une intoxication chez Judith Crillen, *Détox ta maison. Tous les conseils pour désencombrer et ranger pour se sentir bien chez soi*, Paris, Rustica éditions, 2016.

17. Dominique Loreau, *L'Art de mettre les choses à leur place*, *op. cit.*, p. 58.

18. Marie Kondō, *Ranger, l'étincelle du bonheur. Le manuel illustré par une experte dans l'art de l'organisation et du rangement*, Paris, J'ai lu, 2017 (2012), p. 21-22.

19. Sur ces questions la littérature est immense. On peut se reporter à Georges Vigarello, *Le Propre et le Sale : l'hygiène du corps depuis le Moyen Âge*, Paris, Points, 2014 (1985) ; Monique Eleb et Anne Debarre, *L'Invention de l'habitat moderne : Paris, 1880-1914*, Paris, Hazan, Bruxelles, Archives d'architecture moderne, 1995 ; Monique Eleb et Lionel Engrand, *La Maison des Français. Discours, imaginaires, modèles (1918-1970)*, Bruxelles, Mardaga, 2020.

20. Dominique Loreau, *L'Art de mettre les choses à leur place*, *op. cit.*, p. 62.

21. Hideko Yamashita, *Danshari…*, *op. cit.*, p. 180.

22. Marie Kondō, *Ranger, l'étincelle du bonheur…*, *op. cit.*, p. 91.

23. *Ibid.*, p. 22. Dans Philippe Chavanne et Héloïse Martel, *Le Rangement pour les nuls*, *op. cit.*, le plaisir est aussi mis en avant, p. 24.

24. Hideko Yamashita, *Danshari…*, *op. cit.*, p. 28.

25. Joël Lebeaume, *L'Enseignement ménager en France. Sciences et techniques au féminin, 1880-1980*, Rennes, Presses universitaires de Rennes, 2014.

26. Georges Perec, *Penser/classer*, Paris, Seuil, 2003 (1985), p. 19-20.

27. Marie Kondō, *Ranger, l'étincelle du bonheur…*, *op. cit.*, p. 60.

28. Laurence Einfalt et Stéphanie Bujon, *Se simplifier la vie. Se recentrer, trier, ranger et se désencombrer*, Paris, Eyrolles, 2016.

29. Voir, dans ce numéro, l'article de Martyne Perrot.

30. Dominique Loreau, *L'Art de mettre les choses à leur place*, *op. cit.*, p. 16.

31. *Ibid.*, p. 17.

32. Laurence Einfalt et Stéphanie Bujon, *Se simplifier la vie…*, *op. cit.*, p. 42.

33. Dominique Loreau, *L'Art de mettre les choses à leur place*, *op. cit*, p. 19.

34. Thierry Pillon, « Le mobilier de bureau, une mesure déléguée », *e-Phaïstos. Revue d'histoire des techniques*, vol. 7, n° 1, 2019, dans le dossier thématique « Le travail humain : mesure et démesure de l'activité corporelle, XIXe-XXe siècle », sous la direction de Marco Saraceno et Barthélémy Durive.

35. Philippe Chavanne et Héloïse Martel, *Le Rangement pour les nuls*, *op. cit.*, p. 25.

36. Dominique Loreau, *L'Art de mettre les choses à leur place*, *op. cit.*, p. 56.

37. *Ibid.*, p. 36.

38. Marla Cilley, *Le Remède au chaos. Gérez votre maison et apaisez votre esprit en 15 minutes chrono*, Paris, Éditions l'Instant présent, 2021.

39. Par exemple, la référence aux chercheurs du Princeton Neuroscience Institute dans l'ouvrage de Laurence Einfalt et Stéphanie Bujon, *Se simplifier la vie…*, *op. cit.* : « Les chercheurs n'ont pas hésité à utiliser une IRM pour regarder comment le cerveau répondait à des stimuli en milieu organisé ou non », p. 40.

40. Nicolas Marquis, « Les impasses du développement personnel. L'obsession de la quête de soi », *Revue du Crieur*, vol. 2, n° 7, 2017, p. 38-53, p. 41.

41. *Ibid.*, p. 43.

42. Laurence Einfalt et Stéphanie Bujon, *Se simplifier la vie…*, *op. cit.*, p. 27.

43. Dominique Loreau, *L'Art de mettre les choses à leur place*, *op. cit.*, p. 29.

44. Jacques Attali, *Devenir soi. Prenez le pouvoir sur votre vie*, Paris, Fayard, 2014.

45. Nicolas Marquis, « Les impasses du développement personnel… », art. cité, p. 49.

46. Cité par Françoise Werner, « Du ménage à l'art ménager : l'évolution du travail ménager et son écho dans la presse féminine française de 1919 à 1939 », *Le Mouvement social*, n° 129, 1984, p. 77.

47. Boel Berner, « The Meaning of Cleaning : The Creation of Harmony and Hygiene in the Home », *History and Technology*, vol. 14, n° 4, 1998, p. 313-352.

RÉSUMÉ

Le nouvel ordre quotidien. Savoir ranger sa maison

Depuis plusieurs années, des ouvrages à vocation pratique proposent des méthodes pour bien ranger son logement. Cette littérature s'inscrit dans l'histoire des livres destinés à éduquer les femmes à la vie ménagère. Mais les conseils pour bien organiser sa maison renouvellent en partie le genre. Ils sont construits sur un même modèle : faire le constat du désordre, imposer un nouvel ordre rationnel et s'appuyer sur l'excitation que procurent les objets. Ces ouvrages sont également porteurs d'une idéologie nouvelle. L'éducation ménagère passe désormais par le développement de soi. Ranger sa maison devient une source de joie et de renforcement de sa personnalité au quotidien. En cela, ces livres retrouvent les principes de l'idéologie du développement personnel.

MOTS-CLÉS : rangement, méthode, idéologie, ordre

SUMMARY

The New Everyday Life Order. How to Tidy Up your Home

For several years now handbooks have been flourishing that offer methods for tidying up one's home. These publications partake of the body of literature intended to educate women to housekeeping. But the advice for keeping one's home tidy partly renew the genre. They are structured identically : observe the untidy home, impose a new rational order and relie on the thrill given by commodities. These volumes also convey a new ideology : household education pertains to self-development. Tidying up one's home becomes a source of elation and bolsters one's personality on a daily basis. As such, these books latch on to the tenets of the ideology of personal development.

KEYWORDS : tidying up, method, ideology, order

RESUMEN

El nuevo orden diario. Aprenda a ordenar su casa

Durante varios años, los libros prácticos han estado ofreciendo métodos para ordenar el hogar. Esta literatura es parte de la historia de los libros destinados a educar a las mujeres en las tareas domésticas. Sin embargo, los consejos para organizar el hogar renuevan de alguna forma el género. Se construyen sobre el mismo modelo : observando el desorden, imponiendo un nuevo orden racional y apoyándose en la excitación que proporcionan los objetos. Estas obras son también portadoras de una nueva ideología. La educación doméstica ahora implica el autodesarrollo. Ordenar el hogar se convierte en fuente de alegría y fortalece día a día la personalidad. En esto, estos libros vuelven a los principios de la ideología del desarrollo personal.

PALABRAS CLAVES : arreglo, método, ideología, orden

Martine Tabeaud

Donnez-nous aujourd'hui notre météo quotidienne

How many times must a man look up
Before he can see the sky ?

Bob Dylan

Couramment, le terme « météo », raccourci de « météorologie », est utilisé à l'oral comme à l'écrit, tous les jours. Sa simplicité suggère la familiarité, l'intimité de tout un chacun avec un état complexe et fugace de l'atmosphère. En effet, la dépendance au caractère changeant du ciel est une toile de fond de nos activités ordinaires. Les terrasses des cafés se vident ou se remplissent au gré des rayons du soleil. Les premiers réchauffements printaniers dopent la vente de vêtements d'été, la consommation de boissons et de glaces. La fréquentation des plages croît avec la chaleur. Le taux de participation aux élections présidentielles baisse même de plus de 1 % s'il pleut en continu[1]. Quand la météo est à l'excès (gros grêlons, gel vif et continu, vent fort), la quête quotidienne de repères devient plus consciente, car, passé l'effet de surprise, l'attention à l'ordinaire est transformée, et le rythme des activités chamboulé. Tout cela n'est pas nouveau, mais les manières de faire et de vivre la météo ont changé avec l'évolution des moyens de communication. A-t-on modifié l'atmosphère ? Qui élabore l'information et comment ? L'usager soucieux du temps qu'il fait préfère-t-il observer les nues ou leur représentation virtuelle ? À quel rythme ? Selon que la météo n'est qu'une toile de fond ou qu'elle fait monter l'angoisse de la catastrophe, que cherche-t-on dans un bulletin météorologique et sa répétition ? S'informer sur l'air du moment et du lieu traduit-il une recherche d'affranchissement et/ou l'utilisation hédoniste de son ici et maintenant ?

Martine Tabeaud

Ici comme ailleurs ?

Même si nous partageons le même ciel dans une ville, un village, un « petit pays », les réactions face au temps qu'il fait sont à la fois très individuelles et très culturelles.

En France, dans une conversation classique, parler du temps est d'une efficacité à toute épreuve pour briser la glace ! Cette entrée en matière est bien plus présente dans les régions du monde où le climat intègre une variabilité du temps très rapide. L'averse de pluie mêlée de neige avec un coup de vent succède alors à un ciel bleu ensoleillé en quelques minutes, comme c'est le cas dans les régions de climat tempéré océanique. Ainsi la météo est-elle un sujet de conversation fréquent des Britanniques. Par tous les temps, ils s'attachent à souligner leur acclimatation aux changements. Les Anglais sont même des fanatiques des entames de conversation portant sur l'atmosphère. Alors que des propos sur la reine ou le Premier ministre sont incongrus, voire tabous. Les Brésiliens résument bien la place de ces échanges dans l'expression « *conversa de elevador* », littéralement « conversation d'ascenseur ». Quelques mots qui rompent un silence gênant, mais font consensus et n'engagent à rien de plus.

Dans le monde, il n'en va pas de même partout. Si le temps est uniforme tout au long de l'année, et donc le climat sans saison, ou si les saisons durent des mois (ce que vit l'essentiel de l'humanité), cette entame de conversation devient rare et presque saugrenue. Pendant la nuit polaire du nord de la Finlande, le froid est la norme. Qu'en dire d'original ? Tout comme la chaleur aux Émirats, où il fait souvent plus de 40 °C dehors et très sec trois cent cinquante-deux jours par an (moyenne d'Abu Dhabi). À l'intérieur, la climatisation (thermostat positionné sur 18, voire 19 °C) est générale, y compris dans les voitures. À moins de converser lors d'un des treize jours extraordinaires, car pluvieux, ou d'être un expatrié fraîchement débarqué, les salutations ont peu de chance de tourner autour d'un discours sur le temps.

L'attention à la météo, dans nos régions, a donc bien à voir avec le rythme quotidien et même infraquotidien des changements du temps. Si la situation météorologique dure quelques jours, comme c'est le cas avec les anticyclones, elle ne demande aucune précaution spécifique, le temps s'invisibilise. Lorsque des types de temps différents alternent dans la même journée, et qu'ils sont attendus, comme les giboulées de mars, on leur porte une attention très éphémère. Avec le retour des saisons, l'inéluctable répétitivité rassure. Elle apporte même un certain réconfort psychologique. La régularité, l'ordre sécurisent, car ils évitent bien des prises de décisions au sujet du cours des activités et des loisirs. Il n'en est pas de même si l'événement météo sort du cadre, du fond de l'ordinaire. Il se remarque parce qu'il surprend, il fait obstacle à la journée « parfaite ». Sa survenue peut aller jusqu'à suspendre le rythme routinier des gestes auxquels on ne prête habituellement pas attention (Comment aller chercher ses enfants à l'école ? Comment se passer d'électricité ? Comment communiquer sans téléphone portable ? Où garer sa voiture ? Etc.)

En France, la sécheresse de 1976, les deux tempêtes de décembre 1999, les records de chaleur de la deuxième semaine d'août 2003 sont des marqueurs de la mémoire nationale. Chacun se souvient où il était et ce qu'il faisait alors. Un peu comme le 11 septembre 2001. Ces dates servent ensuite d'étalons de durée et d'intensité pour les événements marquants, souvent régionaux ou locaux. Tel est le cas pour les pluies de forte intensité des épisodes cévenols. Les Gardois peuvent relativiser l'épisode du 14 septembre 2021 en comparant les 244 mm de précipitations à Saint-Dionisy aux 683 mm des 8 et 9 septembre 2002... Les plus âgés se rappellent peut-être février 1964 (579 mm), les 30 et 31 octobre 1963 (682 mm), mais les souvenirs s'effacent vite. D'autant qu'ils concernent plus volontiers le nombre de morts que la hauteur de pluie. L'objectivité des chiffres se dissout dans l'émotion. Il n'est plus que les archives pour faire référence à 1768, 1790, 1890, 1907, 1930, 1933, etc. Les unes catastrophistes, choisies par des journalistes « sous le choc » (?!), ne manquent pas d'évoquer le « jamais vu » et « la faute au réchauffement climatique ». Elles participent aussi à cette amnésie du passé au profit du présent et du futur. Pourtant, si la survenue de ces épisodes brefs est inéluctable, leurs conséquences relèvent bien de décisions politiques, qui seules sont à même de réduire les vulnérabilités.

Face à de tels événements, la plupart des acteurs ne se trompent plus, désormais, sur l'origine de ces maux. Ce n'est pas le destin qui punit, ce sont les fautes d'aménagement, la mauvaise anticipation et la médiocre organisation qui créent le désastre. *A posteriori*, les critiques constructives des alertes ont conduit les météorologistes à revoir et enrichir leurs savoirs sur le fonctionnement de l'atmosphère. Ses mécanismes sont mieux compris, et leur évolution mieux anticipée. De même, les errements dans la transmission de l'information préventive ont permis d'introduire plus de pédagogie dans les messages à destination du grand public et des collectivités. Les couleurs graduées des vigilances aux risques par département et pour 24 heures (vent violent, orage, neige-verglas, canicule, grand froid, pluie, inondation, vague-submersion) permettent à chacun d'adapter son comportement au danger, et au préfet de préparer les services de la sécurité civile. Quant aux probabilités d'occurrence d'un type de temps, elles permettent d'évaluer l'incertitude du scénario de prévision. L'indice de confiance, entre 1 et 5, est immédiatement compris. Toutes ces précautions permettent également aux prévisionnistes de se couvrir face aux accusations en responsabilité.

Martine Tabeaud

Senti, vu, lu ou entendu ?

Fini les regards sur le coucher de soleil, les coups d'index sur les baromètres… Les changements techniques, au cours de l'histoire, ont eu des conséquences majeures sur les supports d'information et leur accessibilité.

Avec l'avènement de la météorologie « scientifique » au XIXe siècle, la presse quotidienne est le premier support d'informations destinées au grand public. En 1856, un tableau de relevés météorologiques paraît dans le journal *La Patrie*. Trop austère, il est vite remplacé par un texte de prévisions. Puis en 1876, *Le Petit Journal* choisit la carte plutôt que le nombre et les mots. L'image donne à voir au lecteur une situation et permet au journaliste de construire le discours sur le temps prévu le lendemain. Tous les journaux s'y mettent alors et cela… tous les jours, jusqu'au XXIe siècle[2]. Jusque-là, l'observatoire, la météorologie nationale, a le monopole de transmission de la prévision aux journaux. Mais, en 2004, Météo-France décide de rendre payants ses « services ». Les quotidiens choisissent alors d'autres fournisseurs (tel fut le cas du *Monde*) avant d'en venir souvent à supprimer la rubrique face à la concurrence de sites Internet qui relaient une prévision gratuite (Met office, Allmetsat, chaînes TV météo, etc.) et mettent en accès libre des banques de données (NOAA). D'autant plus qu'aujourd'hui, 70 % des Français ont abandonné la presse papier pour l'écran.

La météo a ensuite été portée par les annonces radiophoniques. Dans les années 1970, RTL a 10 millions d'auditeurs fidèles[3]. La rubrique météo, aussi brève soit-elle, est très écoutée. Parmi les voix de présentateurs connues de tous, celle d'Albert Simon sur Europe 1, le dimanche matin, est restée gravée dans bien des mémoires. Entre 1958 et 1986, il roule les « R » de pRession, dépRession avec l'accent de ceux qui sont nés en Méditerranée orientale. Il a un débit rapide, parfois incompréhensible. Il fait des prévisions issues de statistiques, où il ne cesse de faire référence aux dictons et aux pèlerinages bretons. Il est si pittoresque que Georges Lautner[4] lui demande de participer au film *Laisse aller… c'est une valse !* Il y présente la météo : « Eh bien, en Normandie, on dit : "Autant d'heures de soleil à la Toussaint, autant de semaines à souffler dans ses mains." Enfin le bel automne se termine, les arbres deviendront chauves, mes cheveux vont repousser. Vous savez, la pluie, ça s'arrose. » On y apprend un dicton… et aussi qu'il est atteint de calvitie.

À partir de la décennie 1970, l'audience radiophonique du soir diminue progressivement au profit de la télévision. La révolution de l'image télévisuelle est en marche. Certes, il y eut un premier bulletin météo dans un journal TV le 17 décembre 1946, présenté par Paul Douchy, un prévisionniste de la Météorologie nationale. « La météo à la télé » est quotidienne dès février 1958, mais qui la regarde ? Au plus une famille sur dix ; ce sera neuf sur dix dans les années 1980. Le rendez-vous de 19 h 55, juste avant le journal, naît alors.

Fini les petits chauves à lunettes (comme Albert Simon), Madame Météo se doit d'être la plus féminine possible. C'est une survivance de la speakerine, qui, antérieurement, en voix off, lisait le bulletin préparé sous la direction de Roger Clausse. Quant à Monsieur Météo, il affiche de la décontraction, de l'humour. De TF1 à Antenne 2, Alain Gillot-Pétré excelle dans une narration émaillée d'histoires drôles. La gestuelle aussi est emphatique : le 29 avril 1986, le présentateur repousse des deux mains l'air de Tchernobyl sur la carte, comme le « fait l'anticyclone des Açores ». Est-ce vraiment la situation barométrique qui fait de ces minutes les plus regardées du petit écran ? Serge Joncour n'en est pas certain. Dans son roman *Nature humaine*[5], il parle de communion intergénérationnelle ; mais lors de la sécheresse de 1976, les jeunes scrutaient l'écran, raconte-t-il, « pour voir des jeunes filles en jupe ou en bikini », les autres pour « attendre les pluies qui revinrent portées par le vent d'ouest » à la mi-juillet.

Depuis la fin du XXe siècle, il n'est plus question d'attendre un rendez-vous quotidien. L'information est disponible en permanence et adaptée aux besoins supposés de chacun. Tout cela a été rendu possible dans la décennie 1990 par la création du réseau de téléphonie mobile 2G, grâce aux premiers forfaits et aux cartes prépayées. Dix ans plus tard, avec l'écran tactile multipoint, le virus touche les jeunes, les cadres, puis toute la population. Actuellement, 75 % des Français ont un objet nomade attaché à leur corps, que les Canadiens nomment « téléphone intelligent » (smartphone)[6]. En moyenne, une vingtaine d'applications y sont téléchargées. Selon les études de Médiamétrie, un mobinaute sur deux télécharge des jeux, un sur trois des réseaux sociaux, et un sur trois des applications pratiques d'itinéraire comme Waze ou CoPilot ou des applications météo. La température et l'état du ciel d'un lieu préprogrammé sont souvent inclus dans le système d'exploitation, mais des applications gratuites donnent accès à de vraies prévisions à divers pas de temps (dans l'heure, quelques heures, le lendemain, les jours suivants… jusqu'à la saison). Chacun peut piocher selon ses envies : Meteociel ajoute des alertes pour allergiques, Yahoo Météo agrémente de photographies du ciel, CARROT Weather se veut ludique avec des blagues ; Today Weather, AccuWeather et WeatherBug sont plus minimalistes dans la forme, mais plus riches en données, y compris comparés à Météo-France… C'est un retour aux chiffres et aux images de l'atmosphère (satellite, radar, cartes, animations). Il s'accompagne d'un repli sur soi. Il s'agit dans tous les cas d'une recherche « en temps réel », quels que soient l'heure et le lieu où l'on se trouve. Bien souvent, cela revient à externaliser ses propres fonctions corporelles cognitives, puisque l'état du ciel bien visible aurait pu donner matière à prévision ! Désormais, la machine l'emporte sur les sensations, le virtuel sur le réel.

Martine Tabeaud

Tous pareillement concernés ?

Le souci du temps qu'il fait chaque matin n'est pas seulement une routine de jeunes parents préoccupés des vêtements de leurs enfants, de commerçants, de routiers, ou de météorologistes professionnels. Elle concerne, avec des intensités variées, des hommes et des femmes, d'âges et de catégories sociales variés.

Tous ne sont pas de vrais « météophiles », c'est-à-dire, selon Martin de La Soudière, des « individus au contact du temps, ayant une expérience kinesthésique et une connaissance subjective du temps qu'il fait par une attention ténue à un ensemble de détails[7] ». Le sociologue distingue différentes catégories, depuis les « météosensibles » jusqu'aux « météographes » en passant par les « météomanes », un peu fêlés[8]. Ces derniers sont passionnés de météores extraordinaires (tornades, gros orages, etc.). Ils se regroupent en associations (chasseurs de nuages, Cloud Appreciation Society) ou bien cherchent les records pour mettre en compétition les lieux qui leur sont chers ; un hit-parade et un Clochemerle météo en quelque sorte. Ces hommes, souvent jeunes, pratiquent une véritable chasse à l'affût des éclairs horizontaux, des tornades… Ils choisissent d'habiter là où leurs phénomènes météo préférés sont les plus fréquents. Toute leur vie est conditionnée par cette quête. Tel Alex Hermant, qui avait imaginé le musée de la Foudre de Marcenat (Cantal), et qui s'est installé dans le Haut-Var. Lui, comme beaucoup d'autres, se déplace chaque jour pour anticiper la situation barométrique favorable et trouver le graal, l'endroit où il assistera au météore parfait. Ensuite, il s'agira de réussir la photographie idéale. L'éventuelle célébrité sur la toile n'est pas l'aspiration première…

Rien à voir avec le journal intime, où s'épancher sur les couleurs du ciel, c'est parler de soi, de ses états d'âme, de ses humeurs intimes. Ignorant tout ou presque du romantisme, il est des « gens de peu » qui écrivent. Parmi eux, un éleveur de la Creuse, cher à Solange Pinton[9]. Il a, toute sa vie durant, rempli un carnet de notes journalières, avec de nombreuses mentions des états de l'air et du ciel.

Une place originale doit être faite aux peintres de ciel : Constable, bien évidemment, qui en fut l'initiateur depuis Londres, mais aussi André Des Gachons. Moins célèbre, bien qu'il ait réalisé, entre 1913 et 1951, environ 10 000 aquarelles quotidiennes de ciels champenois. Seule une dizaine d'entre elles ont trait aux guerres et à leurs nuages et éclairages spécifiques. Le peintre croyait aider à améliorer la jeune science de la prévision du temps. Mais il est surtout entré dans l'histoire pour avoir constitué une archive en couleur, quand la photographie n'était que noir et blanc[10]. De plus, par ses relevés sur plusieurs décennies, André Des Gachons, comme Daniel Meyer à Mulhouse et bien d'autres, a contribué à faire progresser l'histoire des sciences et du climat par des relevés quotidiens scrupuleusement réalisés pendant des décennies. Alexis Metzger, Jérémy Desarthe et Frédérique Rémy[11] ont redonné vie à ces météographes oubliés.

Parmi ceux que Martin de La Soudière appelle « les grands témoins[12] », il y avait sans nul doute les observateurs bénévoles de Météo-France. Anonymes ou presque, ils acceptaient une tâche quotidienne contraignante : celle de relever chaque jour à heure fixe le thermomètre et le pluviomètre qui leur étaient confiés. Ils étaient comme cloués dans l'espace de leur terrain 365 jours sur 365. Rapidement, intarissables sur l'histoire météorologique locale, ils se sentaient peu reconnus, voire méprisés. Tour à tour, chacun des 3 000 volontaires âgés a été remplacé par un appareil enregistreur. Les bénévoles ne sont plus que des hébergeurs en charge de signaler les pannes !

Parmi les accros à la météo, quelques-uns créent leur propre station d'observation. Ils achètent ces petits bijoux de technologie pas chère (moins de 100 euros bien souvent) parce que les 554 stations de Météo-France, normées, ne suffisent pas… à bien caractériser leur lieu de vie. En effet, les échelles des phénomènes météorologiques (même les cellules orageuses) sont toujours plus vastes que la surface d'une maison et son jardin. Une simple connexion wifi permet de collecter directement les relevés météorologiques enregistrés en temps réel à partir de serveurs informatiques. Même pas besoin d'être présent, il suffit de se connecter avec un ordinateur, une tablette, un smartphone… Et l'enregistrement donne accès à un historique au pas de temps choisi. Mais aujourd'hui comme hier, la répétitivité conduit vite à crouler sous les données. Et l'usager ne sait pas toujours que faire de cet historique. De plus, force est de constater que ce matériel accessible et sophistiqué a des faiblesses : les sondes sont fragiles, la consommation d'électricité élevée. Passée l'euphorie des premières semaines, l'intérêt décroît vite dès la troisième année, d'autant plus que la comparaison d'une année sur l'autre ne propose bien souvent que d'infimes différences un peu frustrantes. Pourtant, ils sont encore des dizaines d'amateurs (comme dce34 à Lunel ou Juliennice sur le Côte d'Azur) à alimenter de leurs observations des sites comme Infoclimat.

Cette pratique vient de loin. Soin du matériel, régularité des heures des relevés quotidiens, rigueur de la transcription, telles sont les qualités exigées par le ministre de l'Instruction publique Victor Duruy des élèves instituteurs des écoles normales primaires lorsque se constitue le réseau météorologique en 1864[13]. Ce sont sans doute ces mêmes qualités que sollicitent les enseignants des écoles et des collèges qui installent aujourd'hui une station dans la cour de leur établissement. Ils sont accompagnés en cela par la fondation La Main à la pâte, en partenariat éventuel avec Météo-France. Outre sa vocation éducative, ce projet « transversal » à différentes disciplines (géographie, histoire, sciences de la vie et de la terre, mathématiques, physique, technologie…) permet, d'après les forums de discussion, d'échanger au sein de l'équipe pédagogique !

L'obsession du temps qu'il fait dépasse largement les seuls fournisseurs de données météorologiques, qu'ils soient professionnels ou amateurs. Il y a des « météo *addicts* » qui consultent plusieurs fois par jour différents sites de prévision pour les mettre en concurrence. Que cherchent-ils dans ce rituel qui les noie dans la surinformation ? Certainement l'assurance que l'anticipation permet d'éviter les surprises et garantit la sécurité. Toute activité extérieure semble réalisable dès lors qu'elle est programmée dans un lieu et à un moment opportun, c'est-à-dire sans perturbation, sans contretemps météorologique annoncé. L'emploi du temps est optimisé, les temps morts limités. On retiendra un logement pour une semaine à la montagne avec la certitude d'avoir du soleil et de la neige… Le bonheur serait-il sans nuage dès lors que le hasard, l'aléatoire n'existerait plus dans le futur ? Sous l'emprise de la prévision, l'*addict* ne tente pas de maîtriser les intempéries. Il veut ne pas se sentir totalement passif. En même temps, et surtout si c'est un habitant des villes, il voit dans la météo un moyen de se connecter à une « Nature » quelque peu mythifiée. Occasionnellement, il recherche même la confrontation à des forces cosmiques qui le dépassent. Il est conforté en cela par les mots du discours catastrophiste de fin du monde liée au changement climatique planétaire, qui déforment le réel. Ils entretiennent une angoisse permanente, une solitude désespérante, que ne compense pas la possibilité de communiquer avec des milliers d'« amis » dans le monde. S'informer en temps réel sur l'orage à Jarnac, la pluie à Mayotte, la mousson de Delhi, la tempête en Tasmanie… ne donne que l'illusion d'appartenir à une unique communauté.

Conclusion.

« Jamais le savoir n'a permis de conjurer la peur, bien au contraire, celle-ci ne cesse de grandir et de se diversifier dans la conquête des connaissances, aux limites de la fiction », écrivait Henri-Pierre Jeudy en 2010[14]. En ce qui concerne la météo, l'information est de plus en plus accessible, de plus en plus précise et abondante. Elle s'adapte même à la demande immédiate de chacun. Pourtant, la menace inédite du climat est brandie à chaque événement météorologique rare. L'amnésie collective est la norme. Et les glissements sémantiques sont permanents. D'une part, en ce qui concerne la météo, puisque le temps qu'il fait est un instantané de l'atmosphère, alors que le climat se caractérise par un rythme annuel, scandé par les saisons. D'autre part, le climat d'un lieu précis n'est pas le climat de la planète tout entière. Les conditions météo journalières diffèrent du pôle à l'équateur, des littoraux au cœur des continents, des villes aux campagnes ; elles sont perçues différemment selon l'existence ou l'absence de moyens de chauffage ou de climatisation. Effet de mode que ces confusions de temporalités et d'échelles spatiales ? Volonté de dédouanement de la part des acteurs politiques qui se retranchent derrière le dérèglement climatique quand tout va mal et que l'on peut leur demander de rendre des comptes ?

Ne dit-on pas : « Quand le sage désigne la lune, l'idiot regarde le doigt » ? En météo comme dans bien d'autres domaines sans doute, le regard se porte de plus en plus souvent sur le doigt…

Martine Tabeaud
martine.tabeaud@gmail.com
Professeur émérite de géographie, université Paris 1 Panthéon-Sorbonne

NOTES

1. Christian Ben Lakhdar et Éric Dubois, « Climate and Electoral Turnout in France », *French Politics*, vol. 4, n° 2, 2006, p. 137-157.

2. Martine Tabeaud, « Concordance des temps. De Le Verrier à Al Gore », *EspacesTemps.net*, 2008.

3. Denis Maréchal, *RTL, histoire d'une radio populaire, de Radio Luxembourg à RTL.fr*, Paris, Nouveau Monde Éditions, 2010.

4. Georges Lautner, réalisateur, *Laisse aller… c'est une valse !*, France, Italie, Gaumont International, 1971, 1 h 40 min.

5. Serge Joncour, *Nature humaine : roman*, Paris, Flammarion, 2020.

6. Laurent Alexandre, *La Guerre des intelligences*, Paris, J.-C. Lattès, 2017.

7. Martin de La Soudière, « Météo passion : des savoirs populaires à la popularisation de la météo », communication présentée lors du séminaire du Modys-Cresal à Saint-Étienne, avril 2007.

8. Martin de La Soudière et Martine Tabeaud, « Les météophiles sont-ils tous des "fêlés des records" ? », *in* Jacques Berchtold, Emmanuel Le Roy Ladurie, Jean-Paul Sermain et Anouchka Vasak (dir.), *Canicules et froids extrêmes*, Paris, Hermann, 2012, p. 287-296.

9. Solange Pinton, « Les humeurs du temps. Journal d'un paysan de la Creuse », *Ethnologie française*, vol. 39, n° 4, 2009, p. 587-596.

10. Martine Tabeaud et Xavier Browaeys, *Les Ciels de la Grande Guerre : aquarelles d'André des Gachons, Champagne*, Paris, Sorbonne Université Presses, 2022.

11. Alexis Metzger, Jérémy Desarthe et Frédérique Rémy, *Histoire de météophiles*, Paris, Hermann, « Météos », 2017.

12. Martin de La Soudière et Martine Tabeaud, « Chemins de neige. Texte à deux voix », *Ethnologie française*, vol. 39, n° 4, 2009, p. 623-630.

13. Marie-France Noël, « La mise en place des réseaux d'observation météorologique par les instituteurs des écoles normales (1864-1871) », *La Météorologie*, 8e série, numéro spécial Histoire, avril 1995, p. 11-16.

14. Henri-Pierre Jeudy, *Le Désir de catastrophe*, Belval, Circé, 2010, p. 58.

RÉSUMÉ

Donnez-nous aujourd'hui notre météo quotidienne

La dépendance au temps qu'il fait est une toile de fond de nos activités ordinaires. Ce n'est pas nouveau, les météosensibles ont toujours existé. Mais aujourd'hui, pour nombre d'entre nous, les manières de faire et de vivre la météo ont changé avec le smartphone et Internet. Fini le rendez-vous journalier, place aux requêtes permanentes et immédiates pour un lieu choisi, quel que soit l'endroit où on se trouve. De multiples sites Web répondent à ce besoin de sécurité, qui conduit à programmer ses activités en éliminant l'aléatoire venu du ciel.

MOTS-CLÉS : bulletins météorologiques, observation du temps qu'il fait, maîtrise du futur immédiat, météo-anxiété, réel/virtuel

SUMMARY

Give Us This Day Our Daily Weather Forecast

Our everyday activities are very much dependent on weather conditions. This is nothing new : weather sensitive individuals have always existed. Today, though, many of us experience the weather in renewed ways, thanks to smartphones and the Internet. No more daily update by means of the weather forecast bulletin : instead you can obtain immediate input on the weather for any given location, wherever you are. Many websites have been set up to respond to this request for safety leading to scheduling one's activities while keeping atmospheric uncertainties at bay.

KEYWORDS : weather forecast, observation of the weather, control of the immediate future, weather-anxiety, real/virtual

RESUMEN

El pronóstico del tiempo de cada día, dánoslo hoy

La adicción meteorológica es un telón de fondo de nuestras actividades diarias. Esto no es nada nuevo, siempre ha habido fanáticos del clima. Actualmente, para muchos de nosotros, la forma en que experimentamos la meteorología ha cambiado con el teléfono inteligente e Internet. La cita diaria ha sido sustituida por una demanda de información permanente sobre lugares de elección, estemos donde estemos. Muchos sitios web atienden a esta necesidad de seguridad, lo que lleva a programar actividades eliminando la imprevisibilidad del cielo.

PALABRAS CLAVES : informes meteorológicos, observación del tiempo, control del futuro inmediato, tiempo-ansiedad, real/virtual

Mathias Dambuyant

Imposer le quotidien. Expériences de vie de porteurs condamnés au bracelet électronique (DDSE)

Le quotidien est sans doute l'un des objets les plus difficiles à saisir pour les sciences sociales. Il est à la fois étendu, voire infini, dans sa durée et précis, concret, dans son action. Il nécessite « de changer d'échelle, d'accorder de l'importance à l'élémentaire et au discret[1] ». C'est un objet kaléidoscopique, qui se déploie à mesure qu'on essaye de le cerner et se dérobe lorsqu'on cherche à l'appréhender. Je voudrais tenter de le définir comme suit : le quotidien renvoie à ce « qui se fait, revient tous les jours[2] », il est à la fois habituel et journalier, intègre toutes les sphères, publiques et privées, des existences qui s'y déroulent.

Je me propose de montrer quelle forme prend le quotidien pour les personnes condamnées à porter un bracelet électronique. La peine de détention à domicile sous surveillance électronique (DDSE), plus connue sous le nom de bracelet électronique, est une peine privative de liberté d'un genre nouveau, qui vise à imposer à une personne condamnée un enfermement partiel à son domicile, en fonction de ses horaires de travail. Avant que chaque peine ne soit matériellement appliquée par la pose du bracelet, un emploi du temps est négocié entre le « porteur » et le juge afin de statuer sur des heures de liberté (par exemple, de 8 heures du matin à 20 heures) et des heures d'enfermement à domicile (par exemple, de 20 heures à 8 heures du matin). Une fois l'emploi du temps accepté par les deux parties, le bracelet électronique est fixé à la cheville et un boîtier récepteur est installé au domicile du porteur afin de contrôler ses temps de présence. En somme, la détention à domicile vise à imposer un rythme quotidien, à rendre une routine obligatoire. La forme particulière de la peine a été pensée pour permettre au porteur de ne pas rompre ses liens sociaux (comme ceux du travail ou de la famille), contrairement à l'incarcération. La continuité de l'existence relationnelle et professionnelle du porteur est préservée. Toutefois, derrière cette apparente légèreté de la peine, les porteurs font l'expérience de la coercition dans chacune de leurs pratiques quotidiennes et dans leurs différents espaces de vie. Je tenterai de comprendre cet effet du bracelet sur le quotidien, en m'appuyant sur une approche microsociologique[3]. Il s'agira d'interroger les conditions concrètes d'imposition du quotidien. Mais, dans un premier temps, il convient de revenir sur quelques éléments contextuels, essentiels à la compréhension du bracelet électronique.

Présentation des modalités de la peine de DDSE.

Le placement sous surveillance électronique (PSE) est un dispositif très médiatique et cependant méconnu. S'il revient fréquemment dans le débat public, c'est toujours de manière parcellaire et décontextualisée. De même, dans la littérature scientifique, on l'analyse souvent par fragments[4]. Pour mieux appréhender le bracelet électronique, il importe donc de revenir sur ses quatre modalités essentielles : le dispositif matériel, les principales données chiffrées liées à la peine, l'encadrement du porteur par les professionnels et les règles qui s'y associent.

Nous avons dit que le bracelet électronique communiquait en permanence avec un boîtier récepteur installé au domicile du porteur. Il ne peut donc pas être détaché sans qu'un avertissement se déclenche. Tous les bracelets sont de la même taille et de la même couleur (gris clair) ; c'est la taille des sangles qui varie : six lanières de dimensions différentes sont proposées. La batterie du bracelet à une autonomie d'un à deux ans sans recharge. Le dispositif s'impose au porteur comme une double peine, à la fois stigmate corporel[5] et contrainte d'enfermement dans un espace-temps préalablement défini.

En France, la mesure a été testée dès le début des années 2000, mais ce n'est qu'à partir de 2010 qu'elle a commencé à concerner un effectif important de justiciables. Au 1er décembre 2021, 13 368 porteurs étaient placés sous surveillance électronique[6], au titre d'« écroués non détenus ». Leur nombre a augmenté de près de 30 % pendant la pandémie de Covid-19, puisqu'ils n'étaient auparavant que 10 000 porteurs. Un placement s'étendant en moyenne sur quatre mois et demi, ce sont environ 35 000 personnes qui sont placées sous DDSE chaque année. Leurs peines ont essentiellement été prononcées pour des délits courants (trafics, violences, délits routiers). Leur durée oscille entre un et douze mois. Le public des porteurs de bracelet électronique est en majorité semblable à celui de la prison : « les personnes incarcérées sont [...] des hommes jeunes, peu éduqués, de milieu modeste, issus de l'immigration[7] ».

En ce qui concerne les professionnels qui encadrent la surveillance électronique, ils se divisent en deux principales catégories. Tous travaillent au Service pénitentiaire d'insertion et de probation (SPIP). Il s'agit, d'une part, des surveillants pénitentiaires (SP), qui s'occupent principalement de la surveillance, du versant matériel et du contrôle des allées et venues, et d'autre part, des conseillers pénitentiaires d'insertion et de probation (CPIP) qui veillent à l'accompagnement et à la réinsertion du justiciable. En théorie, la frontière entre ces deux catégories est claire mais, dans les faits, les missions d'aide et de contrôle se croisent sans cesse. Précisons enfin que les SP, en France, ont des effectifs composés à 80 % d'hommes et les CPIP à 75 % de femmes[8].

Les règles de la surveillance électronique ne sont pas nombreuses. On pourrait les réduire à ces deux principes : le respect de l'emploi du temps signé auprès du juge et celui du suivi sociojudiciaire mis en œuvre par les professionnels du SPIP. Concrètement, ce suivi prend la forme d'un rendez-vous mensuel avec un CPIP. Le porteur est convoqué (il est prévenu deux à huit semaines à l'avance). L'entretien permet de faire le point sur sa situation pénale (respect des obligations, paiement de dommages et intérêts, etc.), mais aussi sociale (recherche d'un emploi ou d'un logement, démarches administratives de chômage ou de santé…). La durée de l'entretien peut aller de 5 minutes à plus d'une heure ; elle serait en moyenne de 30 minutes[9]. Le porteur est tenu de venir aux rendez-vous ; une absence non justifiée de sa part est un manquement à ses obligations, au même titre qu'un retard, sous DDSE. Durant l'entretien, le porteur dialogue avec le CPIP : il doit faire un point sur sa situation, répondre aux questions qui lui sont posées, il peut aussi en poser et faire différentes demandes.

Il convient de se tourner vers les porteurs de bracelet pour être en mesure de décrire leur vie quotidienne, l'occupation de leur temps et leurs pratiques de l'espace.

Imposer l'espace-temps du quotidien.

La DDSE impose au porteur de respecter un emploi du temps qui divise sa journée entre des heures de liberté (pour le travail) et des heures d'enfermement (pour le repos)[10]. L'espace[11] est donc intimement lié au temps puisqu'il se partage entre un lieu privé et différents lieux d'interaction plus ou moins publics (éducatifs, professionnels ou de retraite, de citoyenneté, de pratique sportive, de consommation, de loisir, etc.). Or l'imposition d'un enfermement à domicile pendant les heures de repos vient troubler le ressenti spatial des porteurs, qui doivent désormais distinguer un espace privé surveillé et un espace public sans surveillance. D'une part, dans son foyer, le porteur se trouve dépossédé partiellement du sentiment d'espace privé car celui-ci est investi d'un rôle répressif, négatif, et contient les emblèmes matériels de la peine (boîtier et alarme notamment). D'autre part, les espaces publics (et notamment de travail) deviennent symboles de liberté, quoiqu'ils possèdent leurs propres systèmes de contraintes. Ainsi, le foyer est devenu le lieu de la peine et l'extérieur celui du « temps libre », même s'il s'agit du temps de transport pour se rendre au travail.

Pour les porteurs, cette évolution du ressenti des espaces s'éprouve au quotidien. Le premier point surprenant qui apparaît dans leurs discours est celui de la réduction de l'espace privé à ses seuls murs. L'idée de resserrement résulte du fait que la DDSE rigidifie les frontières autrefois poreuses entre espace public et espace privé. Ainsi, les espaces transitionnels comme le jardin ou les paliers deviennent moins accessibles qu'auparavant. Rappelons que les logements des porteurs sont majoritairement modestes et que leur exposition publique est souvent plus continue[12]. C'est d'ailleurs un des paradoxes du bracelet que de reposer sur un système d'enfermement partiel dans le lieu d'habitation qui se veut le même pour chaque porteur, sans tenir compte des inégalités de logement. Il est évident que l'expérience n'est pas la même lorsqu'on est enfermé dans un appartement de 9 mètres carrés, dans un hôtel particulier de 200 mètres carrés[13], ou bien dans une maison avec jardin. Le rapport à l'extérieur et au jardin revient d'ailleurs souvent dans les récits des porteurs :

> Moi j'ai un poulailler derrière, je peux même pas aider pour donner à manger ou quoi, pour les œufs et tout. On peut même pas prendre l'air. [...] J'ai même pas le préau de la prison. Le jardin, il fait quand même 9 ares... C'est dommage. Dans le salon, j'essaye de faire des étirements pour pas rester à rien faire, mais c'est sûr que ça manque[14] [de sortir dehors][15].

D'autres porteurs, par exemple Édouard[16], dépeignent des microfrustrations liées au fait de ne pas pouvoir fumer à l'extérieur : « Je sais pas, depuis que j'ai le bracelet [...], ça me paraît un petit peu plus étroit... Tu peux pas descendre fumer... » Le « chez-soi » déborde, il comporte des extensions occasionnelles (un balcon) ou situationnelles (aller chercher le courrier, jeter les poubelles) :

> Ah oui, parce que même, des fois, je sortais de chez moi et, des fois, par exemple, quand je fais le ménage, le grand ménage, que je ramène tout devant la porte et après que j'ai nettoyé chez moi, que je voyais tout devant la porte ; je voulais pas laisser les sacs-poubelle devant la porte ; mon mari est pas là, il est au bled ; je suis toute seule ; comment je vais faire pour descendre les poubelles ? J'ai nettoyé à l'intérieur, mais les poubelles, comment je fais ? Je tente le tout pour le tout ! Je cours en bas, je jette mes poubelles et je remonte, est-ce qu'on va pas dire que j'ai essayé de me sauver ? Voilà, c'était une prison[17] !

Avec le bracelet, le chez-soi rétrécit, se cantonne aux murs et perd ses extensions.

À l'inverse, l'extérieur devient un lieu de liberté insoupçonnée. L'espace public est celui de l'interaction sociale. Pour un porteur, il se résume essentiellement à son lieu de travail et aux espaces traversés pour s'y rendre. Le bracelet paraît inactif durant le temps de travail, bien qu'il s'appuie sur des justificatifs tenant compte des heures de sortie. Les moments de déplacement vers le travail sont calculés avec largesse par les professionnels de la DDSE qui encadrent la mesure. De fait, cela évite de signaler des retards inutiles pour de simples problèmes de transports. Pour les porteurs, en revanche, ces deux ou trois heures de marge autour de leur temps de travail sont surinvesties : « C'est clair que… Moi, mon travail, ça finit à 16 heures, 16 heures 15, le temps de rentrer chez moi, il est 17 [heures] et j'ai jusqu'à 19 [heures], je prends une douche, 5 minutes, et je ressors jusqu'à 19… Des fois, je prends même pas la douche avant de ressortir[18]. » D'autres vont mélanger leurs activités ludiques au temps de transport. Ainsi, on peut trouver des porteurs qui se rendent au travail en faisant leur jogging, car c'est le seul moyen pour eux de continuer de pratiquer leur activité sportive. D'autres tirent parti de ces moments intermédiaires, étirant le temps disponible à l'extérieur de leur domicile, comme Mickaël : « Bah, comme je dois être chez moi qu'à 19 heures, c'est sûr que je me presse pas, tu vois, si j'arrive avant, je fais un tour dehors. Il y a toujours un truc à faire dehors… Je vais pas rentrer avant 19 heures, alors qu'après je vais y être[19]. » On relève un paradoxe dans ses propos. Les contraintes temporelles imposées par le bracelet permettent néanmoins de retrouver une part de contrôle, dans son cas : l'espace public dans lequel il ne faisait que passer devient ici un espace de pause temporaire pour profiter de quelques instants de temps libre.

Plus généralement, le bracelet apparaît comme révélateur des conditions d'existence de chacun. Dans ma thèse, soutenue en 2020, j'avais proposé le concept de « peine de soi » : une peine qui repose sur tous les supports de l'identité (le corps, l'espace, l'emploi du temps) et qui, de fait, impose au porteur ses propres conditions. Le bracelet, délimitant l'espace de vie d'une personne, lui fait prendre conscience de celui-ci. Le bracelet apparaît comme un révélateur. Ce qui pèse sur le porteur n'est ni plus ni moins que ses conditions d'existence : « Il me faudrait un peu de liberté, que je respire, que je vois autre chose que ma commune, que mes cités ! J'habite ici, je travaille ici… C'est trop. Je voudrais voir la mer […]. Même la ville de Paris, je l'ai pas vue depuis je sais pas combien […]. J'en ai assez de voir ma cité[20]. » Lorsqu'il est imposé, le cadre de la vie privée peut devenir anxiogène. Cela peut même motiver la décision de mettre fin à la mesure de placement sous DDSE, entraînant des placements en détention[21]. Le « chez-soi » renvoie à un autre équilibre du temps. L'espace privé peut devenir impossible à vivre et représenter une entrave pour son habitant. Chez certains porteurs, cette situation est vécue comme un emprisonnement intime.

Imposer les pratiques du quotidien.

Pour de nombreux porteurs, il importe donc d'adapter les activités de temps libre à une forme de temps contraint. La plupart d'entre eux doivent séjourner plus longtemps qu'auparavant dans leur logement, car la quasi-totalité des activités de temps libre doit être effectuée dans l'espace-temps contraint. Les occupations qui se déroulent au domicile sont un remède à la peine autant qu'une nécessité. Certains porteurs investissent donc leur temps dans des activités domestiques. Comme le dit Sylvester[22] : « Avec le bracelet, il faut essayer de trouver le plus d'activités possible pour passer le temps ! » Pour y parvenir, les moyens sont aussi nombreux que variés. Certaines activités domestiques peuvent être tournées vers les autres, par exemple les tâches ménagères, évoquées notamment par Vincent : « Les activités, je peux pas vous le cacher, c'est le ménage, nettoyage, la douche, la prière, préparer à manger, m'occuper un maximum : mon chat, un peu la télévision, le téléphone, etc.[23] » D'autres porteurs rattrapent leur retard de sommeil à défaut d'avoir des activités : « Ça nous structure peut-être, ouais [le bracelet], vis-à-vis du sommeil ; c'est vrai que j'ai jamais autant dormi que depuis que je suis à l'îlot[24] [sous bracelet] ; je suis obligé de l'accepter ; je me dis : il vaut mieux que je dorme, de toute façon, j'ai pas le choix[25]. » D'autres activités sont au contraire ludiques, surtout quand le porteur est célibataire : « Netflix c'était un peu avant, mais maintenant c'est tout le temps ! C'est sûr que j'ai rattrapé mon retard[26]. » Ou encore : « Je joue à la PlayStation, tout le temps, comme un gamin de 20 ans alors que j'en ai 47[27]. » À l'image de Vincent, les porteurs combinent souvent des activités altruistes et collectives (comme le partage du travail domestique) avec des activités plus individuelles et récréatives : « J'essaye de m'occuper comme je peux : en jouant un peu à la console, en aidant ma femme à faire un peu son travail : le repassage, le nettoyage, tout plein de choses comme ça, quoi[28]. »

Le bracelet, en contraignant à rester chez soi, impose indirectement que l'on s'occupe par soi-même. Les porteurs affrontent davantage l'ennui, surtout s'ils ne parviennent pas à restreindre leurs activités au cadre de l'espace privé. Le bracelet fixe donc des limites aux activités personnelles. Si le porteur a de quoi s'occuper, il risque de subir une overdose occupationnelle, un trop-plein d'activités, une lassitude à l'égard de ses propres hobbies ; s'il n'en a pas, il ressentira de l'ennui :

> C'est plus long parce que vous bougez pas, vous pouvez pas avoir d'activités, vous pouvez pas aller au cinéma, vous pouvez pas aller au restaurant avec une amie, vous pouvez pas bouger, donc c'est plus long. [...] Quand vous êtes comme ça, inactif, c'est beaucoup plus long parce que le temps passe pas. Donc c'est pour vous dire que c'est beaucoup, beaucoup plus long, parce que vous êtes là, vous avez pas d'activités, donc vous êtes là, vous regardez la

> montre… Il n'y a rien à la télé ; j'attends une émission qui va peut-être être sympathique à voir, mais c'est pas avant 21 heures, et puis vous êtes là parce que vous savez qu'à partir de 16 heures, vous êtes là, vous regardez le beau temps… […] À 16 heures, je bouquine, je reste devant la télé même s'il y a rien à voir, c'est tout naze mais bon…[29]

À travers la question de l'espace privé et des occupations qu'on y trouve apparaît alors la capacité de certains porteurs à minimiser la peine, à faire de l'enfermement partiel une occasion de se livrer à des pratiques domestiques. De cette capacité émerge le sentiment flou que le foyer peut représenter une forme de cellule. Les activités qui y sont liées provoquent un rapport ambivalent à l'espace privé, qui peut être ressenti par le porteur à la fois comme un espace d'enfermement et comme un espace de liberté où l'on s'occupe, en fonction des horaires et de ses choix.

On comprend que certains annoncent leur intention de briser leur routine dès la fin de la mesure. Entre voyages au long cours, déménagements et changement d'emploi, les solutions ne manquent pas pour redéfinir le quotidien qui était devenu objet de surveillance et de contraintes. On peut par exemple évoquer le cas de Tony[30] avec qui j'ai eu des entretiens avant et après sa mesure de DDSE et qui a déménagé. Une autre porteuse, Mme Treize[31], annonçait également : « C'est clair que je ne resterai pas ici [dans l'appartement de ses parents] quand je ne serai plus obligée. » Le déménagement après la peine de bracelet n'est pas systématique, mais il témoigne d'une prise de conscience que l'espace est désormais connoté négativement, voire « entaché[32] ». Cet espace serait « marqué », comme l'analyse Benoît Hachet[33]. Certains veulent rompre leur routine en jouant sur les temporalités, comme M. Sankara[34] : « Moi, après le bracelet, je rentre au minimum à 24 heures du soir comme Cendrillon et sa citrouille. » Parmi les projets à réaliser dès la fin de la mesure coercitive, le voyage est de loin celui qui revient le plus souvent. À la différence d'un déménagement, qui serait un changement d'espace définitif, le voyage est temporaire. De plus, il vient abolir la frontière entre temps de travail et de repos puisqu'il est souvent motivé par des vacances, entièrement consacrées au loisir et au repos. Le voyage offre ainsi une palette de possibles correspondant à tout ce que le DDSE rendait impossible : l'éloignement, l'absence de contraintes horaires, des loisirs et du repos pris hors du domicile. Il en va ainsi pour Hector[35] : « […] Quitter la Belgique et prendre l'air. Ce n'est pas oublier, mais faire abstraction pendant quelques jours pour ressentir la liberté […]. Ça sera loin. L'Inde peut-être… » Ou encore pour Fabrizio[36] : « La première chose que je vais faire, c'est aller sur la tombe de ma mère et aller voir ma famille [en Italie]. » Dans un échantillon de 54 porteurs, près d'un sur deux souhaite voyager juste après la fin de sa peine, le plus souvent à l'étranger.

Conclusion.

L'imposition du quotidien est tout d'abord une imposition au quotidien, qui se réactualise sans cesse. La peine de DDSE parvient, en s'exerçant sur le quotidien, à devenir omniprésente, dans la pensée de chaque porteur, chaque jour de son déroulement. Les porteurs ne peuvent pas l'oublier tant elle se rappelle quotidiennement à leur corps[37] (chevillé), leur espace privé (partiellement contraint) et leur emploi du temps (à respecter obligatoirement). On observe, pour chaque porteur, une évolution spécifique à cette peine, qui vise à s'imposer en douceur, c'est-à-dire en s'adaptant à chaque trajectoire. En ce sens, la peine peut apparaître comme « un dispositif malléable et flexible[38] ». On pourrait dire qu'elle est moins pesante que constante pour le porteur. Parfois, elle pèse aussi durement que constamment, mais c'est la routine qui l'emporte sur les difficultés plus aiguës. En s'imposant au corps de l'individu, cette peine illustre l'extension du filet pénal[39] et le resserrement de l'individualisation de la punition.

Le bracelet, en venant encadrer le quotidien et la routine des porteurs, les révèle à eux-mêmes, suscite une prise de conscience éprouvante mais constructive. La *peine de soi* qu'entraîne le bracelet est une mise à l'épreuve, une punition qui s'appuie et repose sur les supports de l'identité. Elle exige une implication[40] du porteur au sens où elle le rend acteur. C'est sur lui que repose le bon déroulement de sa peine, c'est à lui de respecter les conditions de la mesure et c'est de sa faute si la mesure aboutit à un échec. Cependant, il ne faut pas voir le désir de changer de routine qui se manifeste à la fin de la peine (par un voyage ou un déménagement) comme le signe qu'elle a échoué, mais comme le résultat d'un travail intérieur et la conséquence du bilan qui a été réalisé sur la suite à donner à son parcours de vie.

Mathias Dambuyant
mathiasdambuyant93@gmail.com
Chercheur postdoctorant au ministère de la Justice,
associé au Laboratoire d'anthropologie politique, LAP (CNRS-EHESS)

NOTES

1. Extrait de l'appel thématique de la revue *Communications* qui a donné lieu à ce numéro.

2. Alain Rey et Josette Rey-Debove (dir.), *Le Petit Robert : dictionnaire alphabétique et analogique de la langue française*, Paris, Le Robert, 2022.

3. J'ai tenté de mettre en place cette approche dans ma thèse de sociologie ; je la complète ici par d'autres extraits de mes carnets de terrains et d'entretiens que j'ai menés auprès de 54 porteurs français et belges.

4. Cette littérature concernant la peine de bracelet électronique est aussi diverse que spécialisée. On peut compter une centaine de références importantes sur le sujet, parmi lesquelles les suivantes ne

sont fournies qu'à titre indicatif. Sur la philosophie de la peine, on citera Olivier Razac, Jérome Ferrand et Fabien Gouriou (dir.), *Éprouver le sens de la peine : expériences de vies condamnées*, Rennes, Éditions du commun, 2022 ; sur son application et ses échelons décisionnels : Annie Kensey, René Lévy, Laurence Dumoulin et Christian Licoppe (dir.), *Le Bracelet électronique, action publique, pénalité et connectivité*, Chêne-Bourg, RMS Éditions, Médecine & Hygiène, 2019. Sur l'aspect historique de la peine et la situation en Belgique, les travaux de Marie-Sophie Devresse sont importants (voir notamment « Être placé sous surveillance électronique, une forme originale de peine situationnelle ? », *Déviance et société*, vol. 37, n° 3, 2013, p. 375-388). Le bracelet a été étudié sur le plan économique par Mike Nellis, dans une approche managériale par Dan Kaminski et économico-internationale par Craig Patterson (voir notamment Mike Nellis, Kristel Beyens et Dan Kaminski (éds.), *Electronically monitored punishment : International and Critical Perspectives*, Abingdon, New York, Routledge, 2012). L'analyse des standards téléphoniques de surveillance électronique a été effectuée par Éric Dagiral, Christian Licoppe, Olivier Martin et Anne-Sylvie Pharabod (« Le *Quantified Self* en question(s). Un état des lieux des travaux de sciences sociales consacrés à l'automesure des individus », *Réseaux*, vol. 4, n° 216, 2019, p. 17-54). On trouve de nombreuses analyses du bracelet selon les pays où il est utilisé. Nous pourrons citer la thèse de Welliton Caixeta Maciel pour le Brésil, « Os "Maria da Penha" : uma etnografia de mecanismos de vigilância e subversão de masculinidades violentas em Belo Horizonte », Brasilia, Universidad de Brasília, 2014, les travaux de Rita Haverkamp en Allemagne (*Implementing Electronic Monitoring, a Comparative, Empirical Study on Attitudes Towards the Measure in Lower Saxony/Germany and in Sweden*, Fribourg-en-Brisgau, Iuscrim, 2002), de J. Robert Lilly aux États-Unis (voir J. Robert Lilly, Richard A. Ball, G. David Curry et John McMullen, « Electronic Monitoring of the Drunk Driver : A Seven-Year Study of the Home Confinement Alternative », *Crime & Delinquency*, vol. 39, n° 4, 1993, p. 462-484), de Eleni Velentza en Grèce (« The Process of Creation of the Greek Law on Electronic Surveillance of Offenders », *Déviance et Société*, vol. 41, n° 1, 2017, p. 57-89) et de Alexia Jonckheere en Belgique (« The Impact of Computerization on Socio-judicial Assistance in Belgium », *Déviance et Société*, vol. 37, n° 3, 2013, p. 345-357). En plus de celle que j'ai soutenue (Mathias Dambuyant, « Veiller sur et punir : expériences du bracelet électronique en France, en Belgique et en Suisse », Paris, EHESS, 2020), il faut citer deux autres thèses de sciences sociales récentes concernant la surveillance électronique : celle de Camille Allaria (« La prison dans la tête : la surveillance électronique des condamnés à domicile », Université de Nice, 2012) et de Franck Ollivon (« La prison chevillée au corps. Pour une approche géographique du placement sous surveillance électronique », Université Lyon II, 2018).

5. Erving Goffman, *Stigmate, les usages sociaux des handicaps*, Paris, Éd. de Minuit, 1975 (1963).

6. La collecte de ces données est assez aisée grâce à l'actualisation régulière des statistiques pénitentiaires sur le site du ministère de la Justice. La majeure partie de ces porteurs (12 784) se trouve en aménagement de peine et une faible proportion (584), en libération sous contrainte. Je ne distinguerai pas dans la suite de ce travail ces deux catégories, car il y a peu de différences entre elles dans la façon de vivre la peine.

7. Didier Fassin, *L'Ombre du monde : une anthropologie de la condition carcérale*, Paris, Seuil, 2015.

8. Des chiffres détaillés sont indiqués dans l'ouvrage de Xavier de Larminat, *Hors des murs, l'exécution des peines en milieu ouvert*, Paris, PUF, 2014.

9. Selon la majorité des professionnels interrogés sur mes différents terrains.

10. Cette partie prolonge une analyse présentée pour la première fois à Poitiers en 2017, à l'occasion d'un colloque intitulé « Les frontières du privé ».

11. Nous appréhenderons ici l'espace dans sa dimension anthropologique, que Michel Agier aborde à travers le concept de « lieu », défini comme un « espace auquel on associe de l'identité, des relations et de la mémoire ». Voir Michel Agier, « Ce que les villes font aux migrants, ce que les migrants font à la ville », *Le Sujet dans la cité*, vol. 2, n° 7, 2016, p. 21-31.

12. Thomas Sauvadet, « Les marques dans les cités », *Les Grands Dossiers des Sciences humaines*, vol. 3, n° 22, 2011, p. 13.

13. Même s'ils sont bien plus rares, les cas de célébrités et personnalités richissimes marquent durablement l'esprit des surveillants qui se rendent dans leurs logements pour procéder à des poses de

bracelets. Elles comprennent des membres du personnel politique, des médecins, des ambassadeurs, etc. L'hôtel particulier évoqué était le logement d'un ancien haut représentant politique d'Afrique.

14. Cette situation permet de mettre l'accent sur une autre irrégularité dans le fonctionnement du dispositif du bracelet, qui concerne les espaces privés. En effet, il y a de fortes différences entre les pays, mais aussi d'une région à l'autre (campagne *versus* grande ville). Ainsi, en Belgique, le jardin d'une maison n'est pas considéré comme faisant partie de l'espace privé (pour le porteur du bracelet, il est donc exclu du périmètre autorisé), alors que c'est le cas en France, où séjourner dans les jardins est autorisé dans les campagnes, mais beaucoup moins dans les grandes villes (on se limite au seuil de portes), et où l'accès aux balcons des immeubles est interdit.

15. Mitchell, porteur belge de 43 ans, au chômage, sous PSE pour une bagarre de rue qui a mal tourné.

16. Édouard, 29 ans, agent immobilier, sous PSE pour fabrication de faux papiers.

17. Tamina, 32 ans, vendeuse en bijouterie, sous DDSE pendant 14 mois pour escroquerie à la carte bleue.

18. Tony, porteur français de 33 ans, agent EDF, sous PSE pour trafic de drogue.

19. Mickaël, 32 ans, électricien, sous PSE pour insultes et menaces envers des représentants des forces de l'ordre (porteur de bracelet pour la seconde fois).

20. Zinedine, 24 ans, au chômage, sous DDSE pour trafic de stupéfiants.

21. Même s'ils sont rares, certains porteurs mettent en échec la mesure en arrachant leur bracelet pour finir leur peine en prison, ou demandent à le faire sans détériorer le matériel.

22. Sylvester, 18 ans, au chômage, est en PSE pour vente de stupéfiants.

23. Vincent, porteur belge de 38 ans, agent de voirie, sous PSE pour vol à main armée.

24. L'îlot est une structure d'accueil (un centre d'hébergement et de réinsertion sociale, CHRS) dont une partie des logements fait l'objet d'une convention avec le ministère de la Justice. Cette structure accueille quelques porteurs de bracelet en situation de précarité extrême, qui n'ont pas de logement.

25. Diego, 33 ans, au chômage, sous PSE pour complicité dans une affaire de braquage et recel.

26. Tony, porteur français de 33 ans, agent EDF, sous PSE pour trafic de drogue.

27. Fabrizio, porteur belge de 47 ans, au chômage, sous PSE pour trafic de drogue.

28. Fabrice, porteur belge de 32 ans, mécanicien, sous PSE pour meurtre.

29. Mme Dalton, 67 ans, ancienne trésorière d'entreprise à la retraite, sous PSE pour fraude fiscale.

30. Tony, porteur français de 33 ans, dont les propos ont déjà été cités.

31. Mme Treize, 44 ans, vendeuse d'articles ménagers par téléphone, est sous PSE pour arnaque bancaire.

32. Selon les termes de Tony.

33. Benoit Hachet (« La chambre des enfants en résidence alternée : un sanctuaire ? », *Strenæ. Recherches sur les livres et objets culturels de l'enfance*, n° 7, 2014) emploie ce terme à propos des chambres d'enfants dans des situations de garde alternée. Les parents, en voyant la chambre vide de leur enfant, ressentent durement son absence. Cet espace est fait de présent, mais aussi de temporalités passées et futures, chargées de souvenirs ou de projets. Dans ces chambres peuvent se faire jour aussi bien des manques que des attentes, des regrets que des projets. Une symbolique y repose, par-delà l'absence de l'enfant. Il en va de même pour le bracelet, qui marque l'espace pendant la mesure, mais également après sa fin, le chargeant de souvenirs et d'expériences plus ou moins douloureux. L'espace privé du porteur est associé à la peine même après la fin de la peine ; s'y rejoue ensuite le souvenir d'y avoir été enfermé.

34. M. Sankara, 54 ans, au chômage, est sous PSE pour violences conjugales.

35. Hector, porteur belge de 23 ans, étudiant à l'université, sous PSE pour meurtre sur conjoint.

36. Fabrizio, porteur belge de 47 ans, au chômage, sous PSE pour trafic de drogue.

37. La question du corps est très importante dans la peine de DDSE, notamment dans sa dimension sociale, celle du corps stigmatisé. Elle pourrait faire l'objet d'un article complet, et il serait trop long de la développer ici. On ne peut que renvoyer au chapitre consacré au corps dans « Veiller sur et punir, expériences du placement sous surveillance électronique en France, en Belgique et en Suisse » (Mathias Dambuyant, 2020), ainsi qu'à l'article suivant, qui s'intéresse aux pratiques corporelles et sportives des porteurs : Mathias Dambuyant, « Le placement sous surveillance électronique : quels impacts pour la santé et les pratiques sportives des condamnés ? », *Empan*, vol. 2, n° 118, 2020, p. 40-46.

38. Marie-Sophie Devresse, « La surveillance électronique des justiciables », *Courrier hebdomadaire du CRISP*, vol. 22-23, n° 2227-2228, 2014, p. 5-74.

39. Michel Foucault, *Surveiller et punir : naissance de la prison*, Paris, Gallimard, 1975.

40. Pascal Nicolas-Le Strat, *L'Implication, une nouvelle base de l'intervention sociale*, Paris, Montréal, L'Harmattan, 1996.

RÉSUMÉ

Imposer le quotidien. Expériences de vie de porteurs condamnés au bracelet électronique (DDSE)

Les porteurs qui sont condamnés à la peine de bracelet électronique (DDSE) se voient imposer leur propre quotidien. Équipés de cet appareil qui surveille leurs déplacements, ils doivent partir travailler puis rentrer chez eux en respectant leurs emplois du temps. C'est donc bien leur quotidien qui fait peine. Toutefois, en transformant le cadre habituel et routinier en un cadre contraignant, le bracelet a toute une série d'influences sur les ressentis et les expériences des porteurs.

MOTS-CLÉS : sociologie, bracelet électronique, quotidien, déviance, peine

SUMMARY

Everyday Life Enforced. Life Experiences of Offenders Sentenced to Wearing Electronic Tags

Offenders sentenced to wearing an electronic tag have their everyday life imposed on them. By wearing this tag monitoring their movements fitted on one of their limbs, they have to go to work and return home according to a precise schedule. Thus, their punishment consists very much in their everyday life. However, by turning routine into constraint, the tag distorts the perceptions and experiences of the offenders.

KEYWORDS : sociology, electronic tag, everyday life, deviance, punishment

RESUMEN

Cotidianeidad impuesta. Experiencias de vida de usuarios condenados a la pulsera electrónica

A los usuarios condenados a la pena de pulsera electrónica se les impone su propia vida cotidiana. Equipados con este dispositivo que monitoriza sus movimientos, deben ir a trabajar y luego regresar a casa de forma puntual. Por lo tanto, la pena está integrada en su vida cotidiana. Sin embargo, al convertir el marco habitual y rutinario en uno restrictivo, la pulsera influye también en los sentimientos y experiencias de sus portadores.

PALABRAS CLAVES : sociología, pulsera electrónica, vida cotidiana, desviación, sentencia

Antoine Dain

Changer de travail, changer de vie ? Le cas des reconversions de travailleurs « intellectuels » dans des métiers artisanaux

Dans son ouvrage *La Vie solide*, Arthur Lochmann raconte comment, après avoir suivi deux années de classes préparatoires puis entamé des études de droit et de philosophie à l'université, il décide finalement de bifurquer vers le métier de charpentier[1]. Reprenant à son compte les thèses de Hartmut Rosa sur l'accélération[2] et celles de Zygmunt Bauman sur la modernité liquide[3], il explique en épilogue comment l'engagement dans un métier artisanal lui a permis de « reprendre pied » et invite à voir dans l'artisanat un remède contre le déboussolement, une manière de retrouver quelques « règles d'orientation pour la dérive sur les eaux très liquides de notre époque ».

Le témoignage d'Arthur Lochmann éclaire un phénomène ayant fait l'objet d'une mise en lumière médiatique accrue au cours des dernières années : les reconversions[4] « d'intellectuels devenus artisans[5] », dont de nombreux portraits émaillent la presse. Surtout, *La Vie solide* semble s'inscrire dans une tendance plus large à la revalorisation du travail artisanal : il fait écho à d'autres essais vantant ses mérites[6], dont certains peuvent s'appuyer, comme celui-ci, sur des éléments biographiques[7].

Cette apologie du travail artisanal interroge plus largement l'opposition entre travail « manuel » et « intellectuel ». Sans discuter la pertinence de cette opposition ni chercher à déterminer la nature exacte des frontières qui sépareraient des métiers réputés « manuels » et d'autres qualifiés d'« intellectuels », on peut se demander ce que le passage apparent de l'un à l'autre produit comme changements à l'échelle individuelle. À ce sujet, il est intéressant de relever qu'Arthur Lochmann, dans son introduction, écrit :

> Si je travaille régulièrement sur des chantiers de charpente depuis dix ans, je ne suis pas « devenu charpentier » au sens où l'on endosse une identité

> et pratique un métier pour le reste de son existence. Mais en développant un rapport productif à la matière, en apprenant à inscrire mes actions dans la durée, en adoptant l'éthique artisanale du bien faire, j'ai trouvé des clés pour m'orienter dans notre époque frénétique[8].

On voit qu'en se réorientant vers un domaine d'activité très différent de ce vers quoi ses études l'orientaient, il ne subit pas pour autant une rupture biographique au sens où il « deviendrait » autre chose – ou quelqu'un d'autre. Son engagement subjectif dans le métier est relatif dans la mesure où, même après dix ans d'exercice, il n'adhère pas à une « identité » de charpentier (il reprend d'ailleurs des études après cette expérience et s'est aujourd'hui tourné vers le métier de traducteur). Sans changer radicalement son identité, la réorientation vers l'artisanat lui aurait toutefois permis de transformer son rapport à la matière, à son propre corps et au monde, lui offrant les « clés » pour s'orienter dans une vie quotidienne qui se caractérise selon lui par l'accélération et la fluidification des rapports sociaux, se traduisant par une perte de repères.

En ce sens, les reconversions artisanales exprimeraient, autant sinon plus que la recherche d'un nouvel ancrage professionnel, des valeurs plus générales, cristallisées dans un style de vie[9] qui trouverait dans l'artisanat une possibilité d'expression. Changer de travail, dès lors, ce serait aussi changer de manière d'être et de faire – ou, pour le dire autrement et reprendre une expression courante lorsqu'il est question de reconversions professionnelles : *changer de vie*. L'homologie entre les univers de pratiques et les positions socioprofessionnelles, bien connue depuis le célèbre schéma de *La Distinction*[10], se trouve ici interrogée à nouveaux frais : dès lors que la « rupture professionnelle rime avec rupture biographique[11] », dans quelle mesure la mobilité professionnelle se répercute-t-elle sur les pratiques et s'accompagne-t-elle d'une *réinvention* de son quotidien ?

En nous appuyant sur un corpus d'une cinquantaine d'entretiens, menés dans le cadre d'une thèse (en cours) auprès de cadres et professions intellectuelles supérieures (CPIS) et de diplômés d'un bac + 5 reconvertis dans un métier de bouche ou du bâtiment, nous proposons de réfléchir à cette question du bouleversement du quotidien lié au fait de quitter un métier réputé « intellectuel » pour s'orienter vers une activité de « nature » différente – ou qui, *a minima*, se caractérise par un recrutement social populaire ne correspondant pas au profil des reconvertis. La reconversion se répercute-t-elle sur les autres sphères de vie, transformant la manière dont on vit au quotidien ? S'articule-t-elle avec d'autres changements impulsés en amont, les rendant possibles ou contribuant à les concrétiser ?

Pour explorer cette question, nous partirons de l'étude de trois cas qui, sans représenter à eux seuls l'ensemble des situations observées, mettent en évidence trois registres du changement induit par la reconversion artisanale dans la vie quotidienne de ces individus très qualifiés. Pour les résumer brièvement, ils correspondent respectivement à un changement radical, où la reconversion s'inscrit dans un projet de transformation du quotidien par l'adoption d'un style de vie alternatif ; à la situation où le choix du nouveau métier vise avant tout à mettre l'activité professionnelle en cohérence avec le style de vie qu'on cherche par ailleurs à maintenir ou affirmer ; enfin, à une situation intermédiaire où le quotidien évolue assez nettement, mais où le rôle de la reconversion professionnelle dans cette évolution est minimisé.

Changer de (cadre de) vie : quand la mobilité professionnelle se double d'une mobilité géographique.

La mobilité professionnelle peut, dans certains cas, s'articuler avec d'autres formes de mobilité, qui se rendent mutuellement possibles et signalent un changement plus profond. C'est par exemple le cas pour Stéphane, chez qui l'envie d'un « ailleurs » s'exprime tant dans le domaine professionnel que dans le rapport au lieu de vie, de sorte qu'il est difficile de démêler les deux.

Stéphane est docteur en physique. Fils d'un chauffeur routier et d'une secrétaire administrative, il a un frère cadet qui, lui, « bosse à l'usine ». Après sa thèse, menée à Paris et soutenue en 2016, il se voit proposer un postdoctorat en Amérique du Sud, qu'il refuse. Pourtant, l'expérience de la recherche lui a plu : malgré des « hauts et des bas » (« comme dans toutes les thèses »), il affirme s'être « beaucoup amusé à faire [ce qu'il a fait] », avoir « pris du plaisir » au cours d'un doctorat qu'il a jugé « satisfaisant » et « valorisant ». Il n'en nourrit pas moins une aspiration à changer d'environnement : il associe ce postdoctorat à un « univers de voyages » qu'il juge « trop déconnecté », et ressent alors une « saturation » quant au fait de vivre en ville. Il commence donc à envisager de s'installer à la campagne, mais aussi de se former à un nouveau métier qui lui permettrait d'y travailler. Hésitant entre la plomberie, le maraîchage et le métier de charpentier, il se lance finalement dans une formation en restauration du bâti ancien, à l'issue de laquelle il se spécialise dans la charpente « à la main », c'est-à-dire qu'il équarrit les poutres à la hache plutôt que de recourir à du bois scié. Stéphane ne souhaite pas seulement changer de cadre de vie : il espère acquérir « des compétences utiles pour les autres et qui permettent d'agir sur le monde matériel ». En ce sens, la mobilité géographique à laquelle il aspire est indissociable de la volonté de s'engager dans un travail jugé plus « utile », plus directement applicable, les deux dimensions s'articulant dans l'affirmation d'un style de vie spécifique. En effet, Stéphane souligne avoir choisi sa formation parce qu'elle lui paraissait s'inscrire dans une mouvance « écolo, permaculture » et devait lui permettre d'acquérir les compétences nécessaires pour « construire [sa] maison » en autonomie. Il admet toutefois que son envie est encore floue au moment où il commence à suivre sa formation : c'est avant tout la lassitude provoquée par le mode de vie urbain qui l'amène à rechercher une activité professionnelle s'inscrivant dans un autre rapport à son environnement. À cet égard, la référence récurrente, au cours de sa formation, au terme « vernaculaire » lui permet de « développer cette sensibilité » : l'attention portée par les maçons et les charpentiers avec lesquels il travaille à ce qu'il y a « autour de [soi] », le souci de « [faire] avec l'existant », de « s'adapter aux matériaux » lui font l'effet d'une « révélation », au point qu'il en vient à « [se] dire : "Ah ouais, en fait, ça correspond vraiment à ce que j'ai envie de faire, à comment j'ai envie d'habiter le monde". »

Cette phrase permet de comprendre comment la volonté de changer d'environnement peut conduire à la fois à changer de lieu de vie et d'activité professionnelle : il ne s'agit pas seulement d'habiter *quelque part*, mais d'entretenir un certain rapport à son environnement, de trouver une manière de s'y insérer, de l'habiter. C'est dans le « geste » artisanal que Stéphane y parvient. Cette notion de « geste » recouvre non seulement la nature de l'activité productive, c'est-à-dire une certaine manière de transformer le monde, d'y produire d'abord un changement, mais aussi une façon d'appréhender le temps, qui contraste également avec le mode de vie urbain, dénoncé cette fois pour son rythme effréné. On retrouve à cet égard le souhait de se soumettre aux « rythmes fondamentaux de la vie biologique » présent dans les utopies du « retour à la nature » des années 1970[12] :

> C'est pas pour rien que je fais de la charpente à la main, je pense, c'est qu'il y a tout ce truc du geste. Du savoir-faire manuel, de quelque chose qui est plus dans l'apprentissage empirique que théorique. Et il y a tout un rapport au temps, aussi, qui est un peu différent, [...] de dire qu'en fait on peut pas vivre à deux cents à l'heure, [...] on est dans un circuit fermé, toujours aller plus vite, plus loin, faire plus, ça marche pas. Pour les humains, pour l'environnement, pour plein de choses.

Déménagement à la campagne et réorientation professionnelle s'inscrivent donc dans la même quête d'un nouveau cadre permettant d'exprimer un style de vie alternatif, une manière « d'habiter le monde » correspondant à la sensibilité écologiste de Stéphane qui, à 31 ans, vit aujourd'hui dans un petit village breton[13]. Cette sensibilité s'est développée progressivement : alors qu'il est en thèse, il commence à cultiver des orties dans son appartement, se rapproche du mouvement « Vélorution », entame des lectures et recherches personnelles autour de sujets liés à l'écologie... Certes, ces prémices ne laissent alors pas nécessairement présager des mobilités professionnelle et résidentielle qu'il entreprendra, et la transition se fait progressivement – par exemple, Stéphane ne quitte pas immédiatement Paris après sa soutenance, mais attend que sa compagne de l'époque, elle-même doctorante, ait soutenu à son tour. On comprend néanmoins que ces premiers changements dans son quotidien visent à mettre en pratique des valeurs qui, à mesure qu'elles s'affirment, se révèlent de moins en moins compatibles avec une activité professionnelle qu'il juge coupée du monde matériel et, plus largement, avec le mode de vie urbain. Il exprime d'ailleurs cette tension lorsqu'il évoque la rupture conjugale qui survient dans cette période de transition professionnelle et résidentielle, suggérant que sa « forme de vie » et celle de sa conjointe n'étaient « plus trop compatibles », ce qui créait des difficultés à « se retrouver, passer du temps ensemble ». C'est finalement avec une nouvelle compagne qu'il décide de son lieu d'installation à la campagne.

On retrouve cette volonté de « quitter Paris » – ou, le cas échéant, une autre métropole – chez plusieurs de nos enquêtés. Comme pour Stéphane, il est souvent difficile de démêler ce qui prime de l'envie de changer d'activité professionnelle ou de lieu de vie, la reconversion et le déménagement s'inscrivant alors dans un imaginaire du changement plus large, où néo-artisanat tend à rimer avec néo-ruralité. Vivre en accord avec ses valeurs, en particulier écologiques, n'est toutefois pas la seule raison possible de l'envie d'ailleurs que ressentent certains enquêtés : l'espoir plus pragmatique d'accéder à un logement plus grand ou pourvu d'un jardin peut également être invoqué, avec le souci notamment de pouvoir offrir plus d'espace à des enfants – espérés ou encore en bas âge. De manière plus générale, le cumul d'une mobilité professionnelle et géographique, quand il n'exprime pas la recherche d'un style de vie alternatif, signale en creux un rejet – ou tout du moins une lassitude – vis-à-vis d'un style de vie associé aux milieux intellectuels parisiens. Se reconvertir dans un métier artisanal et déménager à la campagne représente alors, symboliquement, un changement complet de cadre – c'est-à-dire d'environnement, mais aussi de mode de vie, pour reprendre la différenciation évoquée plus tôt. Ainsi, une enquêtée raconte :

> [...] Je vivais à Paris, j'étais collaboratrice d'élu et des fois, quand j'en avais marre, je disais que j'allais élever des chèvres dans le Larzac et qu'on allait me foutre la paix, et que ça serait génial. [...] Un classique, que tous les Parisiens, je pense, à un moment donné, pensent, disent. J'ai franchi le pas, en fait.

Le franchissement en question n'est toutefois pas si radical : aujourd'hui reconvertie comme fromagère dans une grande ville du sud de la France, elle n'a pas déménagé à la campagne, pas plus qu'elle n'élève elle-même des bêtes pour produire son fromage. Mais on comprend que cette référence à l'élevage de chèvres dans le Larzac – qui est d'ailleurs revenue dans un autre entretien – correspond en réalité à un *mythe*, au sens où l'entend Roland Barthes[14] : ce que signifie réellement cette image, c'est bien l'aspiration à changer totalement de vie. Finalement, si l'imaginaire du changement radical intervient dans la manière dont les reconvertis pensent leur mobilité professionnelle, les cas où la reconversion artisanale s'articule à une installation néo-rurale ainsi qu'à une transformation très nette de la vie quotidienne ne sont pas majoritaires. On peut retrouver dans notre population d'enquête, à divers degrés, certains éléments déjà relevés au sujet des différentes vagues de néo-ruraux[15] – écologisme, désir de quitter la ville, recherche d'alternatives sociales –, mais on constate que les réorientations contemporaines vers l'artisanat semblent moins systématiquement correspondre à la recherche d'un mode de vie néo-rural réellement différent qu'à l'affirmation d'un certain style de vie compatible avec le mode de vie urbain. L'engagement dans une activité artisanale apparaît alors plus circonscrit, le changement ne « contaminant » pas les autres sphères de vie[16].

Changer de métier sans (trop) changer de quotidien : la mise en cohérence de soi dans le travail.

Dans son ouvrage *Masters of Craft*, Richard E. Ocejo s'intéresse à des métiers manuels qui, historiquement peu valorisés, se révéleraient aujourd'hui attractifs pour une part croissante de jeunes urbains[17]. Dotés d'importantes ressources culturelles, ils verraient dans ces « professions ordinaires » (*common occupations*) une activité professionnelle « cool » et se dirigeraient vers des formes « haut de gamme » du métier, adaptées à une « nouvelle économie urbaine » qui valorise les produits artisanaux et les commerces de proximité[18]. On relève sur notre terrain des résultats analogues : nombreux sont les enquêtés qui, tout en faisant le choix d'un métier artisanal « ordinaire », en proposent finalement une forme « enrichie » culturellement – que ce soit en vendant du pain bio et au levain, jugé meilleur et plus digeste, en se spécialisant dans la charpente de bois courbe, qui permettrait de travailler des pièces plus singulières où l'on peut « encore deviner l'arbre », ou encore en produisant des bières aux goûts plus marqués, « qui ne vont pas plaire à tout le monde ». En ce sens, ces néo-artisans contemporains ne se laisseraient pas simplement imposer les contraintes et usages du métier, mais chercheraient à y injecter une vision de l'activité qui reflète, en premier lieu, une vision du monde et un style de vie : rapport socialement situé à ce qui constituerait une alimentation plus « saine » ou plus « éthique »[19], dispositions esthétiques, valeurs écologiques, souci de distinction… Le tout en exerçant bien souvent ces métiers dans un contexte urbain.

La reconversion d'Arthur illustre la manière dont un métier artisanal traditionnel peut être ainsi adapté à un contexte urbain actuel. Diplômé d'une école d'ingénieur agronome, il exerce les fonctions de chargé de mission pour une coopérative de producteurs laitiers pendant une demi-douzaine d'années avant de décider, la trentaine venue, de produire lui-même son fromage. Le projet aurait pu le mener à s'installer à la campagne ; mais Arthur décide finalement d'ouvrir une des premières « laiteries urbaines ». Collectant chaque matin son lait auprès d'un producteur situé à une trentaine de kilomètres de la ville, il produit ses fromages en centre-ville et affine ensuite dans une cave intégrée à sa boutique et intégralement vitrée, visible depuis la rue. Cette transparence était centrale dans le projet d'Arthur :

> Ce qui m'intéressait, c'était vraiment ça, d'aller un peu à contre-pied de ce qu'a été l'évolution jusqu'à présent : repousser la production alimentaire toujours plus loin, dans des boîtes dans lesquelles plus personne ne peut rentrer, ni journalistes, ni consommateurs... [...] Plus personne ne sait comment on fabrique un fromage ou un yaourt. À Paris, il y a eu un âge d'or de production et de transformation *intra-muros*, et puis petit à petit ça a été éliminé pour des raisons qui pouvaient se comprendre à l'époque, mais du coup on en arrive à une situation actuelle où on sait plus ce qu'on mange, on sait plus comment c'est fait, [...] d'où ça vient [...], est-ce que c'est bon pour la santé, est-ce que c'est bon pour la planète, est-ce que c'est sain, pas sain...

Arthur exprime un souci d'être « le plus vertueux possible » dans sa manière d'exercer son métier. Les qualités extrinsèques qu'il valorise (qui ne sont pas uniquement gustatives, mais ont trait à la santé, au respect de l'environnement, des bêtes, des producteurs...) reflètent des valeurs personnelles, qu'il souhaiterait transmettre à sa clientèle. Toutefois, le choix de s'installer en ville ne s'explique pas exclusivement par cette volonté de sensibiliser les consommateurs urbains :

> Le point de départ, [...] c'est que mon boulot me plaît, mais j'ai envie de changer, j'ai envie de concret ; fabrication fromagère, j'ai pas de doute, ça me plaît, j'ai envie de faire ça. Géographiquement, j'ai pas envie de le faire au fin fond de la pampa, donc cumuler un projet professionnel et un projet perso, enfin... d'être en rupture sur un projet professionnel et un projet perso, tout démarrer de zéro, ça me paraissait un peu compliqué. Et finalement, en y réfléchissant, je me suis dit : « Mais y a peut-être moyen de lier les deux, de s'éclater sur la fabrication de fromage, de le faire en plus là où je vis, et avec une plus-value qui pourra être énorme, de pédagogie, d'ouverture, de transparence. »

Le souci de transparence et de pédagogie qui motive l'installation en ville s'accompagne donc d'un désir de ne pas doubler la « rupture » professionnelle que constituerait déjà une reconversion d'une « rupture » dans son « projet perso », c'est-à-dire dans sa vie quotidienne. C'est ce qui fait renoncer Arthur à l'option d'une « installation agricole » :

> Se posait la question de la zone géographique, et en fait y a plein de régions que je trouve trop belles, mais alors s'installer producteur au fin fond d'un

> bled où y a pas de réseau, ni famille, ni potes, sur des métiers qui sont pareils, des métiers de taré parce qu'on fait des heures à gogo… je me suis dit : c'est un truc à ne plus voir personne.

Ainsi, il attend de la reconversion professionnelle qu'elle lui permette de mettre en œuvre des valeurs et une certaine vision du métier, mais aussi qu'elle ne bouleverse pas son quotidien au point de devoir « tout démarrer de zéro ». Cette inscription du projet de reconversion dans une relative continuité se décline à différents niveaux. Dans la sphère professionnelle, tout d'abord, puisqu'Arthur ne considère pas avoir « tant bifurqué que ça[20] » dans la mesure où il reste dans le même domaine d'activité – même s'il s'engage dans un métier de production alors que ses études, comme il le reconnaît, le destinaient plutôt à des fonctions d'encadrement. Il est à cet égard utile de relever que les parents d'Arthur travaillaient déjà dans ce secteur (sa mère est ingénieure agronome, son père titulaire d'un BTS « autour des questions agricoles »), ce qui contribue à renforcer chez lui le sentiment de poursuivre dans la même voie (il affirme d'ailleurs, considérant son parcours, que « les chiens ne font pas des chats »), indépendamment de la nature de ses fonctions. Le changement est donc moins radical que si Arthur s'était engagé dans un domaine professionnel tout à fait nouveau, ce qui rappelle les choix d'autres enquêtés dont la bifurcation est minimisée, car elle s'est opérée dans un même secteur d'activité (deux architectes reconverties respectivement en charpente et en maçonnerie, une cadre commerciale de l'agroalimentaire ouvrant sa fromagerie…). Par ailleurs, en dehors de la sphère professionnelle, Arthur admet qu'il n'était pas prêt à « être en rupture » sur un « projet perso », c'est-à-dire à doubler le changement professionnel d'une transformation plus générale de sa vie personnelle. À cet égard, le parcours professionnel reste lié au projet de vie global. La reconversion s'avère possible dans la mesure où il n'existe pas ou peu de « paris adjacents[21] » contraignant sa trajectoire professionnelle. C'est ce qu'Arthur souligne lorsqu'il déclare s'être dit : « Bon ben 30 ans, j'ai pas de gamins, au pire ça marche pas pour moi et ça n'engage que moi ? » Ne pas avoir d'enfant et ne pas vivre en couple évite de faire peser les conséquences de la reconversion sur d'autres personnes qui partageraient son quotidien, ce qui facilite la décision de changer de voie.

Finalement, il apparaît que la volonté de changer de profession tout en refusant un bouleversement de son quotidien peut conduire à « réinventer » le métier choisi : en créant sa « laiterie urbaine[22] », il devient par exemple possible de s'engager dans cette activité sans renoncer à un mode de vie urbain. On observe plus généralement chez certains néo-artisans des pratiques qui signalent la volonté d'adapter leur métier à leurs habitudes quotidiennes plutôt que l'inverse : par exemple, il n'est pas rare que les néo-boulangers revendiquent un refus du travail de nuit. Si certaines solutions techniques existent (des chambres de pousse permettant de préparer la production la veille et de commencer plus tard le matin), plusieurs enquêtés font le choix de n'ouvrir que l'après-midi, ou de renoncer à proposer des viennoiseries, de façon à circonscrire le travail de production à la matinée.

Une autre manière de ne pas sacrifier son style de vie en opérant une reconversion professionnelle peut consister à adjoindre au « cœur de métier » d'autres activités permettant de satisfaire des dispositions « extra-artisanales » : un néo-chocolatier admet ainsi chercher à « intellectualiser » son nouveau métier, faute de quoi il craindrait de le trouver parfois trop « trivial » ; pour cela, il organise des ateliers pédagogiques, mais aussi des événements culturels – en conviant par exemple une « chocolatologue », spécialiste de l'histoire du chocolat pré-colombien, à venir tenir une conférence dans sa chocolaterie. De même, Cyril, qui crée sa boulangerie après sept années de thèse de droit, propose de prendre part à l'animation de la vie de quartier non seulement en vendant du pain, mais aussi en organisant des événements culturels – concerts, expositions... Pour ce « musicien contrarié », à qui ses parents – employé de mairie et femme de ménage – ont « un peu imposé » la poursuite d'études supérieures, c'est l'occasion de donner libre cours à son goût pour l'art.

Ainsi, la reconversion peut s'articuler dans un projet de changement de vie, en profondeur, ou comme ici, être subordonnée à l'affirmation d'un certain style de vie, associé aux milieux urbains et culturellement dotés, auquel le nouveau métier artisanal doit pouvoir s'adapter. Toutefois, en s'attardant sur le cas de Cyril, il est possible de repérer une troisième configuration, où la reconversion, si elle ne conduit pas à un changement délibéré du mode de vie mais autorise à réinvestir un certain style de vie dans le métier artisanal, produit néanmoins un bouleversement qui oblige à réaménager son quotidien.

S'adapter au changement : la reconversion professionnelle, entre sacrifices et satisfactions « encore plus énormes ».

La boulangerie de Cyril ouvre dès sept heures, le matin. Pour lui, qui admet avoir été plutôt un fêtard durant ses années d'université, le rythme imposé par son nouveau métier implique une transformation du quotidien :

> Je suis plus le roi des soirées, quoi. À 21 heures, s'il y a un canapé à moins de dix mètres, et qu'en plus, fatigué, et tellement envie de profiter, je me suis bourré la gueule, je finis en train de dormir. Donc plus de soirées. Et puis j'ai un gamin, donc ça aussi... Une vie qui est beaucoup plus diurne, mais ça me va bien, en fait, parce que j'aime me lever tôt, profiter du matin. Donc finalement, j'ai trouvé mon vrai rythme. C'est une satisfaction, mais c'est vrai que... là, j'ai un pote qui était là il y a deux jours, il dormait chez un autre

> pote, il me dit « viens, on passe la soirée ensemble », je lui ai dit « non mec, je commence à 2 heures, je vais pas venir me bourrer la gueule avec vous gentiment, en rigolant et tout », moi après je peux pas assurer. J'aurais 20 ans oui, mais là, je peux pas assurer. Donc il y a eu des transformations énormes, mais c'est pareil, c'est le prix à payer pour des satisfactions qui sont encore plus énormes. C'est une phase dans ma vie, peut-être qu'à un moment donné ça changera. Après tout, je pense que dans quelques années, c'est moi qui pourrai décider de si j'ai envie de pouvoir commencer plus tard ou pas. Il faut pas voir ça… je le vois pas comme un truc où ça m'arrache un bras, c'est des choix qu'il faut assumer au bout d'un moment. Je vais pas me plaindre de pas pouvoir voir mon pote, c'est pas grave, je lui envoie un texto, « éclatez-vous bien, on se voit vite » et voilà.

Il est intéressant de relever la manière dont Cyril reconnaît l'impact de sa nouvelle activité professionnelle sur son quotidien tout en le minimisant en partie. Il tend en effet à présenter son nouveau rythme de vie comme naturel, l'envisageant comme son « vrai rythme ». Ce changement s'accompagne de « transformations énormes », qui s'apparentent même à des sacrifices lorsqu'elles le contraignent à renoncer à des moments de sociabilité amicale devenus incompatibles avec ses horaires professionnels. Mais ces renoncements seraient simplement le « prix à payer » pour des satisfactions plus grandes. Le bouleversement induit par la reconversion fait l'objet d'une sorte de calcul utilitariste, qui ne tient toutefois pas seulement compte de la sphère professionnelle : le changement de métier est mis en perspective avec d'autres évolutions liées aux étapes du parcours de vie, qui n'en découlent pas directement, mais s'y articulent pour esquisser un quotidien nouveau. L'avancée en âge (le fait de ne plus pouvoir maintenir certaines habitudes comme s'il « [avait] 20 ans », alors qu'il approche désormais de la quarantaine) et l'entrée dans la paternité justifient également qu'il adopte une vie « plus diurne ». Le rythme imposé par la reconversion en boulangerie lui semble d'autant plus facile à accepter.

Ainsi, la réorientation professionnelle impose parfois des changements dans la vie quotidienne qui n'étaient pas forcément souhaités et ne peuvent pas toujours être évités ou négociés. Mais l'attitude la plus fréquemment observée dans ces situations consiste, comme l'a fait Cyril, à accepter ces changements comme le « prix à payer », qui semble assez faible par rapport aux satisfactions procurées par la nouvelle activité, si bien qu'ils sont rarement présentés comme de réels sacrifices. Sur le plan financier, par exemple, les enquêtés dont les revenus ont le plus diminué minimisent également ce changement en déclarant avoir, de toute manière, réduit leurs besoins. Une ancienne cadre commerciale devenue boulangère affirme ainsi ne pas souffrir du fait que ses revenus aient été divisés par trois :

> De toute façon, je dépense plus rien. Quand on bosse treize heures par jour six jours sur sept, qu'on porte que des pantalons de travail et des t-shirts blancs, on dépense plus rien. [...] Avant j'étais dans un métier de représentation, fallait que je sois bien habillée, bien maquillée. Là, je me maquille un petit peu, voilà, fini les sacs Vuitton et les talons de 10 centimètres [...], et c'est pas grave.

Les « sacrifices » éventuels ne sont pas perçus comme tels dans la mesure où ce sont plutôt les « besoins » antérieurs à la reconversion qui sont relativisés, perçus désormais comme illusoires, produits par le niveau de vie passé ou par le style de vie associé à l'ancien métier. C'est ce que décrit l'ancienne collaboratrice parlementaire évoquée plus haut :

> Tu t'adaptes, tu fais moins de restos, tu sors moins... Moi, je prenais un Uber comme une envie de pisser, [...] j'en étais là, j'avais un niveau de vie qui me permettait de prendre le taxi ou un Uber vraiment tout le temps. Enfin, je prenais le métro essentiellement, mais le soir, clairement, si j'avais une flemme, j'étais fatiguée, je me disais : c'est bon, je prends le Uber.

Dans ces situations, la reconversion ne semble pas relever d'une forme de contestation, d'une critique du style de vie des classes supérieures qui déboucherait sur la recherche d'une « transformation plus générale des modes de consommation et de production », contrairement à ce qu'observe Anne de Rugy chez quelques « déclassés volontaires » ayant réduit leur niveau de vie[23]. Cette configuration correspondrait plutôt au premier cas que nous avons étudié, où la reconversion s'articule à un désir de changement radical du mode de vie. Ici, il est davantage question de rendre supportables, subjectivement et en pratique, les « effets secondaires » de la reconversion professionnelle que de transformer activement son quotidien, au-delà du seul domaine professionnel.

À travers ces trois cas de figure, nous avons cherché à rendre compte de la manière dont les reconversions artisanales contemporaines sont susceptibles de s'inscrire dans un projet relativement maîtrisé de changement de son quotidien. Plus largement, il s'agit pour la plupart des reconvertis rencontrés de satisfaire un rapport « expérientiel[24] » ou « expressif[25] » au travail, c'est-à-dire de trouver dans la sphère professionnelle une source d'épanouissement. Changer de métier, dès lors, vise à s'épanouir en mettant en pratique des valeurs personnelles, que l'on entame une transformation en profondeur ou que l'on mette, plus modestement, son activité professionnelle en cohérence avec un style de vie spécifique. On peut se contenter de *conserver* ce style de vie, en faisant en sorte de s'engager dans un domaine permettant de l'affirmer, de le prolonger, ou encore en adopter un nouveau de manière à articuler sa vie professionnelle à d'autres changements, désirés ou imposés par des événements du parcours de vie – naissance d'un enfant, conflit professionnel, vieillissement, etc. Quoi qu'il en soit, ces mobilités professionnelles atypiques s'inscrivent dans un projet de vie qui n'est pas qu'un projet à long terme : c'est surtout la mise en œuvre d'une certaine manière de mener sa vie quotidienne.

Toutefois, il n'est pas seulement question des différentes manières dont le changement professionnel peut s'accompagner d'une réorganisation du quotidien. Le matériau présenté brièvement ici permet également de s'interroger sur les contours et les significations d'un style de vie « alternatif » – au sens où il s'articule autour du choix d'exercer une activité artisanale qu'ont fait des individus ne correspondant pas au recrutement social de ces métiers. Souligner ce qui conduit ces actifs venant des professions intellectuelles à voir dans l'artisanat l'expression d'un style de vie désirable permet ainsi d'identifier, plus largement, des représentations émergentes, relatives à l'indépendance, à l'exercice d'un métier manuel, aux biens de consommation, à la ville, à l'écologie ou encore à « l'utilité » (donc aux finalités) du travail.

Antoine Dain
antoine.dain@gmail.com
Aix-Marseille Université, CNRS
Laboratoire d'économie et de sociologie du travail (LEST),
Aix-en-Provence, France

NOTES

1. Arthur Lochmann, *La Vie solide : la charpente comme éthique du faire*, Paris, Payot, 2019.

2. Hartmut Rosa, *Accélération. Une critique sociale du temps*, Paris, La Découverte, 2010 (2005).

3. Zygmunt Bauman, *La Vie liquide*, Rodez, Le Rouergue-Chambon, 2006.

4. Dans un sens strict, il faudrait réserver la notion de « reconversion » professionnelle aux situations où l'on quitte un métier pour un autre. Nous faisons toutefois le choix d'utiliser ce terme dans une acception plus large, qui inclut les cas comme celui d'Arthur Lochmann, en considérant que même sans ancrage *professionnel* antérieur, le fait d'avoir poursuivi dans un premier temps des études ne correspondant pas au métier artisanal exercé par la suite implique bien une réorientation du parcours, qui s'apparente à une bifurcation. À ce sujet, voir Marc Bessin, Claire Bidart et Michel Grossetti (dir.), *Bifurcations : les sciences sociales face aux ruptures et à l'événement*, Paris, La Découverte, 2010. Dans un souci de simplicité, on s'autorisera donc à désigner par « reconversion » des réorientations conduisant vers l'artisanat des individus qui ne pensaient pas, à l'origine, se diriger vers ce secteur – que leur identité professionnelle se soit stabilisée en amont ou pas.

5. Laurence Decréau, *L'Élégance de la clé de douze : enquête sur ces intellectuels devenus artisans*, Paris, Lemieux, 2015.

6. Richard Sennett, *Ce que sait la main : la culture de l'artisanat*, Paris, Albin Michel, 2009 (2008) ; Hugues Jacquet, *L'Intelligence de la main : l'artisanat d'excellence à l'ère de sa reproductibilité technique*, Paris, L'Harmattan, 2012.

7. Matthew B. Crawford, *Éloge du carburateur : essai sur le sens et la valeur du travail*, Paris, La Découverte, 2010.

8. Arthur Lochmann, *La Vie solide...*, *op. cit.*, p. 15.

9. Nous reprenons dans la suite de ce texte la distinction proposée par Bruno Maresca entre le « mode de vie » – défini comme « système structurant et différenciant », cadre fournissant un ensemble de normes quant à la manière de mener son quotidien – et les « styles de vie », variations et infléchissements à l'intérieur de cette structure. Par exemple, le « mode de vie » urbain, qui correspond notamment à certaines contraintes imposées par la vie en ville (densité, rythme...) peut laisser s'exprimer plusieurs styles de vie distincts en son sein. Bruno Maresca propose une analogie linguistique, le mode de vie correspondant à la *langue*, au sein de laquelle les styles de vie correspondraient aux différents *parlers*. Voir : Bruno Maresca, « Mode de vie : de quoi parle-t-on ? Peut-on le transformer ? », *La Pensée écologique*, vol. 1, n° 1, 2017, p. 233-251.

10. Pierre Bourdieu, *La Distinction. Critique sociale du jugement*, Paris, Éd. de Minuit, 1979, p. 140-141.

11. Sophie Denave, *Reconstruire sa vie professionnelle. Sociologie des bifurcations biographiques*, Paris, PUF, 2015. Nous nous référons ici au titre du chapitre V de l'ouvrage (p. 211-245), qui porte sur le cas spécifique d'enquêtés chez qui la rupture professionnelle s'inscrit dans un processus plus vaste de « transformation personnelle » (p. 211).

12. Danièle Léger et Bertrand Hervieu, *Le Retour à la nature. « Au fond de la forêt... l'État »*, Paris, Seuil, 1979.

13. On peut ici se référer à Geneviève Pruvost, « L'alternative écologique. Vivre et travailler autrement », *Terrain*, n° 60, 2013, p. 36-55. La bifurcation professionnelle de Stéphane s'inscrit ainsi plus largement dans un « processus de détachement de la société *mainstream* » analogue à ce que G. Pruvost relevait auprès de ses enquêtés. Voir également G. Pruvost, *Quotidien politique. Féminisme, écologie et subsistance*, Paris, La Découverte, 2021.

14. Roland Barthes, *Mythologies*, Paris, Seuil, 1957.

15. Catherine Rouvière, *Retourner à la terre. L'utopie néo-rurale en Ardèche depuis les années 1960*, Rennes, Presses universitaires de Rennes, 2015.

16. Claire Bidart, « Crises, décisions et temporalités : autour des bifurcations biographiques », *Cahiers internationaux de sociologie*, vol. 1, n° 120, 2006, p. 29-57.

17. Richard E. Ocejo, *Masters of Craft. Old Jobs in the New Urban Economy*, Princeton, Princeton University Press, 2017. Ocejo a enquêté auprès de coiffeurs pour hommes dans des *barber shops*, de bouchers spécialisés dans la valorisation de la bête entière, de barmen et barmaids de bars à cocktail et de distillateurs artisanaux.

18. *Ibid.*

19. Josee Johnston, Michelle Szabo et Alexandra Rodney, « Good Food, Good People : Understanding the Cultural Repertoire of Ethical Eating », *Journal of Consumer Culture*, vol. 11, n° 3, 2011, p. 293-318.

20. Il mobilise lui-même, spontanément, la notion de « bifurcation » sans que nous l'ayons employée auparavant dans l'entretien.

21. Howard S. Becker, « Sur le concept d'engagement », *SociologieS, Découvertes/Redécouvertes*, 2006. Traduction par Marc-Henry Soulet, Diane Baechler et Stéphanie Emery Haenni de l'article « Notes on the Concept of Commitment » extrait de l'ouvrage *Sociological Work. Method and Substance*, Chicago, Adline Publishing Company, 1970.

22. Celle d'Arthur comptait parmi les toutes premières. Depuis, d'autres projets de laiteries urbaines ont vu le jour. À notre connaissance, il en existe aujourd'hui au moins deux à Paris et une à Bordeaux (depuis octobre 2019), Marseille (janvier 2020), Toulouse (octobre 2020), Lyon (mars 2021), Pau (mai 2021) et Nantes (juillet 2021). Toutes ont été créées par des travailleurs et travailleuses en reconversion professionnelle, pour la plupart diplômés d'un bac + 5.

23. Anne de Rugy, « Vouloir le déclassement ? », *Politiques de communication*, vol. 1, n° 10, 2018, p. 125-157.

24. Daniel Mercure et Mircea Vultur, *La Signification du travail. Nouveau modèle productif et ethos du travail au Québec*, Québec, Presses de l'Université Laval, 2010.

25. Dominique Méda et Patricia Vendramin, *Réinventer le travail*, Paris, PUF, 2013.

Antoine Dain

RÉSUMÉ

Changer de travail, changer de vie ? Le cas des reconversions de travailleurs « intellectuels » dans des métiers artisanaux

À l'heure où des reconversions professionnelles atypiques, depuis les professions intellectuelles supérieures vers l'artisanat, semblent se banaliser, il est possible de s'interroger sur les répercussions de ces mobilités professionnelles radicales sur la vie quotidienne. La reconversion est en effet susceptible de s'articuler avec un changement plus général du quotidien – parce qu'on cherche à mettre en cohérence son activité professionnelle avec un style de vie (effectif ou désiré), ou parce que le changement de métier nécessite d'adapter son quotidien. En nous appuyant sur trois cas de reconversions artisanales, nous réfléchissons aux liens entre changement professionnel et transformation du quotidien.

MOTS-CLÉS : reconversions professionnelles, style de vie, artisanat, travail et hors-travail

SUMMARY

Changing One's Job, Changing One's Life ? The Case of "Intellectual" Workers Retraining as Craftspersons

White-collar professionals retraining as craftspersons have, seemingly, become more commonplace in recent years. Such career changes may well go hand in hand with profound changes in one's everyday life : career change is likely to imply embracing an alternative lifestyle, as well as to require adjustments outside of the professional sphere. Drawing mainly on three cases of highly educated professionals who have engaged in a major career change to become craftspersons, the paper dwells on the links between evolutions in one's professional sphere and in one's everyday life.

KEYWORDS : career change, lifestyle, tradesmanship, craftsmanship, private and professional spheres

RESUMEN

¿ Cambiar de trabajo, cambiar de vida ? El caso de la conversión de trabajadores "intelectuales" en artesanos

Las reconversiones profesionales atípicas, el paso de profesiones intelectuales superiores a la artesanía, parecen ser más habituales en los últimos años. Estas reorientaciones profesionales pueden acompañar transformaciones más profundas en la vida cotidiana : cambiar de trabajo podría ayudar a afirmar un estilo de vida alternativo, y también requerir cambios fuera de la esfera profesional. A partir de tres casos de profesionales convertidos en artesanos, este artículo examina los vínculos entre el cambio profesional y la transformación de la vida cotidiana.

PALABRAS CLAVES : reconversión profesional, estilo de vida, artesanía, esfera profesional y personal

David Amalric

Un quotidien hors du quotidien : expériences du temps et du vivre ensemble dans une occupation lycéenne à Rio de Janeiro

> Il est 8 heures du matin quand les premiers réveils sonnent dans la salle de cours transformée en dortoir où dorment une dizaine de personnes – toutes ont moins de 20 ans, à l'exception des deux membres plus âgés du comité de soutien. Seules Juliana et Paula se lèvent, avec une discrétion toute modérée qui ne semble pas plus entamer le sommeil ronflant des autres occupants que l'inconfort des tapis de sols disposés à même le carrelage. À 8 h 30, c'est l'heure convenue, Paula revient en parlant haut et fort pour réveiller tout le monde ; elle éteint la climatisation et la salle commence à s'emplir d'une chaleur moite. Quelques-uns se réveillent péniblement au deuxième appel, d'autres au troisième, après de nouvelles sollicitations. « Y'a une session de ménage prévue ce matin, je vous rappelle », lance l'une des occupantes réveillées. Vers 9 heures, l'ensemble du dortoir s'est mis en mouvement, à part trois garçons allongés dans un coin de la pièce, ceux de la « commission de sécurité » qui ont assuré le tour de garde derrière le portail pendant la nuit.
>
> (Journal de terrain, 26 avril 2016)

Nous sommes en avril 2016 quand cette journée commence, dans un lycée situé au pied d'une favela en pleine zone portuaire de Rio de Janeiro, une dizaine de jours après le début de l'occupation. La vague de mobilisations lycéennes qui a gagné plusieurs États du Brésil depuis novembre 2015 est largement inédite non seulement par son ampleur, mais aussi par son mode d'action principal. Le terme d'« occupation » renvoie ici à une façon de faire tout à fait précise, inspirée des mouvements chiliens de 2006 et 2011 – et transmise initialement par la traduction en portugais d'un fascicule militant intitulé « Comment occuper un lycée[1] ». Il ne s'agit pas simplement, pour les lycéens, de bloquer leur établissement pour empêcher la tenue des cours, ni de l'investir le temps d'un *sit-in* ou d'un rassemblement ponctuel. « Occuper son lycée » consiste à y demeurer en continu (nuit et jour), sur une durée qui va de quelques semaines à plusieurs mois, et à le transformer simultanément en lieu de mobilisation (assemblées, organisation des actions et manifestations), en lieu d'activités à composante pédagogique (ateliers, cours alternatifs, projections), et enfin en lieu de vie, où l'on dort, prend ses repas – et regarde passer le temps quand il n'y a rien de spécial à faire. Cette requalification multiple du lieu, reprise à l'identique dans de très nombreux lycées à travers tout le pays, s'appuie sur des modes d'organisation qui se veulent horizontaux (assemblées et commissions), et recèle pour de nombreux occupants une dimension qu'on pourrait qualifier d'utopique : il s'agit de faire exister, ici et maintenant, l'« école que nous voulons », avec une pleine participation des élèves aux décisions collectives, une pédagogie revisitée et de meilleures conditions d'étude[2]. Dans de nombreux lycées, les occupants effectuent eux-mêmes des réparations, ou vantent les mérites de la cuisine de l'occupation comparée aux repas habituels de la cantine.

La sociologie des mouvements sociaux insiste le plus souvent sur les moments d'effervescence et les temps forts des mobilisations. Si ces derniers occupent une place non négligeable dans le mouvement lycéen (manifestations, réunions de coordinations interlycéennes, brèves actions d'« occupation » du secrétariat d'État à l'Éducation), l'occupation de lycée, avec ses routines, ses temps morts, ses durées plus étalées, s'installe dans une autre temporalité que l'on peut qualifier de quotidienne[3]. À condition toutefois d'envisager ce qu'il y a de paradoxal dans ce qualificatif : rien de moins ordinaire, en effet, qu'une journée passée à occuper son lycée, en le détournant ainsi radicalement de son usage habituel. Ce n'est donc assurément pas *le* quotidien, mais c'est tout de même *un* quotidien – largement nouveau, à inventer – qui se déploie ici, avec ses enjeux spécifiques – à distinguer de ceux du militantisme ou de l'activisme « au quotidien ».

Le terme de « quotidien » est lui-même complexe et contradictoire : à la fois cyclique et linéaire[4], associé à la répétition mécanique ou à l'ennui mélancolique[5] aussi bien qu'au bricolage créatif[6], et se déployant dans une pluralité d'espaces[7], il n'est guère aisé de cerner ses contours. Une telle notion est pourtant particulièrement utile ici, en ce qu'elle invite à une double démarche : d'abord, à approcher une mobilisation loin de ses seuls temps forts, à partir de sa trame continue et de ce qu'il y a en elle de répétitif, d'ordinaire, de désœuvré (son quotidien, donc) ; et ensuite à observer comment une mobilisation se confond avec la production d'un lieu de vie, c'est-à-dire d'un quotidien, en incluant des activités et des moments (tâches domestiques, temps physiologiques, horaires nocturnes) qui n'en font habituellement pas partie.

L'ethnographie, qui requiert une présence prolongée sur place et un travail fouillé de description, apparaît comme une méthode privilégiée pour rendre compte de cette temporalité – puisque ce qui fait le quotidien échappe largement à une fréquentation épisodique du lieu ou aux reconstitutions *a posteriori*. Dans le courant d'une enquête de terrain plus large sur la région portuaire de Rio de Janeiro, j'ai eu l'occasion d'intégrer le comité de soutien d'une occupation lycéenne qui s'y déroulait[8], et j'ai pu participer aux différents aspects de son quotidien, en la fréquentant trois à quatre jours par semaine pendant plus de deux mois. Je m'appuierai ici sur les matériaux ethnographiques recueillis dans ce cadre, complétés par des entretiens rétrospectifs réalisés un an plus tard avec certains des occupants et occupantes, en partant de la description (entamée au début de cet article) d'une demi-journée « ordinaire ». Ce terme est bien sûr problématique : regardée de suffisamment près, aucune journée d'occupation ne ressemble à aucune autre ; chacune est constellée de microévénements et s'inscrit à un moment bien précis de la chronologie de la mobilisation ; mais en même temps, chaque journée où il ne s'est rien passé de particulièrement saillant devient une journée « de plus », une journée « comme une autre » ; seule l'observation prolongée permet à cet égard d'établir un seuil de typicité en faisant le tri entre l'habituel et l'inhabituel.

Il s'agira donc de répondre à deux questions : de quoi le quotidien des occupations lycéennes est-il fait ? Et comment est-il produit, organisé par les occupants ? Plutôt que de lister les activités qui ont lieu tous les jours dans le cadre de l'occupation, je propose d'aborder ici la première question sous l'angle des différentes temporalités qui s'entremêlent et se superposent pour dessiner les contours d'un vécu quotidien (qui pourtant se détache de l'ordinaire) ; et de répondre à la deuxième en m'intéressant à la pluralité des médiations organisationnelles, technologiques et interpersonnelles qui permettent aux occupants de fabriquer un vivre-ensemble. Dans cet effort, ces derniers sont amenés à conjuguer les exigences du bon fonctionnement collectif et celles de la projection utopique ou préfigurative[9], proposant en ce sens leur propre réponse à la question « comment "bien" vivre ensemble, comment "bien" cohabiter », à laquelle Roland Barthes consacrait en 1976 l'un de ses cours au Collège de France[10].

Les temps entremêlés d'un quotidien extra-ordinaire.

Reprenons où nous l'avions laissé le récit de cette journée, qui se situe dix jours après le commencement de l'occupation :

> Dans le réfectoire, un petit groupe encore mal réveillé petit-déjeune en discutant vaguement du programme de la journée. Adriana et Maria, deux membres du comité de soutien arrivées très tôt, ont aidé à faire le café, à diluer le jus de fruit et le chocolat en poudre ; en surveillant les stocks, elles ont ouvert deux paquets de crackers et un autre de biscuits ronds sucrés. Certains des occupants se dispersent et emportent leur verre pour le boire dehors, devant

le portail, ou dans la bibliothèque, rebaptisée « salle de l'insomnie », où ont lieu la plupart des activités et réunions. Samuel s'y installe devant l'unique ordinateur de l'occupation et fait défiler tranquillement son fil Facebook (d'habitude bloqué par le réseau du lycée mais « hacké » grâce à l'installation du réseau Tor). Jessica et Juliana discutent, à moitié allongées sur le matelas posé contre le mur. Tiago et Felipe commencent à échanger quelques passes dans le couloir avec le ballon dégonflé qui traîne dans l'entrée, mais sont vite réprimandés par les autres : « On avait dit pas à l'intérieur ! », lance Jessica. Victor envoie des messages audio sur le groupe WhatsApp à destination de Pedro, un autre membre du comité de soutien, pour gérer la question de l'approvisionnement en gaz (la dernière bouteille vient d'être vidée). Après un moment de dispersion qui a duré plus d'une heure, un cri retentit dans les couloirs : « Session de ménage ! » – ce sont les voix de Paula et William, suivis par Tiago et Felipe, qui essaient de rameuter les autres occupants. Énervé que beaucoup soient absents, Tiago s'en indigne sur le groupe WhatsApp à grand renfort de gros mots, ce qui déclenche une longue discussion en ligne sur la politesse et le respect des autres, à laquelle absents et présents participent, retardant d'un bon quart d'heure le début du ménage. On se répartit les balais et raclettes, ainsi que les pièces à nettoyer (réfectoire, toilettes du haut et du bas, dortoir, bibliothèque). Dans le couloir du bas et dans l'entrée, les gestes du ménage sont entrecoupés de pas dansants, au rythme des chansons de Beyoncé qui résonnent depuis le portable de William ; Jessica et lui s'interrompent régulièrement pour prendre des poses amusantes, tandis que Juliana les prend en photo. Le ménage dure un peu plus d'une heure, et il est midi passé quand les derniers binômes ou trinômes terminent leurs tâches de nettoyage respectives : tout le monde est en retard ; des occupants arrivés pendant la session de ménage ont commencé à cuisiner, mais la plupart risquent de ne pas avoir fini de déjeuner à 14 heures, heure de début de l'activité de l'après-midi, un atelier-discussion sur les peuples indigènes du Brésil avec un anthropologue enseignant à l'université.

Comme on le voit ici, les journées d'occupation ont une texture composite : elles se partagent entre tâches ménagères, activités organisées (ateliers de danse ou de théâtre, cours alternatifs de sociologie, de philosophie ou de géographie, matches de foot, etc.), réunions (assemblées plusieurs fois par semaine et réunions de commissions), discussions à visée organisationnelle, moments de divertissement (musique, projection de films, jeux de console), ainsi que les nombreux intervalles (parfois longs) entre ces activités. En réalité on voit ici s'entremêler au moins quatre temporalités différentes :

– En débutant la description de cette demi-journée par le réveil, nous avons aussi choisi de commencer par ce qu'on pourrait appeler les *temps réguliers*. Les journées successives de la mobilisation se ressemblent parce qu'il existe un planning d'activités avec des horaires convenus, qui ont valeur de règles[11] et disciplinent pour ainsi dire le temps collectif : l'heure du réveil, la session de ménage qui doit être réalisée dans la matinée, l'heure du déjeuner, les heures programmées des activités et réunions, etc. Ce découpage de la journée constitue une strate fondamentale de l'organisation collective de l'occupation, et fait d'ailleurs écho à l'emploi du temps scolaire segmenté en heures de cours et en temps de pause. Sa dimension contraignante dépend largement du travail de rappel et d'ajustement constant mené par certains occupants – à l'image de Paula qui se charge de réveiller tout le monde dans le dortoir. La régularité produit ici une forme de stabilité, de sécurité ontologique[12], sous la forme de routines collectives, qui se juxtaposent à des routines individuelles – par exemple, celle de Samuel, qui s'installe devant Facebook le matin.

– L'occupation se caractérise aussi par ce qu'on pourrait qualifier de *temps intimes :* ces moments, classés en général dans la catégorie « temps physiologiques » des enquêtes par « budget-temps »[13], qui se déroulent d'habitude dans la sphère privée, chez soi, mais qui au sein de l'occupation sont partagés collectivement : se brosser les dents, se mettre en pyjama, dormir dans le même dortoir, prendre le petit déjeuner ensemble, faire cuire du riz, passer la serpillière, etc. Cette temporalité est à l'arrière-plan de deux analogies constamment reprises par les occupants : celle du lycée comme deuxième maison, espace devenu familier au point qu'on l'*habite* véritablement ; et celle du groupe des occupants comme une grande *famille* où se nouent des liens affectifs et où des disputes éclatent régulièrement du fait des difficultés de la cohabitation. Ainsi, certaines participantes plus âgées du comité de soutien (militantes ou mères d'élèves) deviennent pour les lycéens de véritables mères d'adoption, parfois littéralement appelées « maman » (*mãe*), qui s'adressent à ces derniers en retour dans un registre maternel mêlant autorité et tendresse.

– Mais comme le montrent les descriptions précédentes, le quotidien de l'occupation, ce sont aussi beaucoup de *temps morts*. Car entre les activités à heure fixe et les temps collectifs il y a aussi « du » temps, qu'il s'agit de remplir comme on peut, où parfois rien de spécial ne se passe, sinon des embryons d'activités : échanger quelques bribes de conversation, faire des jongles avec le ballon, errer dans l'occupation sans trouver à s'occuper, entamer une sieste sans avoir vraiment sommeil, regarder pour la dixième fois de la journée son fil d'actualité sur son smartphone ou scruter le groupe WhatsApp de l'occupation dans l'attente d'un nouveau sujet de discussion. Les écrans connectés viennent alors combler imparfaitement une expérience de l'ennui qui est sans doute consubstantielle à l'acte d'occuper : il s'agit avant tout de tenir le lieu jour après jour, le plus longtemps possible, et donc souvent d'attendre que le temps passe. Ces moments sont omniprésents la nuit, lors des longues veilles devant le portail assurées par les membres de la « commission de sécurité » (et ceux qui leur tiennent compagnie), dans cette plage de temps qui échappe au quadrillage contraignant du planning.

– Ces temps nocturnes recèlent par ailleurs quelque chose d'inhabituel, d'inquiétant et de subversif – puisque les occupants se trouvent dans leur lycée à un moment où personne n'est censé s'y trouver. La nuit passée à l'occupation correspond donc aussi à une autre expérience temporelle, à la fois exceptionnelle et intense, qu'on peut qualifier de *liminaire*. Le quotidien des deux mois d'occupation se situe, comme on l'a vu, en rupture radicale avec la vie de tous les jours : occuper son lycée constitue pour l'intégralité des occupants une expérience inédite, voire incongrue et qui leur aurait semblé, ne serait-ce que quelques mois plus tôt, largement inconcevable. Chaque journée de l'occupation (surtout lors des premières semaines, car ce sentiment ira s'amenuisant) est en quelque sorte « enchantée » du fait de son caractère exceptionnel, avec son lot de nouveautés quotidiennes qui viennent alimenter une expérience de l'intensité – entretenue à la fois par la densité du planning, par la diversité des activités et ateliers (permettant d'apprendre chaque jour quelque chose), par le temps considérable passé sur place (ce qui en fait une expérience fortement immersive), mais aussi parfois, de manière plus négative, par un sentiment d'urgence (besoins matériels à gérer, risques d'expulsion, actions à préparer). Cette intensité se retrouve dans les moments, fréquents, d'effervescence collective, marqués par le jeu et la plaisanterie, vécus sur le mode d'une sociabilité festive et buissonnière. Autant d'aspects qui rappellent ce que l'anthropologie du rituel nomme la « liminarité[14] », c'est-à-dire cet espace de marge constituant la phase intermédiaire des rites de passage, où se substitue provisoirement au corps social structuré ce que Turner appelle une « *communitas* existentielle », caractérisée par la coprésence fusionnelle des individus. Le quotidien de l'occupation apparaît de ce point de vue comme une parenthèse suspendue, dont on n'envisage guère l'après, et qui défile à un tout autre rythme que le morne quotidien scolaire. Ce temps, qui se superpose d'ailleurs pour un grand nombre d'occupants au passage de l'adolescence à l'âge adulte, est vécu par certains comme un moment initiatique d'apprentissage condensé[15]. Telle est la place que lui accorde Tiago dans son récit pendant notre entretien : « Avec l'occupation, j'ai tellement appris ! J'ai appris ce que c'était que le collectif, ce qu'était vivre avec des gens. »

L'expérience temporelle de la mobilisation lycéenne est donc prise dans ce mixte paradoxal d'intensité et d'ennui, d'exception et de régularité. Ce quotidien extraordinaire de l'occupation, événement qui s'étale dans la durée répétitive des journées passées sur place, vient s'inscrire dans les trajectoires biographiques des occupants comme un moment particulièrement marquant. L'« initiation » et l'apprentissage qui s'y jouent ne concernent pas seulement l'action collective ou la politique (comme c'est le cas dans la plupart des mouvements lycéens), mais tout autant le vivre-ensemble et les difficultés de la cohabitation.

Fabriquer et expérimenter le vivre-ensemble.

L'occupation inaugure un espace-temps nouveau : du quotidien collectif qui émerge avec elle, tout est à construire et à organiser, à fabriquer[16]. À côté des enjeux propres à la mobilisation lycéenne (comment obtenir que les revendications soient satisfaites, parer à la répression, mobiliser davantage, etc.), les occupants consacrent une part significative de leur temps et de leur énergie à répondre pratiquement à la question tout aussi décisive « Comment vivre ensemble ? » Cette question contient – nous l'avons déjà suggéré – un indéniable versant utopique, dans un contexte où l'occupation est constamment mise en scène par les occupants eux-mêmes (*via* les réseaux sociaux numériques et notamment la page Facebook de l'occupation, où ils diffusent des photos, des récits d'activités et des explications sur le fonctionnement du lieu) pour « montrer l'exemple » et incarner en actes une école possible. La construction du quotidien n'est donc pas un à-côté de la mobilisation. Elle est investie politiquement et travaillée par un certain nombre d'idéaux puisés dans le répertoire des mouvements sociaux récents[17] : horizontalité et absence de leaders, participation et inclusion de chacun.e, refus des préjugés et des formes d'oppression, développement de l'esprit critique, entretien d'un climat d'harmonie collective et de concorde. Ces idéaux se doublent d'une certaine exigence d'ordre et de conformité aux règles établies collectivement, visant à produire une image de respectabilité, pour se prémunir contre le stigmate, fréquemment véhiculé par les médias, des occupations comme lieux de désordre et d'indécence. Mais rien n'est moins évident que d'incarner ces idéaux tout en « faisant fonctionner » la vie collective de l'occupation. Comment les occupants s'y prennent-ils, comment articulent-ils ces différentes ambitions ? Il y a ici plusieurs niveaux de réponse, qui renvoient aux différents niveaux où s'expérimente ce quotidien collectif.

– L'organisation du vivre-ensemble s'appuie d'abord sur un certain nombre de formes organisationnelles et de procédures de légitimation, caractérisées par une exigence d'horizontalité et de transparence[18]. « Ici il n'y a pas de leaders », comme l'annonce une affiche placardée dans le couloir. La moindre décision concernant les règles (par exemple l'interdiction de l'alcool, l'accès limité à la cuisine, etc.), les horaires (lever, repas, réunions futures), les tâches quotidiennes et les activités inscrites au planning doit être discutée et mise au vote en assemblée ; ces dernières ont lieu d'abord tous les deux à trois jours, puis à une fréquence décroissante au fil des semaines d'occupation, et peuvent parfois durer jusqu'à quatre ou cinq heures du fait du nombre de choses à décider et à voter formellement. Les membres du comité de soutien, composé pour l'essentiel de militants du quartier et d'enseignants grévistes, jouent un rôle important dans le rappel des procédures et aident régulièrement à l'encadrement des assemblées (assumant la fonction de « bureau »). Des commissions à participation libre, validées par l'assemblée, sont censées prendre en charge les différentes tâches (communication, organisation d'activités, sécurité, cuisine) sur la base de ce qui a été décidé collectivement.

– Ces médiations organisationnelles, en tant que telles, sont pourtant insuffisantes aussi bien pour assurer le fonctionnement de l'occupation que pour garantir l'horizontalité en son sein. Dans la pratique, les assemblées sont souvent vécues comme des moments fastidieux par les occupants ; à mesure que l'heure tourne, l'attention se disperse, les corps se relâchent et se désengagent, certains quittent la salle pour vaquer à d'autres tâches (préparer le dîner, par exemple). L'application des décisions collectives prises en assemblée ne va pas de soi et suppose un effort de rappel et de contrôle, assuré par certains occupants – comme nous l'avons vu pour ce qui est du respect des horaires. Plusieurs commissions manquent de volontaires, ce qui empêche le renouvellement de leurs membres et tend à surcharger certaines personnes. Cumulant les fonctions ou devenant les uniques référentes, tandis que les autres se reposent sur elles ou attendent les instructions, celles-ci finissent par centraliser les informations et les responsabilités, et doivent supporter toute la charge mentale[19] afférente. Comme le raconte Paula en entretien : « J'ai été assignée à la commission "cuisine" parce que j'étais la seule qui savait faire du riz. [...] Mais finalement je m'occupais de tout, la seule chose dont je ne m'occupais pas, c'était la sécurité. Tout le reste est devenu juste une seule commission, c'était la commission "moi". » Le déséquilibre dans la répartition des tâches recouvre une forte division genrée : les garçons sont concentrés dans la commission « sécurité » qui assure les veilles nocturnes, les filles dans les autres commissions et dans le travail d'articulation décrit plus haut (filles et garçons étant présents en proportions égales parmi les occupants). Quant au ménage, organisé par sessions collectives (*mutirões*) pour éviter que certains y soient systématiquement préposés, il fait l'objet (comme c'est le cas au cours de la matinée décrite plus haut) de débats récurrents sur l'inégale présence des uns et des autres. Du fait de cet écart entre les décisions collectives « officielles » et leur application, l'organisation concrète de l'occupation repose largement sur des *ajustements* et des *arrangements informels*, indispensables pour faire fonctionner les choses tant bien que mal, et tenter de modérer les asymétries qui apparaissent dans la distribution du pouvoir et des tâches.

– Les *dispositifs numériques* (smartphones et réseaux sociaux numériques), sans qu'ils aient de statut organisationnel défini, jouent néanmoins un rôle fondamental dans la gestion du quotidien, où les dimensions en ligne et hors ligne s'entrelacent constamment[20]. Si la page Facebook de l'occupation représente un outil important de publicisation de la mobilisation, c'est surtout le groupe de discussion WhatsApp, créé à des fins de communication interne, qui affecte le plus significativement la vie de l'occupation[21]. Constituant par rapport à celle-ci une sorte de doublure virtuelle, un espace d'interaction continue entre occupants présents et absents, le groupe WhatsApp assure des fonctions innombrables qui se côtoient dans les centaines de messages qui y sont échangés chaque jour : on s'y coordonne pour gérer le *turnover* des occupants et les besoins matériels (dons en aliments, coupures d'eau et d'électricité) ; on y informe sur le déroulement de la mobilisation dans les autres lycées, sur les décisions prises en assemblée et le planning des journées ; on y fait des discours politiques enflammés visant à remotiver et remobiliser les autres en alimentant une certaine « tension émotionnelle[22] » ; on s'y plaint du comportement de certaines personnes et des problèmes de l'occupation ; enfin on s'y distrait pendant les temps morts (plaisanteries, conversations plus légères, communication par mèmes ou émojis). L'utilisation du groupe de discussion WhatsApp fluidifie considérablement le travail d'organisation du vivre-ensemble et facilite ses ajustements, en fournissant une médiation communicationnelle décisive, qui élargit les contours du collectif au-delà de la seule coprésence physique : on peut y suivre à distance tout ce qui se passe à l'occupation.

– La construction et le fonctionnement du vivre-ensemble reposent en dernier lieu sur un *travail relationnel et affectif* de tous les instants assuré par les occupants (et certains d'entre eux en particulier). Les nombreuses frictions suscitées par la cohabitation prolongée sont sources de contrariétés diffuses, qui peuvent aboutir dans quelques cas à la confrontation ouverte. Une partie importante de la gestion du vivre-ensemble consiste alors à veiller à apaiser les tensions, à assurer la médiation des conflits, et à améliorer l'ambiance collective : il s'agira de raisonner en privé (parfois à distance par messages WhatsApp) tel ou tel occupant, d'écouter les différentes parties, de consoler un occupant vexé ou attristé, de plaisanter ou de proposer une activité pour détendre l'atmosphère et inciter à la réconciliation. Parfois, cela suppose de veiller à contrecarrer les logiques d'exclusion : ainsi les plaisanteries d'initiés[23], si elles contribuent à souder le groupe (prenant alors la forme de « taquineries »), tendent aussi à créer des sous-groupes et à exclure certaines personnes (lorsqu'elles tournent aux « moqueries ») : l'une des occupantes est ainsi régulièrement « chambrée » par les autres (qui s'amusent à dire dans n'importe quelle situation que « tout est de sa faute »), et finira par quitter l'occupation (tout en avançant une autre raison pour éviter de perdre la face).

– Les formes de conflit et d'exclusion peuvent également trouver une *réponse politique et pédagogique* : face au comportement problématique d'un lycéen à l'égard d'une personne trans venue visiter l'occupation, Adriana et Leticia, deux membres du comité de soutien et militantes expérimentées, décident d'organiser immédiatement un cercle de discussion pour évoquer les questions d'identité de genre et le respect du corps de l'autre. Les commentaires sexistes (sur le physique, les tâches ménagères, les clichés associés au genre) et les jeux de séduction dans lesquels ils sont éventuellement pris font quant à eux fréquemment l'objet de critiques et de déconstructions argumentées par les occupantes. Nombre d'interactions quotidiennes se trouvent ainsi requalifiées politiquement, évoquant ce que Geneviève Pruvost appelle une « politisation du moindre geste[24] ». Il y a là, pour les lycéens, tout un effort d'apprentissage, guidé par l'objectif de faire exister ici et maintenant une école telle qu'ils la souhaitent et la projettent, c'est-à-dire débarrassée autant que possible des formes d'oppression qui existent dans la société.

On s'aperçoit donc que ce travail de construction d'un quotidien collectif – que l'on pourrait qualifier de « micropolitique », en ce qu'il soulève à l'échelle d'un groupe restreint les questions de la répartition du pouvoir et de l'organisation de la vie en commun – repose sur un échafaudage complexe de médiations organisationnelles, technologiques et relationnelles, et suppose pour fonctionner un bricolage créatif et un effort d'ajustement permanents de la part des occupants.

Conclusion : quand la vie quotidienne rattrape le quotidien.

La rupture avec le quotidien se retourne parfois en son contraire. Le lycée décrit ici, situé au pied d'une favela aux abords du centre-ville de Rio de Janeiro, n'échappe pas à la violence urbaine dont cet espace est coutumier. Au cours de la mobilisation, les occupants sont ainsi confrontés à la terreur d'une nuit de fusillades interminables entre les narcotrafiquants et les troupes d'élite de la police militaire postées dans le cimetière qui jouxte le lycée occupé. Puis ils doivent faire face, pour se rendre à l'occupation autant que pour rentrer chez eux, au harcèlement et aux fouilles quotidiennes des forces de l'ordre, qui occupent pendant dix jours la favela et ses abords. Temps ordinaire ou temps de l'occupation : les frontières se dissolvent ici au profit des logiques qui, implacablement, s'imposent à un même espace de la ville.

Si les occupations lycéennes constituent d'abord un mode d'action collective, visant à faire pression sur les pouvoirs publics et à porter des revendications précises, c'est bien dans leur temporalité quotidienne que se joue leur dimension utopique et préfigurative, liée à deux de leurs principales caractéristiques : l'ancrage dans un lieu précis, requalifié en espace d'expérimentation ; et l'inscription dans un temps qui n'est pas seulement celui de l'événement, mais aussi celui d'une gestion de l'ordinaire, d'une routine qui s'installe peu à peu. C'est l'une des singularités des mouvements de 2015-2016 au Brésil que d'avoir ainsi ouvert un espace-temps où les lycéens ont pu rêver à une autre école – voire à une autre société – tout en apprenant à vivre ensemble.

David Amalric
david.amalric@gmail.com
Centre d'étude des mouvements sociaux/TEPSIS, EHESS

NOTES

1. La carrière de ce fascicule est notamment retracée en détail dans l'ouvrage d'Antonia Malta Campos, Jonas Medeiros et Márcio Moretto Ribeiro, *Escolas de luta*, São Paulo, Veneta, 2016.

2. Les revendications du mouvement lycéen présentent, à Rio de Janeiro, une importante diversité, puisqu'on voit s'y combiner le soutien aux exigences des enseignants en grève (notamment en termes de revalorisation salariale), la revendication en faveur de l'élection directe des directeurs d'école par la communauté scolaire, et une myriade de demandes locales liées aux problèmes d'infrastructure de chaque lycée (dans le cas étudié ici : l'absence d'espaces de récréation, les coupures d'eau récurrentes, l'ascenseur et la climatisation régulièrement en panne, etc.).

3. Pour une approche centrée sur ces aspects quotidiens, nous renvoyons notamment à l'article de Luke Yates, « Everyday Politics, Social Practices and Movement Networks : Daily Life in Barcelona's Social Centres », *The British Journal of Sociology*, vol. 66, n° 2, p. 236-258.

4. Cf. Henri Lefebvre, « Quotidien et quotidienneté », *Encyclopaedia Universalis*, vol. 19, Paris, 1996.

5. Cf. Alessandra Ciccarelli, « Les sociologies du quotidien et la mélancolie », *Sociétés*, vol. 4, n° 86, 2004, p. 69-78.

6. Cf. Michel de Certeau, *L'Invention du quotidien. I, Arts de faire*, Paris, Gallimard, 1990.

7. Cf. Georges Balandier, « Essai d'identification du quotidien », *Cahiers internationaux de sociologie*, vol. 74, « Sociologie des quotidiennetés », janvier-juin 1983, p. 5-12.

8. Le lycée en question est à proximité immédiate de la favela, où réside plus de la moitié des lycéens et lycéennes occupants.

9. À propos de cette notion, voir Luke Yates, « Prefigurative Politics and Social Movements Strategy : The Roles of Prefiguration in the Reproduction, Mobilisation and Coordination of Movements », *Political Studies*, vol. 69, n° 4, 2021, p. 1033-1052.

10. Roland Barthes, *Comment vivre ensemble : simulations romanesques de quelques espaces quotidiens*, Paris, Seuil, IMEC, 2002.

11. Dans le prolongement des questionnements proposés par Roland Barthes dans son cours « Comment vivre ensemble », on peut songer ici aux « règles monastiques », textes qui encadrent la vie monacale, et dont une partie significative porte sur l'organisation des différents temps de la journée – matérialisant à ce titre « le lien consubstantiel entre pouvoir et rythme » (*ibid.*, p. 16).

12. À propos de cette notion, voir Anthony Giddens, *La Constitution de la société : éléments de la théorie de la structuration*, Paris, PUF, 1987.

13. Voir par exemple F. Nabli et L. Ricroch, « Enquête Emploi du temps 2009-2010 », *Insee Résultats. Série Société*, n° 130, 2012.

14. Nous nous référons ici aux travaux de Victor Turner, qui reprend et enrichit le concept forgé par Arnold Van Gennep. Cf. Victor Turner, *Le Phénomène rituel. Structure et contre-structure*, Paris, PUF, 1990, et Arnold Van Gennep, *Les Rites de passage*, Paris, A. et J. Picard, 1981 (1909).

15. Ce parallèle entre mouvement lycéen et rituel initiatique ou rite de passage est fréquent. Il est d'ailleurs formulé à propos des occupations lycéennes au Brésil dans l'article d'Isabel Cristina de Moura Carvalho, Chantal Medaets et Nadège Mézié, « "Uma aula assim muito forte" : aprendizagem, escola e ritual em tempos de ocupação », *Revista de Psicologia política*, vol. 19, n° 45, 2019, p. 244-260, qui reprend également la notion turnerienne de *communitas*.

16. Geneviève Pruvost, dans *Quotidien politique : féminisme, écologie et subsistance* (Paris, La Découverte, 2021), propose de concevoir la vie quotidienne comme une fabrique, notamment afin de rendre visibles les soubassements matériels de ce qui permet notre subsistance et des objets avec lesquels nous interagissons chaque jour. Ici ce sont plutôt les conditions humaines, organisationnelles de la cohabitation collective en tant que telle que je tente d'analyser, et le terme de « fabrique » permet d'insister à la fois sur la dimension de construction et sur celle de bricolage créatif marqué par une nécessité d'ajustement permanent. Il s'agit alors de saisir autant de manières dont les occupants « expérimentent des schémas de circulation des informations, de répartition des pouvoirs et de division des tâches, de coopération entre opérateurs, de distribution des droits et de concentration des décisions » (Daniel Cefaï, « Comment se

mobilise-t-on ? L'apport d'une approche pragmatiste à la sociologie de l'action collective », *Sociologie et sociétés*, vol. 41, n° 2, 2009, p. 251.

17. La formulation de ces idéaux par les occupants fait souvent l'économie d'une référence aux idéologies historiques que constituent le marxisme ou l'anarchisme, et au vocabulaire qui leur est propre, même si elles sont également présentes au sein du mouvement. Ceci incite donc à employer des termes moins chargés et plus précis, comme celui d'« alter-activisme », proposé par Geoffrey Pleyers (cf. *Alter-Globalization : Becoming Actors in the Global Age*, Cambridge, Polity, 2010), ou celui de « répertoire autonomiste », auquel a recours Angela Alonso (cf. « A Política das ruas : protestos em São Paulo de Dilma a Temer », *Novos Estudos*, n° 36, 2017, p. 49-58). Il reste que la dimension préfigurative au cœur des occupations lycéennes puise indéniablement dans la tradition anarchiste, qui accorde une place fondamentale au fait de réaliser ici et maintenant la société future.

18. Notons à cet égard une étonnante homogénéité entre les différentes occupations lycéennes, y compris d'un État à l'autre du Brésil. Outre la circulation du fascicule évoqué plus haut (qui n'a jamais été distribué tel quel dans l'occupation à laquelle j'ai pu participer), la projection en classe par de nombreux enseignants de documentaires sur les mouvements de São Paulo a largement contribué à la diffusion de ces modes d'organisation, y compris dans les détails formels de leur fonctionnement.

19. À propos de cette notion, voir Monique Haicault, « La gestion ordinaire de la vie en deux », *Sociologie du travail*, vol. 26, n° 3, 1984, p. 268-277.

20. C'est cet entrelacement qu'invitent à penser un certain nombre de travaux récents sur l'utilisation des nouvelles technologies au sein des mobilisations contemporaines. Voir, par exemple, Merlyna Lim, « Roots, Routes and Routers : Communications and Media of Contemporary Social Movements », *Journalism & Communication Monographs*, vol. 20, n° 2, 2018, p. 92-136 ; Emiliano Treré, « The Banality of WhatsApp : On the Everyday Politics of Backstage Activism in Mexico and Spain », *First Monday*, vol. 25, n° 1, 2020.

21. S'attacher à suivre en permanence ce qui se passe sur le groupe de discussion devient à ce titre une composante essentielle du travail ethnographique ; étant moi-même sur place, j'ai pu comparer ce qui s'y disait avec ce qui se déroulait à l'occupation ; étant absent, j'ai pu suivre de loin ce qui s'y passait (tout comme le faisaient, en même temps que moi, beaucoup d'occupants).

22. À propos de cette notion, voir Paolo Gerbaudo, *Tweets and the Streets : Social Media and Contemporary Activism*, Londres, Pluto Press, 2012.

23. Cf. Marion Ink, « Plaisanteries d'initiés. Définition et usages », *Réseaux*, vol. 3-4, n° 197-198, 2016, p. 253-278.

24. Cf. Geneviève Pruvost, « Chantiers participatifs, autogérés, collectifs : la politisation du moindre geste », *Sociologie du travail*, vol. 57, n° 1, 2015, p. 81-103.

RÉSUMÉ

Un quotidien hors du quotidien : expériences du temps et du vivre-ensemble dans une occupation lycéenne à Rio de Janeiro

Rares sont les mobilisations qui engagent leurs participants au point d'occuper presque entièrement leur quotidien. C'est le cas des mouvements lycéens de 2015-2016 au Brésil, qui ont déployé un mode d'action jusque-là inédit : l'occupation nuit et jour des établissements par les lycéens et leur transformation simultanée en lieux de mobilisation, en lieux de vie et en lieux d'activités pédagogiques alternatives. La mobilisation s'est donc confondue avec la mise en place d'une vie quotidienne collective, qu'il s'est agi d'organiser et d'inventer de toutes pièces, rompant avec la routine scolaire pour en inaugurer une autre. À partir des matériaux ethnographiques recueillis au cours des deux mois passés à participer à une occupation, je tente ici d'explorer de quoi est fait ce quotidien d'une occupation lycéenne : comment il est vécu et comment il est produit au jour le jour par les occupants, dans un bricolage organisationnel qui cherche à combiner les exigences du bon fonctionnement collectif et celles de la projection utopique – puisqu'il s'agit aussi de faire exister dès maintenant l'école (et la société) telles que les lycéens voudraient qu'elles soient.

MOTS-CLÉS : mouvements lycéens, occupations, Rio de Janeiro, quotidien, politique préfigurative

SUMMARY

An Everyday Life Outside of the Everyday Life : Experiences of Time and Community Life in an Occupied High School in Rio de Janeiro

It is quite uncommon for a social movement to fill up the participants' everyday life almost entirely. It was the case for the student movements in Brazil that erupted in 2015 and 2016, leading to a hitherto unprecedented type of action : the occupation by the students, night and day, of high schools and their being turned into hotspots where the mobilization, living and alternative educational activities were organized. As a result, the mobilization gave birth to a community everyday life, which the actors arranged and invented from scratch, breaking away from their school routine to implement a new one. Based on ethnographic material collected over the course of the two months spent in taking part in one occupation, I endeavour to explore what the everyday life of a high school occupation consists in : how it is experienced and how the occupants produce it, resorting to organizational bricolage seeking to articulate the necessities of proper collective functioning with those of utopian projection – since what was at stake was also designing the school (and the society) the students were envisioning.

KEYWORDS : high school movements, occupations, Rio de Janeiro, everyday life, prefigurative politics

RESUMEN

Una vida cotidiana fuera de la cotidianeidad : experiencias del tiempo y de la convivencia en la ocupación de instalaciones escolares en Río de Janeiro

Raras son las movilizaciones que involucran a sus participantes hasta el punto de ocupar casi toda su vida cotidiana. Es el caso de los movimientos estudiantiles de 2015-2016 en Brasil, que recurrieron a un modo de acción inédito hasta entonces : la ocupación nocturna y diurna de escuelas por parte de estudiantes de secundaria, transformándolas a un tiempo en lugares de movilización, lugares de vida y lugares de actividades educativas alternativas. La movilización se confundía así con la puesta en marcha de una vida cotidiana colectiva, que había que organizar e inventar desde cero, rompiendo con la rutina escolar para inaugurar una nueva. A partir del material etnográfico recogido durante dos meses de participación en una ocupación, intento explorar de qué está hecha esta vida cotidiana de la ocupación de un centro escolar : cómo se vive y cómo se produce día a día por parte de los ocupantes, en un proceso experimental de organización que intenta combinar las exigencias del buen funcionamiento colectivo y las de la proyección utópica, pues se trata también de dar en adelante a la escuela (y a la sociedad) una existencia tal y como los estudiantes de secundaria querrían que fueran.

PALABRAS CLAVES : movimientos estudiantiles en la escuela secundaria, ocupaciones, Río de Janeiro, vida cotidiana, política prefigurativa

Luc Gwiazdzinski

Dans la (les) nuit(s) de tous les jours. Petite plongée dans quelques quotidiens nocturnes de la France contemporaine

« C'est beau une ville la nuit, c'est beau. Peut-être que c'est parce qu'on y retrouve des sentiments qui sont un peu différents, qui sont... d'un quotidien différent parce que la nuit c'est aussi quotidien que le jour, si on a l'habitude de vivre la nuit[1]. » C'est ainsi que l'acteur et écrivain Richard Bohringer[2] évoque la ville la nuit et le quotidien. Nous proposons d'explorer cette hypothèse d'un « quotidien nocturne » et de ses « habitudes » à partir d'un échange avec quelques figures éveillées de la nuit de tous les jours dont la vie a peu de place dans les « discours officiels[3] ». Comment interroger le quotidien, l'habituel, « ce qui se passe chaque jour et qui revient chaque jour, le banal, le quotidien, l'évident, le commun, l'ordinaire, l'infra-ordinaire, le bruit de fond, l'habituel, comment en rendre compte, comment l'interroger, comment le décrire[4] ? » C'est la question du jour que nous posons à la nuit.

L'exploration même n'est pas ordinaire. La nuit est longtemps restée une dimension oubliée par les sciences sociales. « Elles effacent la grande bascule quotidienne au profit d'un fond de texte gris, où le jour l'emporte : la nuit n'est plus que le décor factuel et anodin de l'action décrite[5]. » La métaphore de la nuit a été utilisée pour qualifier le « quotidien » lui-même. L'objectif déclaré de Michel de Certeau était de le faire sortir de cette nuit. En rendant compte des pratiques quotidiennes de « l'homme ordinaire », il souhaitait qu'elles cessent « de figurer comme le fond nocturne de l'activité sociale[6] ».

Nous intéresser au quotidien de ceux qui ont l'habitude de vivre la nuit, c'est nous engager dans une double exploration du quotidien et du nocturne avec l'intuition qu'elle pourrait plus largement nous dire quelque chose des quotidiens humains et urbains[7]. Embarquement pour l'aventure autour de l'hypothèse contre-intuitive et paradoxale d'un quotidien nocturne dans des nuits par nature extraordinaires.

Le paradoxe apparent d'un quotidien nocturne.

Dans le langage courant, le « quotidien » évoque généralement ce « qui a lieu ou qui se reproduit chaque jour ; que l'on fait régulièrement, tous les jours[8] ». Ici se rencontrent deux temporalités : l'une liée à la succession des jours et l'autre à la récurrence. Dans le « quotidien », le temps linéaire rencontre le temps cyclique[9], c'est pourquoi la notion est si difficile à appréhender. Le quotidien est aussi défini comme ce qui est banal, habituel, répétitif, petit, presque insignifiant. En ce qui concerne nos vies, le quotidien dit un rythme, celui qui consiste à se coucher – et se lever – « avec les poules », selon l'expression consacrée, disqualifiant celles et ceux qui obéissent toujours aux injonctions de Dame Nature. Il met en lumière cette répétition, ce rythme nycthéméral[10] auquel est soumis notre organisme et contre lequel l'être humain semble batailler, en cherchant à échapper à la discontinuité et en colonisant la nuit[11]. En ce sens, la nuit comme phénomène physique se reproduit tous les jours.

Si les nuits, espace et temps éphémères et cycliques, ont lieu tous les jours, la dimension nocturne du quotidien n'est pas une évidence. Au-delà de ce caractère répétitif, physiologique, la nuit éveillée semble, par nature, étrangère au quotidien des humains, surtout centré sur le jour. L'idée même de « quotidien » est très liée à la lumière et à l'activité. La « vie de tous les jours » oublie la nuit, l'autre partie du jour, que nous vivons le plus souvent endormis. La nuit consciente est par définition « extra-ordinaire » pour l'être humain, animal diurne. Elle est exceptionnelle – au sens de ce « qui n'est pas inclus dans la règle générale, habituelle », mais aussi de ce « qui sort de la règle générale, habituelle par sa haute valeur[12] » –, car nous dormons en moyenne huit heures par nuit, avec des variations selon les individus et les âges[13], et moins de sept heures pour les jeunes adultes[14]. Avant minuit, une majorité de la population a rejoint les bras de Morphée, échappant de la sorte à un quotidien vécu, ou du moins conscient. Dormir peu entraînerait une diminution de l'espérance de vie[15].

La loi consacre également ce caractère particulier de la nuit. « Le recours au travail de nuit est exceptionnel. Il prend en compte les impératifs de protection de la santé et de la sécurité des travailleurs[16]. » Travail de nuit interdit aux femmes, perquisitions : la nuit fut longtemps un espace obéissant à des lois spécifiques.

Même répétitive, la nuit ne peut apparemment pas être ordinaire. Elle inquiète, ce qui l'empêche en partie d'appartenir au quotidien. Elle est fantasmagorique, peuplée de monstres et de figures repoussantes. Dans de nombreuses cultures, elle suscite le plus souvent la peur, voire l'épouvante. L'inquiétude face à la nuit, la fascination que font naître les tentations et les mauvais génies sont partout très vivaces. Le sentiment d'insécurité, pas forcément proportionnel à l'insécurité objective, croît avec le noir, alors que s'échappe la raison du jour.

La nuit occupe une place essentielle dans l'imaginaire comme matrice de terreur. Ce sont les heures où l'on a peur du loup, que les fantômes passent les murailles, que les sorcières et sorciers se rendent au sabbat en volant et que les profanations ont lieu. Rétif de La Bretonne a joué de ce frisson dans *Les Nuits de Paris ou le Spectateur nocturne*[17] : « Citoyens paisibles […]. Pour vous, je suis rentré dans les repaires du vice et du crime. » La disparition de la lumière nous confine dans l'isolement, nous enveloppe de silence et nous « désécurise ». C'est un moment de séparation particulièrement mal vécu par les enfants, celui du cauchemar[18] contre lequel cherche à lutter la littérature enfantine.

L'homme n'est pas nyctalope. Il faut s'extraire du confort pour traverser la nuit, la vivre, y habiter. Aussi, la braver n'a rien d'ordinaire. Elle a souvent mauvaise réputation : « Le temps est divisé en deux parties, le jour proprement dit et la nuit pas très propre[19]. » Dans l'imaginaire populaire, les ténèbres sont angoissantes. La nuit est souvent associée à la mort, aux angoisses et aux mystères. Elle vient ramasser dans sa substance maléfique toutes les valeurs négatives[20]. Le diable est habillé de noir. Le jour se lève, mais la nuit tombe. Nous aimons « chasser l'obscurité », « faire toute la lumière » sur une affaire, « éclaircir » une situation ou « mettre au jour ». Selon la Genèse, l'obscurité a précédé le jour. « Dieu dit : Que la lumière soit ! Et la lumière fut. Dieu vit que la lumière était bonne ; et Dieu sépara la lumière d'avec les ténèbres. Dieu appela la lumière jour, et il appela les ténèbres nuit. Ainsi, il y eut un soir, et il y eut un matin : ce fut le premier jour[21]. » C'est bien le « jour » qui désigne le cycle complet des vingt-quatre heures. Le caractère tragique de la nuit tient aussi aux accidents et aux événements sanglants présents dans nos mémoires : *Noche Triste* des Espagnols le 1er juillet 1520 au Mexique, « Nuit sanglante » de Zurich, « Nuit des longs couteaux » et « Nuit de cristal » qui ont ponctué l'ascension hitlérienne. La plupart des grandes catastrophes de l'industrie se sont aussi produites la nuit, à un moment où la vigilance diminuait : Three Mile Island aux États-Unis, Bhopal en Inde ou Tchernobyl.

La nuit est propice aux transgressions, quand elle est blanche, qu'il s'agisse de découcher, de s'initier à l'interdit, à l'alcool, aux drogues, au sexe, d'échapper au contrôle en l'absence de témoins. Rien de quotidien. Depuis des siècles, se soustraire aux rythmes naturels en veillant est souvent une victoire, une forme de distinction par rapport aux travailleurs du jour. La nuit est aussi un moment de passage exceptionnel, celui des rites. C'est de nuit que nous changeons d'année, de siècle, de millénaire. La « nuit blanche » est le nom que l'historienne Arlette Farge donne à celle, si particulière, qui précède l'exécution du condamné[22].

À l'inverse des motifs de l'« imaginaire diurne », ceux du « régime nocturne » traduisent l'union, la confusion et la complémentarité des éléments et des symboles. Le basculement vers le « régime nocturne » s'opère par le biais d'Éros, ambivalent, qui se conjugue à Chronos et Thanatos pour en contrebalancer la charge d'angoisse[23].

La nuit est aussi le temps privilégié de la fête. Elle a ses hauts lieux, ses temps forts, ses sommets, comme le samedi soir et sa « fièvre », le Nouvel An, le Ramadan et les nouvelles festivités métropolitaines (Nuit Blanche, Fête des Lumières…) ou internationales (Nuit des musées, des universités…). Rien de « quotidien » ni d'« ordinaire » dans ces rendez-vous, où l'on ne met pas ses habits « de tous les jours ». On se fait beau pour rejoindre sa tribu, son clan, sa soirée, fête ou événement.

Quand le quotidien nocturne est abordé dans la presse féminine, il est souvent question de l'insomnie, contre laquelle il faudrait lutter : elle « peut perturber le quotidien[24] ». Mais aussi de la nuit « réparatrice » des publicités pour les cosmétiques : « Exfoliez la peau pendant la nuit avec notre peeling doux […] pour une peau plus lisse et plus éclatante[25]. » Ou encore, parfois, des habitudes d'un grand « oiseau de nuit », un noctambule, créateur, artiste en décalage avec le monde. Le chanteur Christophe, qui aimait parler de son « quotidien[26] », offrait parfois aux lecteurs des extraits de son emploi du temps à contre-jour.

Si la nuit festive et événementielle est désormais bien documentée et qu'un champ d'études interdisciplinaire se structure peu à peu sous le nom de *Night Studies*[27], les « quotidiens nocturnes » sont encore peu explorés. Les manières de vivre la nuit sont assez méconnues, bien que les travaux anthropologiques portant sur ce sujet se développent[28], que les conséquences du travail de nuit sur la santé et sur la biodiversité[29] intéressent davantage et que certaines recherches[30] aient mis en évidence des savoirs particuliers, chez celles et ceux qui exercent leur métier la nuit, loin de l'ordinaire du jour. Les travaux sur les quotidiens nocturnes concernent souvent des populations vivant dans un ailleurs géographique et dans des conditions exceptionnelles, comme les pêcheurs hauturiers de Lorient s'activant en mer d'Écosse[31]. C'est encore le quotidien extraordinaire de « Ceux de la nuit », comme les sorciers tenda du Sénégal oriental, qui retient l'attention, ces « êtres qu'on ne peut identifier car leur qualité de sorcier et sorcière se perçoit seulement par ses effets nocifs ou même létaux[32] ». Le quotidien est parfois analysé dans d'autres cultures, dans des espaces et des temporalités bien définies, où l'on accorde à l'obscurité la propriété de pouvoir contaminer le jour, comme chez les Indiens tseltal du Chiapas, au Mexique[33]. Toujours observée ailleurs, « l'intimité de l'obscur » est parfois évoquée comme un patrimoine en voie de disparition, menacé par les transformations de la modernité[34]. Mais l'intimité de la nuit, c'est aussi celle de notre maison[35], de notre chambre à coucher[36] ou du bar[37].

Le caractère exceptionnel de la nuit comme temps d'arrêt est actuellement éclipsé par l'extension du domaine du jour. Il y a désormais une vie dans nos villes après la tombée de la nuit, quand l'éclairage artificiel prend le relais. Le *statu quo* qui faisait naturellement de la nuit un « non-jour », hors du quotidien, pour la grande majorité des personnes, endormies, a évolué. Le temps continu de l'économie et des réseaux nous émancipe peu à peu de l'alternance originelle, même si l'urgence écologique et énergétique nous incite à éteindre les lumières la nuit. Les entreprises qui cherchent à optimiser leur parc de machines fonctionnent souvent en continu. En Europe, le travail de nuit concerne désormais 15 % des salariés. Les sociétés commerciales et de services affichent leurs horaires d'ouverture 24 heures sur 24. Progressivement, les activités humaines se déploient vers la nuit et recomposent un nouvel espace de travail et de loisirs. La durée moyenne du sommeil est même passée en dessous de 7 heures en France[38]. Cela a pour conséquence que la nuit intéresse désormais les pouvoirs publics comme les entreprises, les résidents comme les visiteurs.

C'est dans ce contexte qu'il faut creuser l'hypothèse qu'il existe des « quotidiens nocturnes », interroger les pratiques et usages de ceux qui affrontent la nuit éveillés.

Plongée dans la nuit, à la recherche d'un possible quotidien.

Bien que certains sites d'offres d'emploi fassent encore la promotion du travail de nuit – « plus de temps libre pour faire d'autres activités pendant la journée ; la possibilité de suivre des cours durant la journée ; moins de trafic la nuit ; un salaire plus intéressant ; des postes à pourvoir plus nombreux ; l'ambiance de travail est plus calme et apaisante[39] » –, on en connaît désormais l'impact négatif sur la santé. Pour celles et ceux qui en font l'épreuve, par choix ou par contrainte, la traversée de la nuit n'est pas sans danger. En cela ils sortent déjà de l'ordinaire, du quotidien.

Celui qui les observe et les questionne ne le fait pas non plus de manière banale L'exploration loin des repères diurnes nous conduit hors des sentiers battus. La démarche étonne les veilleurs eux-mêmes, qui ne s'interrogent plus. Ils vivent la nuit sans y penser vraiment, comme si ce quotidien « ne véhiculait ni question ni réponse, comme s'il n'était porteur d'aucune information[40] ». Les mots d'un vendeur de fleurs milanais prennent ici tout leur sens : « Je ne peux rien vous dire sur la nuit. Je ne sais rien. Je travaille. » Nous aurions pu interroger des figures attendues de la mythologie nocturne : policier, travailleuse du sexe, bandit, chauffeur de taxi ou livreur. Nous avons préféré nous intéresser aux quotidiens plus discrets d'un ouvrier, d'un barman et d'un sans domicile fixe[41]. Nous avons choisi d'enquêter auprès du premier parce qu'il travaillait en horaires postés et avait du recul sur son métier. Le second n'avait pas toujours exercé dans un établissement de nuit et avait fait ce choix à un âge où d'autres cherchent à regagner le jour[42]. Enfin, on oublie souvent que la nuit peut être longue et le sommeil très difficile à trouver pour les naufragés[43] de la ville[44].

Dans le quotidien d'une usine.

Dylan[45] travaille pour un sous-traitant automobile sur une zone d'activités excentrée du plateau lorrain. À 24 ans, après un CAP de conducteur d'installations de production, il est « pilote de ligne de production » de portes de véhicules. Pour lui comme pour beaucoup d'autres, la nuit est un non-choix. Personne n'est fier d'exercer un travail nocturne.

Pour l'ouvrier en 3 × 8, le quotidien est difficile à caler entre la semaine du matin, celle de l'après-midi et celle de nuit. Une vie en horaires postés. Le quotidien, ce sont les gestes que l'on répète tous les jours, une répétition imposée. Chaque nuit de travail se déroule selon un rituel immuable.

20 h 00. Départ du domicile en voiture. Régulièrement les mêmes animaux au bord de la route.

20 h 30. Arrivée à l'usine, une demi-heure à l'avance pour récupérer de l'information de l'équipe précédente.

21 h 00. Prendre connaissance du planning de production.

21 h 05. Faire un « Top 5 » = réunion de départ pour les opérateurs.

21 h 15. Lancer la production. Il règle les machines et effectue le contrôle qualité.

22 h 00. Contrôle.

23 h 00. Première pause. Remplacer les collègues qui partent en pause.

1 h 00. Seconde pause.

2 h 00. Pause repas. Il ne prépare pas sa gamelle, mais avale un sandwich.

5 h 00. Fin. Il va donner les résultats, informer ses supérieurs.

5 h 15. Il quitte l'usine avec son véhicule pour rejoindre son domicile.

5 h 30. Il passe à la boulangerie et rentre à son domicile prendre un petit déjeuner. Ensuite, il cherche à dormir.

Pour le reste, il « essaie de vivre » entre courses, ménage et sport.

Pour tenir la nuit, il prend une boisson énergisante, plusieurs cafés et des comprimés pour le mal de dos. Au retour, il avale un cachet pour essayer de dormir. Les pauses cigarettes rythment ses heures de travail : « Ça permet aux ouvriers de tenir, de passer la nuit. » Certains opérateurs se raccrochent au chiffre de production. Parmi ses rituels, il évoque l'arrivée en voiture avec la radio et de la musique, le passage du tourniquet avec le badge, l'acte d'enfiler le bleu de travail. Tout le monde se salue, de nuit comme de jour. « La joie, pour l'ouvrier, c'est la bonne humeur d'un collègue, l'entraide ». Il a seize collègues sur la ligne : cinq ouvriers… et onze robots.

La nuit a des conséquences sur la vie quotidienne de jour. « Je ne me prépare pas à la nuit. Je la subis. Quand je travaille le lundi à 21 heures, je me force à ne pas dormir afin de m'écrouler dans la journée et de trouver un rythme. » Il essaie de « décaler les cycles », ce qui fonctionne rarement.

> Je suis ordinaire avec mes collègues dans la nuit, mais extraordinaire par rapport à la vie des autres dans le jour. […] Je le sens quand je parle avec mes amis. […] Ce travail de nuit dérègle la santé physique et mentale. Ça pourrit la vie. […] Je suis décalé avec le monde normal ; les gens normaux vont se coucher quand toi tu pars travailler.

Il se sent en complet décalage avec le reste de la société.

> Pour vivre normalement quand on est en 3 x 8, il faut sans cesse anticiper, compter sur les postes pour le moindre rendez-vous. […] D'autres gèrent mieux que moi. Ils dorment de 5 à 7 heures ; se lèvent avec les enfants et se recouchent l'après-midi. Moi, non. C'est un cercle vicieux. On est fatigués, donc on n'a pas envie, donc on ne sort pas… C'est difficile d'en sortir.

Pour lui, la nuit ne peut pas être ordinaire. La répétition ne suffit pas. Il y a aussi une ambiance à part, des gens, des bruits, des lumières. C'est une atmosphère extraordinaire. Le simple fait de devoir batailler pour rester éveillé n'a rien d'ordinaire. « Le travail de nuit est une lutte. La plupart des collègues détestent travailler la nuit, sauf ceux de la maintenance, qui peuvent parfois dormir sur leur bureau. »

« C'est ordinaire pour personne. Le quotidien de l'ouvrier, c'est d'être dans le cycle. […] La répétition est la base de notre travail. » Dans l'industrie, il y a un concept clé : les standards. Chaque action doit être décrite précisément : « L'industrie, ça fonctionne avec des temps. Il y a un temps pour tout. Le temps du cycle est le temps calculé que l'on doit tenir pour faire une pièce. » Pour chaque acte, il y a un document, une cadence calculée.

> En France, on travaille selon le *toyotisme*, le *lean management* ou « management aminci ». Tout est réglé. C'est carrément une routine, la même la nuit que le jour. Le travail est aliénant. Il n'y a pas de créativité. Il faut exécuter ce que quelqu'un a créé. On est payés pour faire ce qu'on nous dit, comme des robots programmés avec leurs rythmes. On fait toujours la même chose ou presque. Le quotidien ne change pas. Il n'y a rien d'extraordinaire. C'est peut-être cela, le quotidien.

Seule différence, « on ruse la nuit, car il y a moins de chefs, moins de surveillance ». On prend davantage de temps pendant les pauses. « Les écouteurs sont normalement interdits, mais la nuit, ils sont tolérés. »

Au service de la nuit festive.

Thierry a la cinquantaine. Venant du monde de la communication, il est devenu « ambassadeur » d'un bar, dans une grande ville du Sud-Ouest, qui fonctionne avec « début de soirée *lounge* et seconde partie de soirée avec bar de nuit et *before* festif ». Il intervient quatre nuits par semaine dans l'établissement. Sa mission est « non seulement d'accueillir, de fidéliser, de donner envie aux clients de revenir dans ce lieu, mais aussi d'impulser une dynamique au sein de cette équipe, de la cohésion, une vision ».

Il a toujours été attiré par la vie nocturne et a commencé à travailler de nuit en 2009. Aujourd'hui, il est au cœur de la nuit, non plus en qualité d'observateur – journaliste, acteur de la prévention ou militant associatif –, mais en tant que travailleur, « nuitard de 18 heures à 3 heures du matin ». Pour lui, « il existe un quotidien, au sens de la reproduction de chaque jour et de chaque nuit, et de la répétition ».

Son travail débute en fin d'après-midi et se termine au milieu de la nuit, à la fermeture du bar. Suit une heure environ de temps de caisse, fermeture, débrief… Le début de soirée consiste à assurer la mise en place de la salle en accompagnant les équipes pour le travail de restauration classique, et à préparer l'accueil des clients. « Je suis une sorte de maître d'hôtel, de référent, de taulier, d'ami, de protecteur pour les femmes qui, en seconde partie de soirée, souhaitent faire la fête en toute quiétude. » Les premières heures de la soirée sont un moment de service plus traditionnel, où les clients sont plus centrés sur eux-mêmes.

> À ce moment, on peut ressentir une forme de routine. […] C'est leur temps, qu'il faut respecter. Au fur et à mesure de l'avancée de la nuit, ils s'ouvrent aux autres, sont en quête de chaleur, de rencontres, de partage… Ce second temps laisse le champ ouvert aux possibles et permet d'évacuer la routine. […] À partir de 22 h 30, je métamorphose le lieu en un *before* festif – lumière tamisée, son augmenté progressivement, petits mots au micro –, j'anime… […] Je tente de faire de cette soirée un moment inoubliable pour tous.

La nuit dans l'établissement ne doit pas être ordinaire, mais permettre de rompre avec le quotidien. La dimension onirique se prolonge jusqu'au bout, jusqu'à « la fermeture, où j'accompagne les clients à la porte. Je les salue. Le temps de faire la caisse arrive, puis le débrief avec les équipes. C'est mon quotidien pour contribuer à une soirée qui, pour eux, ne l'est pas ».

Cette plongée se prépare. Avant de rejoindre le bar, Thierry pratique la méditation « pour se nettoyer […], être dans l'harmonie face à des clients dont les comportements peuvent être parfois toxiques ». Il passe systématiquement saluer tous les membres des équipes. « J'entre, quelque part, sur une scène pour quelques heures de show et je crois en la force de la cohésion, de la tendresse, du partage, des émotions. » Aujourd'hui, il attend avec impatience ce rendez-vous nocturne, auquel il est devenu « *addict* ». Il observe une « montée d'adrénaline vers 17 heures », au moment où il se prépare, « tel un artiste avant d'entrer en piste ».

Depuis qu'il intervient dans ce bar *lounge*, son rythme de vie a été bouleversé. Il se couche vers 5 heures du matin, se réveille vers 12 heures, voire plus. Il a très peu de temps pour assurer d'autres activités.

> Les premières semaines ont été un décalage total du rythme du sommeil : difficulté à m'endormir en rentrant à 4 ou 5 heures du matin ; fatigue intense, irritabilité, difficulté à reprendre un rythme normal mes jours de repos, journées passées en robe de chambre, un repas de moins par jour. […] Cette activité a un impact important sur le reste de ma vie. Pendant mes quatre jours de travail, je ne sors quasiment pas. En hiver je ne vois que très peu la lumière du jour.
> La nuit est toujours extraordinaire, car dans un contexte de nuit festive nous sommes confrontés à un public hétéroclite qui modifie ses comportements au fur et à mesure que les heures s'écoulent. Elle est à la fois libératrice, anxiogène, propice à la communication. C'est un catalyseur révélant les individus, les ombres et lumières.

Pour ce poète, elle ouvre le champ de l'improbable :

> Il surgit des pépites, des étoiles, un instant, à l'écoute d'une musique, d'un baiser d'amoureux, d'une danse, et puis tout s'évanouit aussi rapidement qu'une comète. […] On attend cet extraordinaire. Mieux, on le suscite de différentes manières. […] Dans ce métier, il existe des protocoles à appliquer, répétitifs mais nécessaires, des recettes qui répondent aux attentes des clients. Une heure où il est indispensable d'ajouter une pincée onirique : musique, lumière, discussion. […] Passer outre, c'est prendre le risque de voir la clientèle fuir et de s'ennuyer. Ces techniques permettent de déclencher la magie que le public attend dans la nuit et qui le sort nécessairement de l'ordinaire.

Dans la rue.

Omar a 50 ans. Il a été peintre décorateur, mais a développé une allergie aux produits chimiques utilisés. Sans emploi, cela fait deux ans qu'il est dans la rue. Il aime sa liberté et préfère dormir dehors que dans un centre, sur un lit de camp, entouré de gens alcoolisés, et être « jeté dehors à 7 heures du matin ». Depuis quelques mois, il partage son coin de carton sous les arcades d'une résidence avec un ami. Je suis invité à prendre place à côté d'eux pour échanger. Alors que la nuit tombe, je cherche vainement les regards froids des passants. Invisible, j'ai changé de point de vue sur la rue et sur la ville, comme Omar et son ami.

La nuit, Omar l'a aimée dès son enfance. Il se souvient des longues traversées nocturnes vers la Mauritanie, avec son père, pour aller y vendre des voitures. Par la suite, en Belgique, employé dans une fabrique de tapis, il a tout fait pour travailler la nuit. Il cherchait à gagner plus, mais surtout, « il n'y avait plus les gens de bureau. On était une petite équipe, c'était plus sympa, avec moins de stress, et le temps passait plus vite ».

Omar et son ami ne regagnent les arcades au pied de l'immeuble d'habitat social qu'à la nuit tombée. « La journée, les gens passent. Ils sont gênés, et nous aussi. [...] La nuit, avec l'obscurité, c'est différent : ils viennent nous voir, apportent parfois un gâteau. Dans l'obscurité, ils n'ont pas peur ». Ils ont choisi ce secteur plutôt qu'une cité ou la gare. « Là, on n'est pas en sécurité, avec les gens sous crack. [...] Ici, le soir, des associations passent avec de la soupe, des sandwichs. Mais surtout, ils nous parlent. Parfois on partage un repas ».

C'est devenu une habitude.

> En cette période, on fait marcher la gazinière [en réalité, un petit réchaud] – quand elle fonctionne – vers 19 heures, 20 heures, comme à la maison. On est dehors toute la journée et comme tous les gens à la rue, on marche beaucoup. [...] Un bon SDF, c'est un SDF qui marche. [...] Alors, le soir, il nous faut quelque chose de chaud dans le ventre.

« La nuit, je suis sur mes cartons, presque en sécurité, même si je reste aux aguets. » Ils ne dorment pas « normalement » mais « seulement d'un œil ».

> On ne trouve pas le sommeil profond. Au moindre bruit, on se réveille. On se retourne ou on s'assoit. [...] On se réveille au moins quatre à cinq fois dans la nuit, qui est fracturée. [...] L'eau du fleuve proche apaise. On arrive quand même à se rendormir, car la marche en journée et le froid nous fatiguent. [...] Le matin, on se lève vers 8 h 30-9 heures. On marche. On va parfois dans une association où on boit un café et où on récupère des affaires en bagagerie.

La liberté, c'est la bagagerie, qui leur permet de ne pas tout porter sur eux ou tout stocker là où ils dorment.

> En journée, on laisse seulement les cartons sur place, là où l'on dort. [...] La rue, ce n'est pas facile, surtout pour les femmes. J'en ai connu une qui dormait dans les toilettes handicapés de l'hôpital. [...] Contrairement à ce qu'on dit parfois, il y a de la solidarité. Nous, on aide un jeune de 19 ans.

Pour Omar, la nuit est là tous les jours. C'est une « répétition ». C'est toute la vie quotidienne, qui paraît répétitive. « Au bout de quelques mois dans un quartier, une routine s'installe comme le métro-boulot-dodo des Parisiens. » Les nuits extraordinaires, c'est l'été. « C'est agréable d'être dehors, dans la douceur. Je me lève parfois pour me promener. L'hiver, c'est presque une souffrance d'aller pisser. Je suis plus angoissé la journée que la nuit. Ce qui fait la différence, c'est les saisons, le week-end aussi, où il y a un peu plus de bruit le samedi soir. »

« La nuit, je pense mieux que le jour, pour prendre des décisions. Certaines nuits, je ne dors pas, mais j'ai moins de stress qu'en journée. C'était le contraire quand je vivais en appartement. » Omar se dit « en contact avec la nature » la nuit. « On voit des hiboux parfois. Je suis plus sensible à la nature, au fleuve que l'on entend mieux. Un soir, l'été dernier, un hérisson nous a rendu visite. »

« Nous avons des habitudes et une petite vie ordinaire. » Pour Omar, ce sont les gens qui les voient par terre qui pensent que c'est « extraordinaire ». « Ils sont touchés par le cœur plus qu'ils nous admirent. […] Certains pensent que l'on souffre alors que, pour ma part, c'est en partie un choix. »

De la place du quotidien dans un espace-temps extraordinaire.

En suivant la piste du poète, nous avons embarqué pour un voyage « dans la (les) nuit(s) de tous les jours[46] ».

Des quotidiens pluriels.

En filant la métaphore marine, celle de la traversée, des plongées dans ces nuits contrastées, nous avons pu retrouver quelques balises dans le jour, dépasser le paradoxe apparent et nourrir notre connaissance du quotidien de l'extraordinaire d'une situation et d'un milieu. À l'issue de cette première enquête, nous pourrions reprendre les mots de Georges Perec :

> Il m'importe peu que ces questions soient, ici, fragmentaires, à peine indicatives d'une méthode, tout au plus d'un projet. Il m'importe beaucoup qu'elles semblent triviales et futiles : c'est précisément ce qui les rend tout aussi, sinon plus, essentielles que tant d'autres au travers desquelles nous avons vainement tenté de capter notre vérité[47].

Il ne s'agit pas d'un quotidien mais de quotidiens pluriels dont l'exploration doit se poursuivre, car ce domaine apparent du monotone et du répétitif change sans cesse.

Les conditions d'un quotidien nocturne.

Si la nuit est un front pionnier extraordinaire, ses conquérants ont malgré tout un quotidien, des habitudes. La répétition permet de fabriquer et de maintenir ce quotidien. C'est celle de l'obscurité, qui arrive dès que la nuit tombe, recréant de manière cyclique un territoire éphémère, un temps physique, social et physiologique particulier. C'est aussi la répétition des mille petits gestes qui permettent de « passer la nuit », les rituels, les repères : pauses, café, cigarette, repas, échange. Construire un quotidien nocturne dans l'extraordinaire, hors de son *œkoumène*[48], est à la fois une condition pour habiter la nuit et un effort constant, dans ce contretemps physiologique et social. Dans les métiers de service, la traversée nocturne nécessite que l'on mette en œuvre techniques et protocoles pour amener les clients à faire l'expérience de l'extraordinaire, ou simplement pour tenir bon. Elle n'est possible qu'en s'appuyant sur les autres, en entretenant des liens. Elle demande un effort, une préparation de la personne qui exerce ces fonctions et des dispositifs autour d'elle, ainsi qu'une vigilance accrue. Ce quotidien nocturne « dépasse les bornes », déborde – non sans conséquences – sur la vie quotidienne en journée. L'extraordinaire de la nuit affecte le quotidien diurne, le déstabilise.

Cependant, la nuit ne semble pas permettre de transformation des actions quotidiennes. Le quotidien de ceux dont il a été question est souvent répétitif, rarement émancipateur. La ruse[49] ne devient possible qu'en l'absence de témoins, de supérieurs. L'activité nocturne enfermerait plutôt dans un cercle vicieux de fatigue, lestant la remontée facile vers le jour. Les salariés interrogés sont tous suivis par un médecin. S'y bricoler un quotidien ne rend pas pour autant leur situation banale. Le bon rythme n'est pas aisé à trouver. Depuis la réalisation de notre enquête, fin 2021, Dylan et Thierry ont quitté leur poste de nuit. L'un est à la recherche d'une formation et le second a repris ses activités dans le journalisme et la communication.

Un questionnement ouvert.

Par contraste, cette première exploration permet également de faire émerger quelques questions sur le quotidien de celles et ceux qui ne sont pas éveillés la nuit. Le sommeil peut-il relever du quotidien ? Peut-on habiter en sommeil ? Peut-il y avoir un quotidien sans conscience ? L'absence d'activité liée au sommeil peut-elle être incluse dans le quotidien ?

On ne sort pas indemne d'une plongée dans les nuits. Le statut du chercheur lui-même, dans cette situation d'enquête, doit être interrogé. Il s'immerge dans ce milieu, se laisse envelopper, voire manipuler, par un exotisme de proximité. C'est tout sauf quotidien et ordinaire pour lui : un monde ouvert, la promesse d'une rencontre, d'une découverte permanente échappant à toute tentative d'« épuisement »[50], une exploration sans cesse renouvelée, comme un horizon qui s'échappe : « Bien que répétitifs, les rythmes et les cycles prennent toujours l'allure de la nouveauté : l'aube semble toujours la première. Le rythme n'empêche pas le désir et le plaisir de la découverte. La faim et la soif paraissent toujours nouvelles[51]. »

L'extraordinaire nocturne donne une couleur particulière à toutes les « vies minuscules[52] », à tous ces quotidiens qui se déploient dans l'ombre. Chercher à comprendre la vie quotidienne de nuit ne signifie pas accepter le réel étudié. Il s'agit de le déchiffrer à la lumière du possible en adoptant une attitude critique[53]. Révéler ces quotidiens, c'est aussi mettre en évidence les tensions et paradoxes qui traversent nos sociétés et s'exacerbent à la nuit tombée. « Pouvant être blanche et noire » : cette définition pour cruciverbistes traduit bien l'ambiguïté du quotidien nocturne, qui mêle banalité et enchantement, habitudes et débordement, l'ordre commun et l'extraordinaire.

Luc Gwiazdzinski
luc.gwiazdzinski@toulouse.archi.fr
Professeur à l'ENSA Toulouse,
chercheur au Laboratoire de recherche en architecture (LRA)

NOTES

1. Richard Bohringer, « Confessions d'un oiseau de nuit » [vidéo], INA, 1985.
2. *Id.*, *C'est beau une ville la nuit*, Paris, Flammarion, 2012.
3. Derek Schilling, « La pensée du quotidien », in *Mémoires du quotidien : les lieux de Perec*, Villeneuve-d'Ascq, Presses universitaires du Septentrion, 2006, p. 29-64.
4. Georges Perec, *L'Infra-ordinaire*, Paris, Seuil, 1989.
5. Véronique Nahoum-Grappe, « Déréalisation nocturne », *in* Luc Gwiazdzinski, Marco Maggioli et Will Straw (dir.), *Nights Studies : regards croisés sur les nouveaux visages de la nuit*, Grenoble, Elya, 2020.
6. Michel de Certeau, *L'Invention du quotidien. I, Arts de faire*, Paris, Gallimard, 1990.
7. Thierry Paquot (dir.), *Le Quotidien urbain. Essais sur les temps des villes*, Paris, La Découverte, Institut des villes, 2001.
8. Extrait de la définition qu'en donne le portail lexical du CNRTL (https://www.cnrtl.fr/definition/quotidien).
9. Henri Lefebvre, « Quotidien et quotidienneté », *Encyclopaedia Universalis*, 1980, p. 420.
10. Selon le dictionnaire *Larousse*, ce rythme correspond au « retour quotidien, à heure fixe, des mêmes phénomènes chez un être vivant sous l'influence des changements d'éclairement, de température, etc. »
11. Luc Gwiazdzinski (dir.), *La Ville 24 heures sur 24 : regards croisés sur la société en continu*, La Tour-d'Aigues, Éd. de L'Aube, Paris, DATAR, 2003.
12. Portail lexical du CNRTL : https://www.cnrtl.fr/definition/exceptionnel.
13. « Tout savoir sur le sommeil », site de l'Institut national du sommeil et de la vigilance (INSV), 2021, https://institut-sommeil-vigilance.org/tout-savoir-sur-le-sommeil/
14. Enquête INSV/BVA, « Healthcare, sommeil et rythme de vie », 2009.
15. Christer Hublin, Markku Partinen, Markku Koskenvuo et Jaakko Kaprio, « Sleep and Mortality : A Population-Based 22-Year Follow-Up Study », *Sleep*, vol. 30, n° 10, 2007, p. 1245-1253.
16. Code du travail, article L. 3122-1 modifié par loi n° 2016-1088 du 8 août 2016 – art. 8 (V).
17. Nicolas Edme Rétif de la Bretonne, *Les Nuits de Paris ou le Spectateur nocturne*, Paris, Honoré Champion, 2019 (1788-1794).
18. Guy de Maupassant, « La Nuit », *Gil Blas*, Paris, 14 juin 1887.
19. Ambrose Bierce, *Le Dictionnaire du diable*, Paris, Payot & Rivages, 2014 (1955).
20. Gilbert Durand, *Les Structures anthropologiques de l'imaginaire : introduction à l'archétypologie générale*, Paris, Dunod, 1992 (1960).
21. Genèse 1,3-31, *La Sainte Bible*, trad. de Louis Segond, Société biblique de Genève, 1910.
22. Arlette Farge, *La Nuit blanche*, Paris, Seuil, 2002.

23. *Ibid.*

24. Geneviève Andrianaly, « Insomnies : 9 petits gestes du quotidien pour lutter contre ce trouble du sommeil », *Femme Actuelle* [en ligne], 22 avril 2020, https://www.femmeactuelle.fr/sante/sante-pratique/insomnies-9-petits-gestes-du-quotidien-pour-lutter-contre-ce-trouble-du-sommeil-2094151

25. « Kiehl's – Nightly Refining Micro-Peel Concentrate – Gommage micro-peeling quotidien de nuit pour le visage », publicité diffusée sur le site Web des Galeries Lafayette (consultée le 1er décembre 2022).

26. « Christophe dévoile son quotidien », article publié sur le site Purepeople [cet article n'est plus disponible en ligne].

27. Luc Gwiazdzinski, Marco Maggioli et Will Straw (dir.), *Night studies*, *op. cit.*

28. Voir notamment le séminaire « Anthropologie de la nuit » du Laboratoire d'ethnologie et de sociologie comparative.

29. Romain Sordello, Fabien Paquier et Aurelien Daloz, 2021, *Trame noire. Méthodes d'élaboration et outils pour sa mise en œuvre*, Vincennes, Office français de la biodiversité, 2021.

30. Anne Perraut Soliveres, *Infirmières : le savoir de la nuit*, Paris, *Le Monde*, PUF, 2001.

31. Boris Charcossey, *Contre temps et marées : pêcheurs hauturiers de Lorient en mer d'Écosse*, Nanterre, Société d'ethnologie, 2019.

32. Marie-Paule Ferry, *Ceux de la nuit. Les sorciers tenda du Sénégal oriental*, Nanterre, Société d'ethnologie, 2014.

33. Aurore Monod Becquelin et Marie Chosson, « La nocturnité au quotidien chez les Indiens tseltal du Chiapas (Mexique) », *Atelier d'anthopologie*, n° 48, 2020.

34. Michel Adam, *Un Deuxième Monde, La nuit des Kikuyu du Kenya*, Nanterre, Société d'ethnologie, 2018.

35. Emanuele Coccia, *Philosophie de la maison. L'espace domestique et le bonheur*, Paris, Rivages, 2021.

36. Pascal Dibie, *Ethnologie de la chambre à coucher*, Paris, Grasset, 1987.

37. Dominique Desjeux (dir.), *Regards anthropologiques sur les bars de nuit*, Paris, Montréal, L'Harmattan, 1999.

38. « Sommeil : les Français dorment moins de 7 heures par nuit », *Futura* [en ligne], 12 mars 2019 (consulté le 1er décembre 2022), https://www.futura-sciences.com/sante/actualites/medecine-sommeil-francais-dorment-moins-7-heures-nuit-42827/

39. « Le travail de nuit a plus d'avantages que vous ne le pensez », site Web d'Alloextra (consulté le 1er décembre 2022), https://www.alloextra.com/info/travail-de-nuit/

40. Georges Perec, *L'Infra-ordinaire*, *op. cit.*

41. Enquête que j'ai menée en France, en novembre 2021.

42. Luc Gwiazdzinski, « L'économie de la nuit », *in* Catherine Espinasse, Luc Gwiazdzinski et Édith Heurgon, *La Nuit en question(s)*, Paris, Hermann, 2017, p. 256-278.

43. Patrick Declerck, *Les Naufragés. Avec les clochards de Paris*, Paris, Plon, 2001.

44. Xavier Emmanuelli, « Apprendre à habiter la nuit », *in* Luc Gwiazdzinski, *La Nuit, dernière frontière de la ville*, La Tour-d'Aigues, Éd. de l'Aube, 2005, p. 8.

45. Les prénoms des trois enquêtés ont été modifiés.

46. Richard Bohringer, *C'est beau une ville la nuit*, *op. cit.*

47. Georges Perec, *Espèces d'espaces*, Paris, Éd. Galilée, 1974.

48. « Pour les géographes, le terme désigne l'espace de vie des hommes à la surface de la planète, l'ensemble des espaces terrestres habités par l'humanité. Les limites de l'écoumène font référence aux espaces interdisant l'occupation permanente, comme le continent antarctique », Géoconfluences [en ligne], janvier 2017 (consulté le 29 décembre 2022), http://geoconfluences.ens-lyon.fr/glossaire/ecoumene

49. Michel de Certeau, *L'Invention du quotidien. I, Arts de faire*, *op. cit.*

50. Georges Perec, *Tentative d'épuisement d'un lieu parisien*, Paris, Christian Bourgois, 1975.

51. Henri Lefebvre, *Critique de la vie quotidienne. III, De la modernité au modernisme, pour une métaphilosophie du quotidien*, Paris, L'Arche, 1981.

52. Pierre Michon, *Vies minuscules*, Paris, Gallimard, 1984.

53. Henri Lefebvre, *Critique de la vie quotidienne. II, Fondements d'une sociologie de la quotidienneté*, Paris, L'Arche, 1961.

RÉSUMÉ

Dans la (les) nuit(s) de tous les jours. Petite plongée dans quelques quotidiens nocturnes de la France contemporaine

L'article propose une exploration des nuits de tous les jours. Il teste l'hypothèse contre-intuitive et paradoxale de l'existence d'un quotidien dans des nuits par nature extraordinaires, à partir des modes de vie de quelques figures particulières. Plus largement, il ouvre la réflexion sur la construction d'un quotidien hors de son *œkoumène*, comme condition même de l'habiter la nuit et effort constant dans un contretemps physiologique et social.

MOTS-CLÉS : nuit, quotidien, condition nocturne, habiter, modes de vie

SUMMARY

Into Everyday Life Night(s). Delving into Some Nightly Routines of Today's France

The article explores everyday life nights. It tests the counter-intuitive and paradoxical hypothesis of a nightly everyday life of – by nature – extra-ordinary nights, by drawing on a few outstanding figures' lifestyles. More broadly, the article opens up a reflection on the construction of a daily life outside the oecumene (i. e. the social spaces), given that the very condition of inhabiting the night consists in resisting physiological and social limitations.

KEYWORDS : night, everyday life, nocturnal condition, dwelling, lifestyles

RESUMEN

En la(s) noche(s) cotidianas. Pequeño buceo en algunos cotidianos nocturnos de la Francia contemporánea

El articulo propone una exploración de las noches de todos los días. Pone a prueba la hipótesis contraintuitiva y paradójica de una cotidianeidad nocturna en unas noches por naturaleza extraordinarias en referencia a modos de vida de algunas figuras particulares. Más allá, abre la reflexión sobre la construcción de un cotidiano fuera de su ecúmene como condición misma de vivir la noche y como esfuerzo constante en un contratiempo fisiológico y social.

PALABRAS CLAVES : noche, cotidiano, condición nocturna, vivir, modo de vida

Christophe Granger

Les odeurs de la rue de la Rousselle, ou comment faire de l'histoire avec du quotidien

Pour Alain Corbin

On trouve dans *Mimésis*, le grand livre d'Erich Auerbach, une invitation à poser le problème de la vie quotidienne dans les termes du savoir. Je me contente ici d'en prélever un morceau en guise de point de départ qui, s'il concerne un moment particulier de sa démonstration, me servira à préciser la question générale qui m'intéresse :

> La tragédie classique française sépare rigoureusement les personnages et les événements tragiques du monde subalterne au-dessus duquel le drame se déroule [...] ; il n'est presque jamais question de dormir, boire ou manger, pas plus que du temps qu'il fait, de l'heure ou d'un paysage, et lorsque de telles indications sont données elles se fondent dans le style sublime. Aucun mot bas ne peut trouver place dans ces œuvres, il n'est pas permis non plus de nommer un objet d'usage quotidien par sa désignation courante. On sait avec quelle énergie les romantiques se sont élevés contre toutes ces conventions, notamment Victor Hugo qui, dans sa *Réponse à un acte d'accusation*, fut peut-être leur porte-parole le plus passionné et le plus spirituel ; de ce poème presque trop éloquent (on le trouvera dans les *Contemplations*), où le poète part en guerre contre le sublime classique, un vers particulièrement caractéristique s'est gravé dans ma mémoire :
> On entendit un roi dire : Quelle heure est-il[1] ?

Partir de ce texte-ci plutôt que de ceux de Lefebvre ou de Certeau, qui ont donné sa noblesse académique à l'étude critique du quotidien, peut sembler étrange. Et pourtant, le défi que lance Auerbach mérite attention. Il ne vise pas à faire entrer le quotidien dans le champ de l'analyse ; ni même à préciser ce qu'il peut y avoir de quotidien dans le boire, le dormir ou le manger. Il fait autre chose. En creusant le long empêchement qui, en Occident, a exclu la vie ordinaire des représentations de la réalité sociale, il fait apparaître la place, centrale, que le quotidien tient dans le genre de savoir qu'on se donne au sujet de cette réalité. Le problème est évidemment de ceux qui interpellent la pratique de l'histoire. Mais il le fait d'une façon bien particulière. Au lieu de demander *s'il faut* nommer les usages ou les objets du quotidien pour avoir décrit une société (n'est pas Hugo qui veut), il invite à demander plutôt *comment on s'y prend* pour le faire, et ce que change le fait de le faire.

En clair, si l'on admet désormais volontiers parmi les historiens que les « détails » du quotidien – la toilette, le repas, la cuisine, la vache à traire et le lait bu, bref, tout ce que Malinowski appelait les « impondérables de la vie authentique[2] » – ont leur place dans la description historique des conduites sociales, il est bien moins simple de déterminer comment leur donner la place qui convient. Comment, dans le *continuum* de tout ce qui a lieu, décider qu'un geste, un mot, un objet ou « n'importe quoi[3] » sont constitutifs du quotidien, et au nom de quoi ? Pour qui sont-ils « familiers », « ordinaires » ou « sans importance », et le sont-ils toujours, et toujours de la même façon ?

Le questionnement qui s'ouvre ici, comme l'a bien vu Albert Piette, n'est pas seulement celui du principe de pertinence au nom duquel on étudie ce qu'on étudie[4]. Bien sûr, je peux décrire un geste passé comme *quotidien*, parce qu'il m'a été donné par ailleurs d'établir son degré de typicité, de généralité ou de régularité dans l'univers que je veux comprendre : les X se lèvent, s'asseyent ou mangent *tous les jours*. Mais je n'en sais alors pas beaucoup plus long sur la façon qu'ils avaient, dans telle ou telle circonstance, de découper dans tout ce qui avait lieu ce qu'ils tenaient pour du quotidien, mais aussi de lui attribuer, entre eux, du sens et de la valeur. Et c'est bien ce point que je voudrais creuser ici. Faire *de* l'histoire *avec* du quotidien, si la chose a bien un sens, autrement dit faire tenir le dormir, le boire et le manger dans l'écriture de l'histoire, ce n'est pas dresser, comme on peut, une collection de faits ordinaires dont on pourrait décréter qu'ils forment l'arrière-plan banal, réglé ou régulier de vies qu'on pourrait ainsi décrire à travers eux ; c'est au contraire trouver le moyen de comprendre aussi exactement que possible quel rôle et quel prix les acteurs étudiés pouvaient bien attribuer au quotidien dans l'organisation de la vie sociale qui était la leur.

*

Pour mener à bien ce travail de clarification (de ce qu'on peut attendre du quotidien en histoire), j'ai choisi de ne retenir qu'un « cas », dont je ne me hasarde évidemment pas à dire au départ s'il relève, ou non, du banal et de l'ordinaire.

*

Le 5 mars 1903, la cour d'appel de Bordeaux a à connaître d'une affaire d'odeurs de voisinage[5]. Deux ans plus tôt, Maurice Laurens a porté plainte contre l'un de ses voisins, Charles Gillet[6]. Tous deux résident à l'extrémité de la rue de la Rousselle, à Bordeaux, à l'endroit où elle rejoint le cours Victor-Hugo, au niveau de la porte de Bourgogne, non loin du quai de débardage des marchandises (fig. 1). Laurens vit au n° 17 du cours Victor-Hugo, il a 33 ans, et il occupe alors tout le premier étage d'un immeuble qui en compte trois avec sa mère (Marie, 54 ans), son épouse et une domestique[7]. Gillet, lui, a 30 ans, il s'est installé depuis peu au n° 77, de l'autre côté de la rue, et il vit lui aussi au premier étage dans un vaste appartement de quatre pièces qu'il occupe avec sa femme (Marguerite, avec laquelle il est marié depuis trois ans), sa belle-mère et une domestique[8]. Les immeubles se font presque face, à peine distants de trois ou quatre mètres, et le quartier, assez riche, compte de nombreux commerçants ; dans les immeubles alentour, on trouve des commissionnaires en cafés et en poivre, deux armateurs, des employés des douanes, des garçons de magasin, un graveur, un liquoriste, un tonnelier, etc. (fig. 2)

Laurens et Gillet sont l'un et l'autre négociants ; ils font partie de cette fraction puissante et influente des sociétés portuaires que Bordeaux a attirées en nombre entre 1780 et 1830[9]. Laurens est négociant en cafés ; il a repris en 1892 le commerce de son père (qui lui-même le tenait de son père)[10], et s'il n'a pas pris sa suite au sein de la Société de géographie commerciale de Bordeaux, il a suivi des études secondaires. Gillet, quant à lui, est négociant en denrées coloniales. Né d'un père maréchal-ferrant et d'une mère ménagère[11], il a pris pied dans le négoce trois ans plus tôt en reprenant l'affaire de son beau-père[12] ; il a deux employés, et il exploite sa boutique au rez-de-chaussée du n° 77. Le litige naît justement de l'un des produits dont il fait commerce (fig. 3). Dans la cour de l'immeuble, ou plus exactement dans l'« étroite ruelle qui sépare les deux immeubles et qui est couverte par un vitrage formant une sorte de cour à la maison », Gillet entrepose les morues salées dont il destine les langues et autres morceaux à la vente, et une partie de la marchandise est aussi disposée dans son épicerie. Laurens, à plusieurs reprises, se plaint à son voisin des odeurs qui traversent la rue et envahissent son immeuble, qu'il attribue au caractère avarié des morues. Il finit par porter plainte devant le tribunal civil, reprochant à Gillet des faits de nuisances olfactives devenues particulièrement incommodantes[13].

Il est possible qu'une partie de l'affaire procède de rapports envenimés entre les deux hommes, ou même d'une rivalité entre négociants. Mais, outre que les sources manquent pour s'en faire une idée[14], ce n'est pas sur ce point que je voudrais faire reposer la discussion. Ce qui est certain, c'est qu'on est face à une affaire d'odeurs de voisinage et que ces odeurs, à ce moment précis et à cet endroit précis de la rue de la Rousselle, prennent la forme d'une affaire *parce que*, sortant de l'ordre ordinaire des choses olfactives, elles marquent une rupture du quotidien. Laurens parle ainsi d'odeurs « suffocantes » et « insupportables » qui gâchent la vie de tous les jours, et il ajoute que la puanteur est telle qu'elle présente sans doute un caractère dangereux pour la santé. Pour cerner ce qui se joue alors, il faut d'abord affronter un problème de méthode intéressant. De fait, les odeurs de la morue salée, dont Bordeaux est alors le principal centre de vente et d'approvisionnement du pays[15], figurent parmi les manifestations olfactives les plus marquées et les mieux dénoncées.

Depuis 1831, les sécheries de morues ont été rejetées au dehors des villes en raison des mauvaises odeurs qu'elles dégagent ; mais les épiceries qui, chaque jour, font négoce de morues salées sont bien présentes dans les quartiers, et il suffit de lire ce que dit à leur sujet Jules Vallès en 1879 pour se convaincre de l'emprise particulière qu'elles exercent sur la vie quotidienne. Quartier de Pannessac, au Puy, écrit-il, se trouvait une épicerie « qui ajoutait aux odeurs tranquilles du marché une odeur étouffée, chaude, violente, qu'exhalaient les morues salées, les fromages bleus, le suif, la graisse et le poivre. C'était la morue qui dominait, en me rappelant plus que jamais les insulaires, les huttes, la colle et les phoques fumés[16] ». Les odeurs de morue salée, par conséquent, ne manquent pas de retenir l'intérêt des savants, qui s'avisent de préciser non seulement les mécanismes à l'origine de ces odeurs, mais aussi la gravité des nuisances qu'elles font naître. Une série d'accidents consécutifs à l'ingestion de « morue rouge », qui conduit à en suspendre la vente, donne une urgence nouvelle à la question en 1886. La *Revue sanitaire de Bordeaux et du Sud-Ouest* s'en saisit, et montre que les mauvaises odeurs qu'exhale la morue salée tiennent au sel, qui fait qu'elle s'altère plus vite que les autres[17]. Au bout d'un certain temps, « la chair de la morue ne tarde pas à prendre l'aspect d'une pulpe rougeâtre, s'écrase facilement dans les doigts et exhale une odeur repoussante », qui est « excessivement forte et désagréable rappelant l'odeur des matières en putréfaction[18] ».

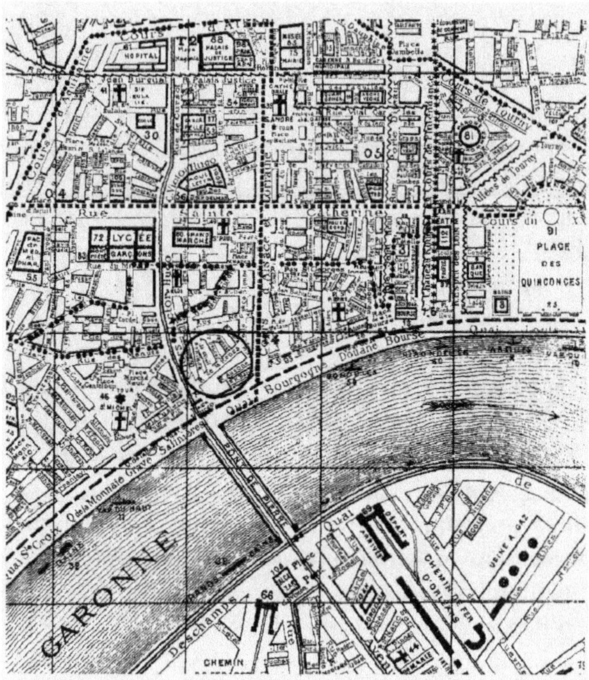

Figure 1 – Plan de Bordeaux [extrait], Bordeaux, Impr. des Petites Affiches, 1891. Bibliothèque nationale de France, GED-1398.

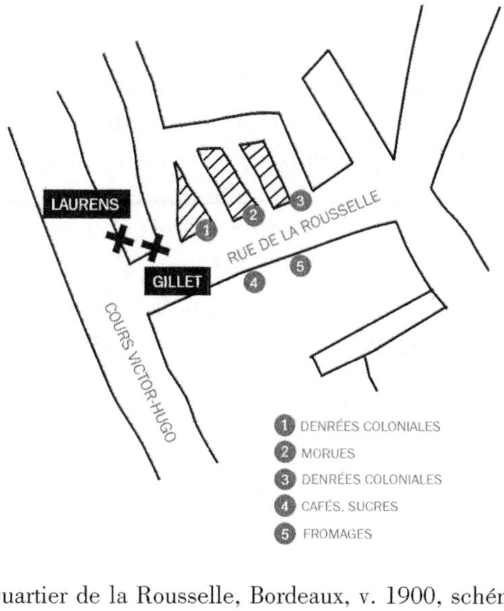

Figure 2 – Quartier de la Rousselle, Bordeaux, v. 1900, schéma de l'auteur.

*

Mais ces explications d'époque, si elles flattent le souci d'une approche objective des odeurs présentes rue de la Rousselle, sont loin de suffire. Il y manque en particulier deux choses. D'une part, la forme historique des attentions et des rapports sociaux aux odeurs, qui seule est à même de renseigner sur les conduites olfactives adoptées dans ce quartier en 1901, et, d'autre part, le cadre institutionnel qui, d'une façon ou d'une autre, rend possible et légitime le fait de se plaindre des odeurs du voisinage. Le travail d'Alain Corbin à ce sujet constitue un point d'appui précieux. Corbin ne se borne pas à faire apparaître le processus de désodorisation des sociétés qui court le long du XIXe siècle et qui, au début du suivant, aboutit à ce qu'il nomme un « silence olfactif ». Il montre avant tout la cohérence des métamorphoses qui structurent ce processus. Aux dispositifs réglementaires et aux pratiques de désinfection et de ventilation de l'espace public se conjugue, à la fin du XIXe siècle, la formation, au sein de la bourgeoisie urbaine, d'un dégoût marqué à l'égard des puanteurs en tout genre (du corps, des lieux, des pauvres), qui s'accompagne d'une « disparition du rôle pathogénique de la puanteur[19] ». En clair : on cesse de faire des mauvaises odeurs une menace pour la santé publique et on fait d'elles une question de goût et de dégoût personnels[20]. Je ne suis pas certain, au regard des affaires qui se succèdent alors[21], que la conclusion dépasse en réalité le stade du frémissement. On mesure mieux, toutefois, ce qui relie le cas de la rue de la Rousselle à la transformation historique des rapports aux choses olfactives.

Mais, sauf à décréter que Laurens *obéit* à ce qui, au sein de la bourgeoisie (dont il est), se faisait quand on était confronté aux odeurs de morue salée de son voisin, on ne saisit pas encore ce qui le conduit à agir comme il le fait. La mobilisation du droit, par laquelle il en passe, mérite attention. On a tendance, en matière de pratiques de perception, à situer ce qui est à comprendre à l'intérieur de l'individu. C'est oublier qu'une répugnance olfactive, outre qu'elle procède de tout un travail de socialisation qui n'a rien de *personnel*, prend vie, comme le montre par exemple le travail de François-Joseph Daniel, à travers un processus de formalisation et de « collectivisation » du dégoût, qui passe par la mise en mouvement de ressources et d'institutions sociales[22]. C'est cette fonction que la justice remplit ici pour Laurens. Elle ne vise pas seulement à régler un litige ; elle vise à fonder l'*objet* de ce litige, autrement dit à modifier l'attention collective à l'odeur en question, à la *faire sentir* (notamment au voisinage) en disant qu'on la sent et qu'on est fondé à la sentir.

*

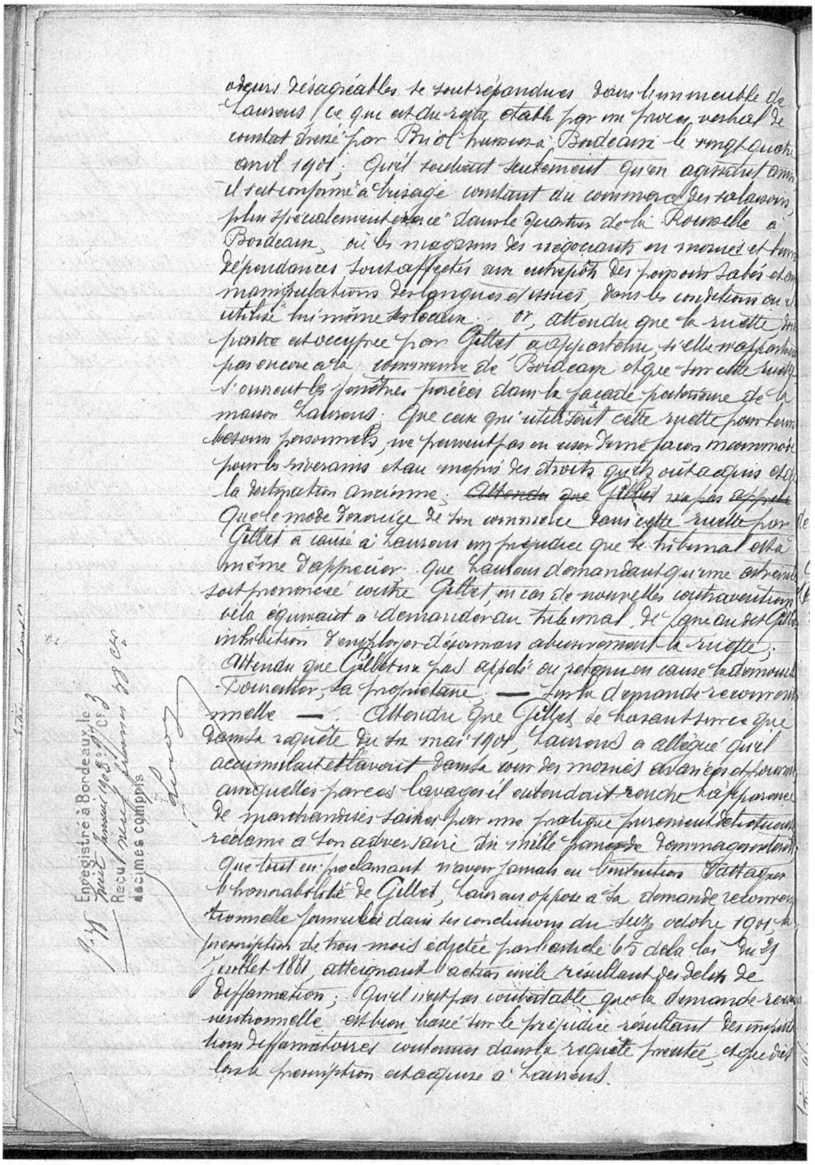

Figure 3 – Affaire Laurens, extrait du jugement rendu par le tribunal civil de Bordeaux, le 20 décembre 1901, Archives départementales de Gironde, 3 U 1151.

À ce stade, il faut entrer plus franchement dans l'affaire. Au centre se trouve d'abord la nécessité de faire tenir les faits en droit. Se plaindre de la présence d'une odeur est une chose, en faire le motif d'une action judiciaire en est une autre. En l'occurrence, et c'est ce qui fait justement tout l'intérêt de ce cas, la justice ne s'attache pas à déterminer la nature de l'odeur provenant de chez Gillet, ni même son intensité (c'est-à-dire ce qu'elle est par rapport à ce qu'elle devrait être) ; c'est la définition de ce qu'il est légitime ou illégitime pour des habitants de supporter au quotidien de la part de leurs voisins dans une rue comme celle-ci qui est en jeu. Laurens se plaint de ce que la puanteur qui traverse la rue jusque chez lui excède le tolérable et affecte par conséquent sa vie quotidienne ; et c'est ce préjudice qui fonde sa demande de dommages-intérêts. Le procès-verbal de l'huissier confirme que Gillet a bien « dans sa cour des langues de morues » dont il fait régulièrement commerce, et que, en effet, toutes les fois que la fenêtre des Laurens est ouverte, la marchandise « répand une mauvaise odeur dans l'escalier[23] ». Face à ces faits, et après avoir établi que la morue de Gillet n'est pas « avariée », les magistrats adoptent un raisonnement qui vaut d'être repris en détail. On peut le rapporter à trois arguments, qui s'énoncent ainsi dans l'arrêt de la cour d'appel (je les condense) :

> 1. Dans la mesure où il est « d'usage de laver et de saler dans les magasins ou dans les cours les langues et autres issues », et que le comité d'hygiène, qui a charge d'accorder les autorisations aux établissements incommodes et insalubres, n'a jamais jugé que la pratique était dangereuse pour la santé publique, Gillet est fondé à détenir de la morue salée.
> 2. Puisque ce « commerce spécial » s'accompagne nécessairement d'odeurs désagréables et « qu'il se fait principalement dans la rue de la Rousselle », interdire à un commerçant de détenir cette marchandise aurait, de fait, « pour résultat de détruire le commerce de la morue dans la ville de Bordeaux ».
> 3. Les habitants de la rue de la Rousselle, « où ce commerce s'exerce depuis plus de cent ans, ont connu ces inconvénients et en ont tenu un large compte en s'installant » ; ils sont par conséquent « sans droit de se plaindre aujourd'hui des odeurs qui ne sont pas assurément agréables, mais qui ne sont pas en réalité insupportables ou malsaines »[24].

En d'autres mots, la justice donne tort à Laurens[25]. Mais l'intéressant ne réside pas tellement dans la façon dont le litige est tranché ; ce qui compte, c'est plutôt ce qu'il contient. En réalité, il entre dans cette affaire une question plus vaste. La dénonciation des odeurs de morue, à laquelle se livre Laurens, est celle de l'atteinte à sa vie quotidienne. Ce qui lui est insupportable, c'est l'impossibilité de jouir de son existence comme il en a l'habitude, de vaquer comme il l'entend à ce qu'il fait d'ordinaire. Et c'est aussi une définition du quotidien, ou plus exactement de ce qu'est le quotidien acceptable d'un voisin parmi d'autres voisins, que la justice engage dans sa décision. Formuler le problème ainsi a sans doute quelque chose d'un peu hâtif. La notion de quotidien, ou d'atteinte au quotidien, ne figure assurément pas au répertoire du Code civil, et elle est étrangère à l'activité ordinaire des tribunaux. C'est pourtant bien elle qui forme ici l'arrière-plan du travail des magistrats.

*

Dans le commentaire qu'il donne de l'arrêt en 1908, Henri Capitant, influent professeur de droit civil (et un temps adjoint au maire de Grenoble), présente le fond de l'affaire ainsi : « Dans quelle mesure un propriétaire est-il obligé de supporter les inconvénients résultant du voisinage ? Quelle est la limite au-delà de laquelle il est autorisé à demander la cessation du trouble qui lui est causé dans la jouissance de son droit ou des dommages-intérêts[26] ? » La question de la limite acceptable est, devant le droit, l'objet d'une jurisprudence alors bien établie. Des dizaines de cas comparables se sont en effet présentés devant les tribunaux, en particulier depuis le décret de 1886 qui établissait une nouvelle nomenclature des établissements incommodes[27], le plus souvent à cause du bruit, de la fumée, des poussières ou des odeurs (de fromages, de pelleterie, de boucherie, de poissons, de phosphates, de moteurs à pétrole, etc.)[28].

La façon dont les tribunaux apprécient ces affaires, chacune pour elle-même, obéit en réalité à une logique qui rend visible une politique du quotidien. La règle générale, établie par la Cour de cassation en 1844[29] et reprise par la plupart des décisions, dont celle de la rue de la Rousselle, met en jeu un conflit de légitimité devenu classique en matière de nuisances[30] : d'un côté, les intérêts de l'activité économique ; de l'autre, ceux des propriétaires (ou des locataires) installés dans le voisinage. Capitant le résume ainsi :

> Aux termes de la jurisprudence, le propriétaire [du commerce, de l'atelier ou de l'usine] est responsable lorsque le dommage qu'il cause aux propriétés contiguës excède les obligations ordinaires du voisinage. Ainsi, chacun est tenu de supporter les inconvénients habituels résultant du voisinage, et tant que cette limite n'est pas dépassée il ne peut se plaindre. Si, au contraire, le dommage excède la gêne qu'entraîne habituellement le voisinage, le voisin auteur du trouble commet une faute qui engage sa responsabilité[31].

Or pour établir si la nuisance excède les « inconvénients habituels résultant du voisinage », les tribunaux ont bel et bien à estimer, sur un mode normatif, ce que peut être la vie quotidienne acceptable des habitants impliqués. Les incommodités que les voisins doivent supporter ne s'apprécient pas en soi, une fois pour toutes ; il n'y a pas, dans le cas de la rue de la Rousselle, une détermination préalable de la nature et de l'intensité des odeurs qui permettrait de dire si celles occasionnées par le négoce de Gillet sont par elles-mêmes constitutives d'un dommage ; la nuisance s'apprécie au regard des usages ordinaires qui sont tenus pour caractéristiques de la rue ou des immeubles en question. « Tel dommage, résume Capitant, paraîtra supportable dans un faubourg industriel ou dans une rue commerçante qui, au contraire, donnera lieu à des dommages-intérêts si la propriété qui le subit se trouve dans un quartier paisible, bourgeoisement habité[32]. » L'appréciation, ici, n'est pas pénétrée d'objectivité claire ; elle se borne, devant le droit, à donner une place centrale à la forme ordinaire de la vie quotidienne telle qu'elle est vécue dans telle ou telle rue, selon qu'elle est *ordinairement* passante, commerçante ou paisible.

L'effort des magistrats consiste alors à évaluer la nuisance en la rapportant, non pas à un improbable état actuel de l'intolérance collective aux mauvaises odeurs, mais à la présence habituelle, attendue, autrement dit inscrite dans le quotidien, de ces nuisances. Les usages admis depuis de longues années, qu'il s'agisse d'odeurs ou de bruits, « obligent les voisins à supporter des incommodités qui, peut-être, excéderaient la mesure, si elles n'étaient depuis longtemps admises[33] ». La rue de la Rousselle, en l'occurrence, est bien une voie commerçante. De part et d'autre de la chaussée, aux n° 5, 26, 34, 35, 46, 57, 59, 77, 78 et 82, elle accueille une dizaine de négoces de cafés, de fromages, de sucres et de cacao. Mais surtout, mêlée à ces commerces, la vente de morue salée est établie de longue date ; et trois autres négociants, au moment de l'affaire, sont installés, un peu plus haut, aux n° 49, 51 et 53[34]. Les odeurs qui proviennent de la boutique de Gillet relèvent donc des « inconvénients habituels du voisinage » ; elles ne peuvent être invoquées comme trouble ou comme dommage ; elles font partie du quotidien ; elles en sont constitutives.

*

Parler de politique du quotidien n'a alors rien d'excessif. Bien sûr, l'affaire des odeurs de la rue de la Rousselle n'a pas valeur réglementaire ; elle ne produit pas une définition objective de ce qu'il était entendu qu'on accepte en matière d'odeur dans ce coin de Bordeaux. Mais elle met en jeu une intéressante lutte pour la définition de la vie quotidienne. Elle ne dit pas que le quotidien se conçoit désormais dans le silence des odeurs. Ce qu'elle fait, c'est autre chose. Elle met le quotidien en procès ; elle lui donne une place dans l'organisation du monde social. On peut ramener ce qui se joue à un contraste simple. Pour Laurens, le dommage subi naît de ce que la nuisance olfactive porte atteinte à ce qu'il conçoit comme manière légitime et ordinaire de vivre, d'habiter et de commercer dans le quartier et dans l'immeuble qui est le sien ; le quotidien constitue, pour lui, l'enjeu et l'horizon personnels d'une réclamation. Du côté de la justice, le principe est différent. La vie quotidienne, à laquelle les magistrats confèrent un pouvoir normatif, a les traits d'une institution sociale. Elle ne naît pas de l'usage qu'en a un particulier et dont il pourrait à loisir interpréter le contenu ; elle a la forme d'une *règle* déjà suivie maintes fois ou, mieux encore, d'une *convention* qui, à chacun, quoi qu'il puisse en penser, s'impose sur un mode traditionnel. La rue de la Rousselle engage une façon de vivre au quotidien qui, parce qu'elle est mêlée, par habitude, à la présence de commerces odoriférants, ne peut pas s'envisager sans eux.

Le cas qui se présente ici invite à réfléchir aussi à ce que peut être la place du quotidien dans la restitution historique de la réalité. Il y a – je mentirais si je le taisais – une délectation particulière (et un défi) à faire entrer dans l'histoire des traits élémentaires et crûment quotidiens. Une rue ; deux immeubles ; une épicerie ; des langues de morue salée ; l'odeur ; la relation ombrageuse de deux voisins. Ce n'est toutefois pas ce qui m'intéresse ici. Après tout, les historiens ont su peupler leurs récits avec le boire, le dormir et le manger, et depuis longtemps. Mais on a tendance à laisser à l'état d'évidence le rapport que ces choses entretiennent avec la catégorie de vie quotidienne. C'est le cas de l'*Alltagsgeschichte* allemande, qui a formé, un temps, l'un des courants historiographiques les plus stimulants de ces dernières décennies. En proposant de se saisir du *quotidien*, conçu comme le vécu des classes subalternes ou, si l'on aime mieux, comme la vie ordinaire des gens ordinaires, ses artisans ont à coup sûr conféré une place en histoire au « répétitif » et aux usages « sans importance »[35]. Mais le projet a fait l'impasse sur un point : qui décide de ce qu'est le quotidien, et de ce qu'il n'est pas ?

L'affaire des odeurs de la rue de la Rousselle offre, je crois, un moyen de se saisir de cette question redoutable. Elle ne se borne pas à rendre disponible un morceau, passé, de la vie de tous les jours dans ce quartier précis de Bordeaux ; elle donne au contraire un moyen de comprendre que *le quotidien*, loin de n'être qu'un assemblage indécidable de faits, de gestes ou d'objets, était aussi une catégorie à travers laquelle les acteurs savaient mettre en forme leur vie. Les uns pour se plaindre de ce qu'elle était rendue invivable par l'irruption de nuisances olfactives (*le vécu*) ; les autres pour en faire un principe normatif plein des régularités déposées dans le présent par les usages ordinaires accumulés et qui, en l'occurrence, faisait de ces odeurs une habitude à prendre (*le vivable*). Autrement dit, ce n'est pas en intégrant des odeurs de morue salée à l'histoire que l'historien peut espérer parler du quotidien et en faire le lieu d'un savoir plus « réaliste » ; c'est bien plutôt en s'efforçant de décrire comment, à partir de ces odeurs, les acteurs qu'il étudie ont alors défini pour eux-mêmes ce qu'était le quotidien et en ont fait un moyen de gouverner les existences. Or, de ce point de vue, l'affaire de la rue de la Rousselle parle moins des vicissitudes de la sensibilité aux odeurs que de l'affirmation, *par* et *devant* les tribunaux, d'une vision moderne du quotidien et de la réalité quotidienne. S'affirme une conception qui s'éloigne du caprice de l'individu et de ce qui fait son ordinaire pour prendre les traits d'une convention normative par où se règlent, s'agissant ici de ce que l'on peut attendre de son quotidien, les formes de la vie collective ;

et c'est sous ce jour, celui d'une histoire au second degré, qu'il devient possible de faire de l'histoire avec du quotidien[36].

Christophe Granger
christophe.granger@universite-paris-saclay.fr
Université Paris-Saclay, CIAMS,
et Laboratoire d'anthropologie politique (EHESS)

NOTES

1. Erich Auerbach, *Mimésis. La représentation de la réalité dans la littérature occidentale*, Paris, Gallimard, 1968 (1946), p. 383.

2. Bronisław Malinowski, *Les Argonautes du Pacifique occidental*, Paris, Gallimard, 1963 (1922), p. 75-76.

3. Allusion à un beau texte de Jean Bazin, où il travaille justement les opérations de mise en forme des objets du quotidien : « N'importe quoi » (2001), repris dans *Des clous dans la Joconde. L'anthropologie autrement*, Toulouse, Anacharsis, 2008, p. 569-580.

4. Albert Piette, *Ethnographie de l'action. L'observation des détails*, Paris, Éd. de l'EHESS, 2020 (1996).

5. Archives départementales (AD) de la Gironde, 2 U 271, affaire Laurens, cour d'appel de Bordeaux, 5 mars 1903, et « Bordeaux, 5 mars 1903 », *Dalloz. Jurisprudence générale*, 1908, IIe partie, p. 49-50.

6. AD Gironde, 3 U 1151, affaire Laurens, tribunal civil de Bordeaux, 20 décembre 1901.

7. Archives municipales (AM) Bordeaux, 1 F136, dénombrement de 1896, recensement de la population de Bordeaux, 4e canton, vol. 3, f. 37.

8. AM Bordeaux, 1 F151, dénombrement de 1901, f. 668.

9. Philippe Gardey, *Négociants et marchands de Bordeaux, de la guerre d'Amérique à la Restauration, 1780-1830*, Paris, Presses universitaires de Paris-Sorbonne, 2009.

10. « Publication de dissolution de sociétés », *La Gironde*, 13 juillet 1892, p. 4.

11. AD Landes, 4 E 284/6, état civil, naissances, Saint-Vincent-de-Tyrosse, 16 mai 1871, Gillet (Charles Jean-François), f. 141. Gillet est décédé en 1959.

12. « Bordeaux, 23 mai 1898. Dissolution », *Archives commerciales de la France*, n° 81, 1898, p. 1286.

13. En 1901, le tribunal civil lui donne raison : il « condamne Gillet à payer à Laurens la somme de cent francs de dommages intérêts pour le préjudice », et « fait défense à Gillet de déposer des morues et de laver des langues et des issues de morues dans ce local, sous peine de dix francs de dommages intérêts pour chaque contravention dûment constatée », AD Gironde, 3 U 1151, affaire Laurens, tribunal civil de Bordeaux, 20 décembre 1901.

14. Je n'ai trouvé aucune trace de cet éventuel conflit au sein du conseil municipal de Bordeaux, pas de pétition ni même une main courante, toujours possible, dans les archives de la police locale.

15. AD Gironde, 10 M 148, commerce de la morue, 1890-1904, et François Duval, « Le commerce de la morue à Bordeaux », *Revue de géographie commerciale*, n° 2-3, 1938, p. 26-51.

16. Jules Vallès, *L'Enfant*, Paris, Gallimard, 1973 (1879), p. 73, cité par Alain Corbin, *Le Miasme et la Jonquille. L'odorat et l'imaginaire social, XVIIIe-XIXe siècles*, Paris, Aubier Montaigne, 1982, p. 257.

17. Dr Layet, Artigalas et Ferré, « Note sur le rouge de la morue », *Revue sanitaire de Bordeaux et du Sud-Ouest*, n° 58, 1886, p. 49-51 ; voir aussi, plus détaillé, D^{r} Le Dantec, « Étude de la morue rouge (bactériologie, hygiène, prophylaxie) », *Annales de l'Institut Pasteur*, 1er octobre 1891, p. 656-667.

18. Dr Charles Berthier, « La morue rouge », thèse de la Faculté de médecine et de pharmacie de Lyon, 1889, p. 26 et p. 47.

19. A. Corbin, *Le Miasme et la Jonquille*, *op. cit.*, p. 261.

20. Corbin discute en particulier l'affaire des « odeurs de Paris » de l'été 1880 ; voir aussi David S. Barnes, *The Great Stink of Paris and the Nineteenth-Century Struggle against Filth and Germs*, Baltimore, The Johns Hopkins University Press, 2006, p. 12-64.

21. Voir par exemple Dr Edmond Limayrac, *Les Odeurs de Montauban. Le ruisseau Lagarrigue considéré au point de vue de la santé publique*, Montauban, imprimerie et lithographie Guillau, 1882, et L. Dorré, *L'Infection de Paris et de la banlieue. La fièvre typhoïde et la voirie de Bondy*, Paris, [s. n.], 1883.

22. François-Joseph Daniel, « La gêne olfactive comme processus collectif d'attachement », *Ethnologie française*, vol. 49, n° 2, 2019, p. 421-434.

23. « Cour d'appel de Bordeaux (4e chambre) », *Le Droit. Journal des tribunaux*, 24 octobre 1903, p. 1.

24. AD Gironde, 2 U 271, affaire Laurens, cour d'appel de Bordeaux, 5 mars 1903, et « Bordeaux, 5 mars 1903 », art. cit., p. 50.

25. Ou plus précisément : la cour d'appel infirme le jugement de première instance.

26. Henri Capitant, note sous arrêt, « Bordeaux, 5 mars 1903 », *Dalloz. Jurisprudence générale*, 1908, IIe partie, p. 49-50, cit. p. 49.

27. *Nomenclature des établissements insalubres, dangereux ou incommodes*, Nancy, Impr. Berger-Levrault et Cie, 1899.

28. Par exemple : « Cour de cassation, civ., 18 février 1907 », *Dalloz. Jurisprudence générale*, 1er janvier 1907, partie 1, p. 385-387.

29. Cour de cassation, chambre civile, 27 novembre 1844, *Dalloz périodique*, 1845, Ire partie, p. 13.

30. François Jarrige et Thomas Le Roux, *La Contamination du monde. Une histoire des pollutions à l'âge industriel*, Paris, Seuil, 2017.

31. Henri Capitant, note citée, p. 49.

32. *Ibid.* Sur cette interprétation, centrale ici, voir aussi Henri Capitant, « Des obligations de voisinage et spécialement de l'obligation qui pèse sur le propriétaire de ne causer aucun dommage à son voisin. Étude de jurisprudence », *Revue critique de législation et de jurisprudence*, vol. 29, 1er janvier 1900, p. 156-187 et p. 228-249.

33. Voir aussi, à ce sujet, l'étude plus générale d'Étienne-Ernest-Hippolyte Perreau, « Du rôle de l'habitude dans la formation du droit privé », *Revue trimestrielle de droit civil*, vol. 10, 1911, p. 229-311.

34. AM Bordeaux, 1 F 151, dossier cité (1901), f. 365-366 ; il s'agit des négoces de Jean Lacoste, d'Antoine Marret et de Théophile Valin.

35. Alf Lüdtke (dir.), *Histoire du quotidien*, Paris, Éd. de la MSH, 1994.

36. Je remercie Martyne Perrot qui, entre autres choses, m'a invité à réfléchir au quotidien. Je tiens aussi à remercier Florence Neveux pour sa relecture de ce texte et pour son aide précieuse dans la confection, au départ assez rudimentaire, du schéma du quartier de la rue de la Rousselle.

RÉSUMÉ

Les odeurs de la rue de la Rousselle, ou comment faire de l'histoire avec du quotidien

Qui décide de ce qu'est le quotidien ? On peut toujours décrire une pratique et, au regard de sa régularité parmi les individus considérés, admettre qu'elle appartient à leur quotidien. Mais alors on ne sait rien de ce qu'ils entendent, eux-mêmes, par « quotidien », et rien de la place et de la valeur qu'ils lui reconnaissent. Pour affronter ce problème, cet article propose d'étudier un cas en détail : l'affaire des odeurs de la rue de la Rousselle, à Bordeaux, de 1901 à 1903. Excédé par la puanteur émanant de l'immeuble voisin, un locataire porte plainte. Les odeurs, celles de la morue salée, proviennent d'une boutique de denrées coloniales. Les magistrats, pour établir la nuisance, ne se réfèrent pas à l'état des sensibilités olfactives. Ils recomposent la façon dont ces odeurs s'inscrivent dans le quotidien du quartier et en sont constitutives. L'affaire offre alors un moyen de comprendre que *le quotidien* est d'abord une catégorie à travers laquelle les acteurs mettent en forme leur vie. À travers elle, il devient possible de faire de l'histoire avec du quotidien.

MOTS-CLÉS : quotidien, histoire, odeurs, droit, Bordeaux

Christophe Granger

SUMMARY

The Odours in Rue de la Rousselle, or How to Produce History With Everyday Life

Who decides what the everyday life is ? One can describe a practice and, in view of its regular performance by the individuals under scrutiny, posit that it inscribes itself in their everyday life. Yet one doesn't know what they themselves consider as everyday life, nor the importance and value they attribute to it. In order to tackle this issue, this article investigates one case thoroughly : the odours in the rue de la Rousselle, Bordeaux, from 1901 to 1903. One tenant was annoyed by the stench emanating from a neighbouring building and lodged a complaint. The odours, related to salted cod, emanated from a shop selling colonial goods. To appraise the degree of nuisance, the magistrates did not resort to olfactory sensitivities. They established that these odours were integral part of the neighbourhood's everyday life. This case study thus offers insights into understanding that everyday life is first and foremost a category whereby the actors shape their lives. It is thus possible to produce history with the everyday life.

KEYWORDS : everyday life, history, odours, law, Bordeaux

RESUMEN

Los olores de la Rue de la Rousselle, o cómo hacer historia de lo cotidiano

¿ Quién decide lo que es cotidiano ? Siempre podemos describir una práctica y, en vista de su regularidad entre los individuos considerados, admitir que pertenece a su vida cotidiana. Sin embargo, no sabemos nada sobre lo que ellos mismos entienden por vida cotidiana, ni sobre el lugar y el valor que le atribuyen. Para abordar este problema, este artículo propone estudiar un caso en detalle : el de los olores en la calle de la Rousselle, en Burdeos, de 1901 a 1903. Un inquilino, molesto por el hedor que emanaba del edificio vecino, presentó una denuncia. Los olores, propios del bacalao en salazón, procedían de una tienda de ultramarinos. Para determinar el perjuicio, los magistrados no se refieren al estado de las sensibilidades olfativas. Recomponen la forma en que estos olores forman parte de la vida cotidiana del barrio y la conforman. El caso ofrece así una forma de entender que la vida cotidiana y es ante todo una categoría a través de la cual los actores dan forma a sus vidas. A través de ellos, se hace posible hacer historia con lo cotidiano.

PALABRAS CLAVES : vida cotidiana, historia, olores, derecho, Burdeos

Sandra Laugier

De l'ordinaire au quotidien

On trouve au paragraphe 116 des *Recherches philosophiques* de Wittgenstein la formule suivante, qui semble dessiner le geste fondamental que se propose d'accomplir sa philosophie : « *Nous* reconduisons les mots de leur usage métaphysique à leur usage quotidien. » Cette proposition condense la conception que Wittgenstein se fait de la philosophie, mais soulève des difficultés. Il s'agit pour nos mots égarés de retrouver leur « lieu d'origine » (*Heimat*). Comme l'a constamment montré Stanley Cavell[1], les thèmes de la perte, de l'extranéité et de l'exil animent en profondeur la pensée de Wittgenstein : « Un problème philosophique est de la forme : "Je ne m'y retrouve pas"[2]. » Le philosophe se présente comme celui qui est perdu dans son propre langage, empêtré dans ses règles, qui sont pourtant les nôtres : « Le fait fondamental est ici que nous établissons des règles, une technique pour un jeu, et qu'ensuite, quand nous suivons ces règles, les choses ne se passent pas comme nous l'avions supposé ; que par conséquent, nous sommes pour ainsi dire empêtrés dans nos propres règles[3]. » Mais que se passe-t-il qui fait déraper le langage de son usage quotidien vers son usage métaphysique ? Comment donc notre langage, qui ne dit rien d'autre que ce que nous lui faisons dire, nous échappe-t-il jusqu'à dire tout autre chose que ce que nous voulions dire, ou même jusqu'à ne plus rien dire ? C'est la question fondamentale de Cavell dès son premier livre, *Dire et vouloir dire*[4] : sa thèse étant que *l'ordinaire* se définit à partie de cette indétermination du langage lui-même.

Car l'usage quotidien auquel renvoie constamment Wittgenstein n'a rien d'évident : il est aussi fuyant et indéterminé que nos formes de vie. Il ne s'agit pas dans les *Recherches philosophiques* de remplacer la logique disqualifiée par l'examen des usages, d'y trouver un nouveau fondement ou de nouvelles certitudes, même purement pratiques. L'examen du langage quotidien pose de nouveaux problèmes, autrement ardus que ceux de l'analyse logique ; c'est ce que montreront ensuite John Langshaw Austin et la philosophie d'Oxford qui, en créant le vocable de « philosophie du langage ordinaire », officialiseront « l'ordinaire » plutôt que le quotidien comme concept central.

Nous examinons ici quelques raisons présentes de revenir au concept de quotidien, point de départ de Wittgenstein, en philosophie du langage.

Catégories du quotidien.

Les *Recherches philosophiques*, on l'a bien dit et montré de multiples façons (notamment leurs premiers commentateurs français, Pierre Hadot[5] et Jacques Bouveresse), sont une critique du *Tractatus logico-philosophicus*. Ce qu'on oublie, et qui a été rappelé de façon judicieuse par Cora Diamond, c'est que c'est bien une *critique*, au sens propre : reprise du même problème, du même besoin, avec de nouveaux outils et un changement de perspective. Il faut en effet se garder d'une lecture (longtemps officielle, et encore présente chez nombre de commentateurs de Wittgenstein) fondée sur une rupture entre la première philosophie, celle du *Tractatus*, et la seconde, celle du langage ordinaire. Suivant cette lecture, le premier Wittgenstein cherche à établir une articulation logique entre langage et réalité, le second abandonne ce projet pour une grammaire (autonome) des règles d'usage du langage quotidien. Cavell, dans son ouvrage central, *Les Voix de la raison*[6], puis Cora Diamond, dans *L'Esprit réaliste*[7], furent les premiers à contester cette lecture. La seconde philosophie, pour Diamond, reprend le projet réaliste du *Tractatus* par les voies du retour au quotidien, le rapportant à ce « sol raboteux » du langage ordinaire. Lorsque Wittgenstein évoque les règles de « notre » langage, il ne refonde pas le réel dans la grammaire : comme il le dit dès l'ouverture des *Recherches*, nous apprenons l'usage des mots de « nos aînés », dans certains contextes, et, toute notre vie, sans filet en quelque sorte, sans garantie, sans universaux, nous devons les utiliser dans de nouveaux contextes, les projeter, découvrir de nouvelles significations – c'est cela qui constitue la trame de l'existence humaine, cette forme de vie dans le langage quotidien.

Mais cela soulève la difficulté de savoir ce que NOUS disons. Comment, moi, sais-je ce que *nous* disons ordinairement dans telle ou telle circonstance ? En quoi le langage, hérité des autres, que moi, je parle, est-il mien ? C'est là le sens de l'interrogation sceptique sur les critères : qui suis-je pour parler avec (ou au nom) d'autres ? Wittgenstein écrit dans un passage célèbre : « C'est ce que les êtres humains disent qui est vrai et faux ; et ils s'accordent dans le langage qu'ils utilisent. Ce n'est pas un accord dans les opinions, mais dans la forme de vie[8]. »

Wittgenstein dit bien que nous nous accordons *dans* et pas *sur* le langage. Cela signifie que nous ne sommes pas acteurs de l'accord, que le langage précède autant cet accord qu'il est produit par lui, et que cette circularité constitue un élément essentiel du quotidien. Il n'y a pas d'accord préalable, donné, sur lequel se fonder. L'accord de langage peut toujours être rompu, et la rupture fait partie de son fonctionnement quotidien. Le scepticisme n'a donc pas à être réfuté par un recours à l'ordinaire. Ce qui est donné, comme le dit Wittgenstein ici, ce n'est pas seulement le monde, des choses, mais des *formes de vie*. Il entend par là que notre forme de vie même est un donné, à la fois inévitable et transformable par ce que nous en faisons quotidiennement. Cavell relève ce point par un simple déplacement d'accent : formes de *vie* (et non pas *formes* de vie). Cet aspect biologique de la forme de vie, c'est aussi « la force et la dimension spécifique du corps, des sens, de la voix humaine ».

Se rendre compte de ce qu'on veut dire, ce serait parvenir à replacer la phrase, pour reprendre l'expression des *Recherches*, dans son pays d'origine, son « milieu naturel » : c'est ainsi qu'on peut « ramener les mots de leur usage métaphysique à leur usage quotidien ». Le langage ordinaire définit l'ordinaire, et pas l'inverse. Le langage quotidien (le fait étrange de pouvoir parler ensemble) définit l'ordinaire. Reconnaître le caractère ordinaire du langage, c'est alors découvrir l'ordinaire dans deux dimensions : le rapport au « nous » (le commun, l'accord), et le quotidien (la vie de tous les jours). L'appel au quotidien n'est pas une évidence ni une solution, il est traversé par le scepticisme, par ce que Cavell nomme l'« inquiétante étrangeté de l'ordinaire ».

C'est dans la communauté de langage que la question sceptique, loin de se dissoudre, prend son sens le plus radical : qu'est-ce qui me permet de parler au nom des autres ? Comment sais-je ce que *nous* voulons dire, par un mot ou par un monde (*word/world*) ? C'est dans ce contexte qu'il faut inscrire le retour de Cavell à des auteurs de la tradition américaine comme Emerson et Thoreau, les penseurs/écrivains du transcendantalisme, qui posent constamment la question de *ma* voix dans la communauté, et dans la société. L'idée de Cavell est que le propre de la pensée américaine, sa capacité à re-commencer la philosophie en Amérique, se trouve dans son invention du quotidien. Ce nouveau départ de la philosophie – qui n'a rien d'une table rase, mais a plutôt à voir, comme ces comédies américaines du remariage dont Cavell a fait un de ses objets privilégiés[9], avec une seconde chance – est aussi un renversement ou un retournement de ses deux tendances invétérées : sa prétention à dépasser, et corriger, le langage ordinaire, et son déni de l'intérêt de la vie quotidienne. Nos mots, nos vies quotidiennes, ont perdu leur(s) sens, et il nous faut apprendre à le(s) retrouver. C'est ce que dit Emerson dans une phrase célèbre de *Self-Reliance* : « Chacun des mots qu'ils disent nous chagrine. » La pensée du quotidien est indissociable de la question d'une réappropriation de la parole humaine, de la voix ordinaire, d'une expression juste. Il ne s'agit pas tant pour Cavell de retrouver le quotidien que de le recouvrer, *recover*.

La philosophie de l'expérience d'Emerson est d'emblée politique par sa revendication démocratique, dont on retrouvera un écho chez Dewey[10] : l'un et l'autre revendiquent le commun, à la fois dans leur référence à la vie de tous les jours, partagée par tous les humains, et dans leur appel à une communauté de partage des valeurs ordinaires. L'appel à l'expérience ordinaire a bien une pertinence pour l'idéal démocratique, d'Emerson à Dewey. Pour Emerson, l'accès au monde ne nous est pas donné par la science, mais par l'expérience rapprochée du quotidien. On ne voit guère comment la méthode scientifique pourrait nous donner les éléments du quotidien, tel qu'il l'évoque dans « Le Savant américain » :

> Je ne demande pas le grand, le lointain, le romanesque ; ni ce qui se fait en Italie ou en Arabie ; ni ce qu'est l'art grec, ni la poésie des ménestrels provençaux ; j'embrasse le commun, j'explore le familier, le bas, et suis assis à leurs pieds. Donnez-moi l'intuition d'aujourd'hui, et vous aurez les mondes antiques et à venir. De quoi voudrions-nous vraiment connaître le sens ? De la farine dans le quartant ; du lait dans la casserole ; de la balade dans la rue ; des nouvelles du bateau ; du coup d'œil ; de la forme et de l'allure du corps – montrez-moi la raison ultime de ces questions ; montrez-moi la présence sublime de la cause spirituelle la plus haute tapie, comme elle est toujours tapie, dans ces banlieues et extrémités de la nature ; [...] – et le monde ne s'étend plus comme un ennuyeux fourre-tout, un débarras, mais il a une forme et un ordre ; pas de vétille ; pas d'énigme ; mais un seul dessein qui unit et anime le pinacle le plus élevé, et le fossé le plus bas[11].

En disant ainsi « embrasser le commun », « s'asseoir aux pieds du bas », Emerson se positionne du côté de ce que des philosophes comme Berkeley et Hume ont appelé positivement « le vulgaire », dans leur projet de valoriser l'expérience ordinaire contre la métaphysique. Mais l'on pourrait dès lors s'inquiéter d'une conception du quotidien qui viserait à le « sublimer » et à l'esthétiser. Il faut noter qu'Emerson s'inscrit dans la revendication d'une culture américaine propre, qui se définirait par une expérience du quotidien essentiellement démocratique. Cette revendication du quotidien comme *bas* se présente ainsi comme alternative à la culture européenne[12]. Elle renvoie à l'avance aux objets privilégiés du cinéma américain, et à ceux, encore plus proche d'Emerson, de la photographie[13] : comme si Emerson renonçait à un art européen grandiose pour prédire un art du quotidien proprement « américain », qui porterait son attention (*focus*) sur le détail de la vie quotidienne, classiquement négligé par la philosophie.

Dans « The American Scholar », la liste des choses dont il exige de ses étudiants qu'ils connaissent la « raison ultime » – « La farine dans le quartant ; le lait dans la casserole ; la balade dans la rue ; les nouvelles du bateau ; le coup d'œil ; la forme et l'allure du corps » – est une liste qui résume ce que nous pourrions appeler la « physionomie » de l'ordinaire, une forme de ce que Kierkegaard nomme la perception du sublime dans le quotidien[14].

Or cette liste est comme l'élaboration d'une série de catégories nouvelles, celles du quotidien. Il ne s'agit pas alors, comme s'y efforcera Peirce par exemple, de transformer la métaphysique classique par un renversement de ses catégories, mais d'inventer un mode de relation inédit au monde. La question n'est plus de connaître la « raison ultime » des phénomènes, mais d'instituer un rapport au quotidien qui permette son *approche*. Ce recours au quotidien est démocratique, et l'esthétique chez Emerson rejoint le politique :

> L'un de ces signes est le fait que le même mouvement qui a produit l'élévation de ce que l'on appelait la plus basse classe de l'État a pris en littérature un aspect très marqué, et tout aussi heureux. Au lieu du sublime et du beau, c'est le proche, le bas, le commun qui ont été explorés et poétisés. Ce qui avait été négligemment foulé aux pieds par ceux qui s'équipaient pour de longs voyages en des pays lointains se trouve soudain être plus riche que toutes les terres étrangères. La littérature du pauvre, les sentiments de l'enfant, la philosophie de la rue, le sens du domestique, tels sont les sujets du jour[15].

Le pauvre, l'enfant, la rue, le « domestique » : tels sont les nouveaux objets qu'il va falloir penser, et pour cela la liste de catégories héritées de l'Europe ne fonctionne pas. L'appel à l'ordinaire est donc démocratique et pratique. Emerson, loin de renoncer au scepticisme pour embrasser le quotidien, va inventer une forme spécifique de tragique – un tragique *de l'expérience ordinaire*, du *casual*, quotidien et tragique (*casualty*).

Le quotidien est toujours objet d'*enquête*, il n'est jamais donné. Le bas est toujours *à atteindre*, et non à dépasser – dans une inversion du sublime. Il ne suffit pas de partir de l'ordinaire, de « l'homme de la rue » de Capra. Il faut donner un autre sens aux mots hérités (tels que ceux d'expérience, idée, impression, entendement, raison, nécessité, condition et constitution), les ramener au commun ou, pour reprendre encore l'expression de Wittgenstein, de la métaphysique au quotidien. Pour Emerson, l'Amérique peut ambitionner de réinventer la philosophie transcendantale kantienne, non pas en corrigeant les catégories, mais en inventant un accès à ce monde du commun, un mode d'approche spécifique de cette nature nouvelle – *this new yet unapproachable America*[16] – pour laquelle les catégories de la philosophie transcendantale (le mode conceptuel d'accès à la nature élaboré par l'Europe) sont inopérantes. Il propose sa propre version des catégories, en exergue d'« Expérience », avec la liste des « seigneurs de la vie » :

> *The lords of life, the lords of life, –*
> *I saw them pass,*
> *In their own guise,*
> *Like and unlike,*
> *Portly and grim, –*
> *Use and Surprise*
> *Surface and Dream [...]*
> *Succession swift, and spectral Wrong,*
> *Temperament without a tongue,*
> *And the inventor of the game*
> *Omnipresent without name*[17]*; –*

Ces « *lords of life* » ressemblent à des catégories qui gouvernent notre vie, notre expérience, le quotidien et déterminent notre accès au monde, comme chez Kant celles de causalité, de substance ou de totalité. Mais la liste montre bien qu'il ne peut s'agir de *ces* catégories : l'usage, la surprise, la surface, le rêve, la succession... Certes, cette reprise ironique des catégories montre l'enjeu d'« Expérience ». Il y a bien chez Emerson l'idée qu'un nouvel ensemble de concepts – mais s'agira-t-il encore de *concepts* ? – doit être inventé pour décrire le quotidien. Il s'agit d'appliquer ces concepts à un donné, des matériaux divers et épars qu'il va falloir construire et dominer, ou, dit-il, « domestiquer ».

> Cette révolution s'accomplira dans la *domestication* graduelle de l'idée de Culture. L'entreprise du monde la plus importante en termes de splendeur et d'étendue, c'est la construction d'un homme. *Voici les matériaux, épars sur le sol*[18].

On peut entendre tout autre chose dans la domestication que la maîtrise et le contrôle. Mais pour cela il faut aller plus loin que les catégories. Penser des catégories du quotidien conduit Emerson à repenser l'idée même de catégorie. Il y a chez Emerson une volonté explicite d'en finir avec ce schéma catégorial, et de redéfinir l'expérience *via* le quotidien. Dans le passage cité : cette idée de domestication de la culture, du domestique, n'est pas seulement l'idée de maîtrise du réel. L'idée du *domestique*, qui se révèle un élément central du quotidien, permet de reconcevoir le rapport au monde, non comme connaissance mais comme *proximité* et accès direct, tactile, à un univers quotidien.

La confiance en soi et le rapport au quotidien que revendique Emerson sont des instruments pour penser la démocratie radicale, dans la constitution d'une pensée de l'expérimentation démocratique. Il faut inventer le nouvel humain ordinaire, l'homme de la démocratie, qui est aussi un homme du quotidien. Emerson et Thoreau, par leur attention au quotidien, annoncent la philosophie du langage ordinaire de Wittgenstein et Austin. Le quotidien est toujours objet d'*enquête*.

Car les *lords of life* ne gouvernent pas notre perception, ou notre expérience, ils en ressortent, comme des formes sur un arrière-plan : « *I saw them pass* ». Les catégories sont elles-mêmes objet/sujet d'observation et d'exploration. La question transcendantale n'est plus alors : comment connaître à partir de l'expérience (question qui, on le sait depuis Hume, conduit à la réponse : on ne connaît rien du tout – et donc au scepticisme), mais plutôt : comment se rapprocher du quotidien ? Comment *avoir* une expérience ordinaire ? Cette difficulté à être proche du monde est exprimée par Emerson dans son essai « Experience » à propos de l'expérience du deuil, et se généralise à celle, prise dans son ensemble, d'un monde envisagé lui-même sous le signe (la catégorie) de la perte. Là est le scepticisme : non dans l'impossibilité de connaître, mais dans l'incapacité *d'avoir une expérience.*

« Experience » n'a pas tant pour but de décrire ou d'expliquer l'expérience que d'en questionner la possibilité. Nous croyons avoir une expérience, par exemple de la souffrance, mais il n'en est rien : elle ne nous donne pas de contact avec la réalité. William James suit ce fil de la pensée émersonienne, par exemple dans *The Will to Believe.* John Dewey reprend aussi la question de l'expérience – de savoir ce qu'est *avoir une expérience* – dans *Art as Experience.* On voit la transformation radicale qui s'opère chez Emerson de la synthèse kantienne, surmontée non pas par la voie transcendantale, mais par la voie inverse. Ce dépassement de la synthèse par le bas, non par le haut, est caractéristique de toute revendication du quotidien.

Du langage ordinaire à l'anthropologie de la vie.

Reconnaître le caractère ordinaire du langage, c'est découvrir l'ordinaire dans le quotidien et dans la répétition des jours et des nuits. L'exploration du quotidien n'est possible qu'à condition de rassembler une diversité d'outils et d'approches, afin de rester au plus près du détail de la vie : on peut réitérer pour le quotidien cette description par Austin de l'observation du langage ordinaire.

> Le langage ordinaire contient toutes les distinctions que les humains ont jugé utile de faire, et toutes les relations qu'ils ont jugé utile de marquer au fil des générations, et qui sont certainement [...] plus subtiles que celles que nous pourrions, vous ou moi, trouver, installés dans un fauteuil par un bel après-midi – alternative méthodologique la plus appréciée. Quand nous examinons ce que nous dirions quand, quels mots employer dans quelle situation, encore une fois, nous ne regardons pas *seulement* les mots, mais également les réalités dont nous faisons usage des mots pour parler ; nous nous servons de la conscience affinée [*sharpened*] que nous avons des mots pour affiner notre perception, mais pas comme arbitre ultime, des phénomènes[19].

Austin parle de « *fieldwork* », et on a souvent noté le caractère anthropologique de son approche. Mais celle-ci apparaît aujourd'hui grevée par l'étroitesse de son terrain (la langue anglaise, notamment telle qu'elle était en usage à Oxford dans les discussions qu'il menait avec ses étudiants et collègues). L'œuvre de l'anthropologue Veena Das, en revanche, a donné un contenu massif (au sens de la densité, de la consistance), concret, à la pensée de l'ordinaire de Cavell et de Wittgenstein. De l'attention à notre propre langage comme étranger – *uncanny* – à l'examen de la *forme de vie* ordinaire, le passage était assez évident. Cavell et Das connectent tous deux la *Lebensform* à une attention à la forme de vie humaine en tant que quotidienne : de ce que Cavell appelle « l'inquiétante étrangeté de l'ordinaire » à ce que Das désigne par « la vie quotidienne de l'humain ». Dans sa préface à l'ouvrage de Veena Das, *Life and Words*[20], Cavell remarque que l'ordinaire est *notre* langage ordinaire en tant que nous nous le rendons constamment étranger, reprenant l'image wittgensteinienne du philosophe comme explorateur d'une tribu étrangère[21]. Cette tribu, c'est nous en tant qu'étrangers et étranges à nous-mêmes. Cette intersection du familier et de l'étrange, commune à l'anthropologie, la psychanalyse, la philosophie, définit le quotidien. « La perspective anthropologique de Wittgenstein est une perspective qui, en principe, s'interroge sur tout ce que les êtres humains disent et font, donc peut-être, à un moment donné, rien », note Cavell[22].

Das et Cavell renversent une tendance de la philosophie qui consiste en un attrait pour la « révélation ». Ils proposent, non pas de chercher à découvrir l'invisible, mais d'abord de « voir le visible », de découvrir le quotidien, le non-vu. C'est le projet des *Recherches philosophiques* : voir ce qui nous échappe, non parce que c'est caché, mais parce que c'est trop proche de nous.

> Ce que nous fournissons, ce sont à proprement parler des remarques concernant l'histoire naturelle de l'homme ; non pas des contributions relevant de la curiosité, mais des constatations sur lesquelles personne n'a jamais eu de doute et qui n'échappent à la conscience que parce qu'elles sont en permanence devant nos yeux[23].

L'ordinaire se présente donc dans cette difficulté d'accès à ce qui est juste sous nos yeux, et qu'il faut apprendre à voir justement parce qu'on ne veut ou on ne sait pas le voir. Le travail de Veena Das suggère ainsi d'autres manières de lire la conception de l'ordinaire chez Wittgenstein, et de la ramener au quotidien comme concept spécifique. Si le thème du quotidien est loin d'être nouveau en anthropologie, le traitement qu'en propose Das est tout à fait distinctif, comme en témoigne son commentaire d'un passage des *Recherches*, que l'on peut confronter avec l'extrait dont nous sommes partis initialement sur le retour au quotidien.

> L'idéal, dans nos pensées, est fixe et inébranlable. Tu ne peux lui échapper. Il te faut toujours revenir à lui. Il n'y a pas de dehors. Dehors, il n'y a pas d'air pour respirer[24].

Ce passage, d'après Das, évoque moins un simple retour que le fait de *revenir* pour habiter ou hanter le même espace, maintenant marqué comme un espace de destruction dans lequel il faut vivre à nouveau. D'où le sens du quotidien chez Wittgenstein : quelque chose de recouvré (*recovered*), une façon de réhabiter le temps et l'espace, jour par jour. Cavell signalait déjà que le quotidien est ce à quoi nous ne pouvons qu'aspirer, puisqu'il apparaît comme perdu pour nous.

« C'est-à-dire, il n'y a rien au-delà de chaque jour, un par un ; et saisir le jour, accepter le quotidien, l'ordinaire, n'est pas un donné mais une tâche[25]. »

Ici, le glissement permanent chez Cavell du quotidien à l'ordinaire devient problématique, car il s'agit bien de passer (douloureusement) d'un jour à l'autre en faisant comme si chaque jour était un *tout*, qu'il faut accomplir ou achever. Michel de Certeau se réfère aussi à Wittgenstein lorsqu'il dénonce la tentative des scientifiques pour se placer au-dessus du langage ordinaire, et leur mépris envers la langue de « l'homme ordinaire ». Pour Certeau comme pour Cavell, il n'y a pas de fuite possible hors de l'ordinaire, mais c'est comme un regret qu'il formule là ; et les lignes de fuite sont dès lors cherchées au sein du quotidien lui-même, dans les récits, les déplacements, les détournements. Alors que Cavell et Das cherchent les moyens d'un retour à l'ordinaire et d'une expérience du quotidien, une perception de sa *texture*. À la mélancolie de Certeau, on peut confronter le romantisme (dans un monde dévasté) de Cavell et l'anthropologie de la souffrance (ancrée dans la catastrophe de la partition) de Das. Cette différence n'est pas seulement de méthode ou de « vision du monde » ; elle s'ancre sur des expériences, sur des terrains, tout à fait différents.

Cela nous ramène inévitablement de l'ordinaire au quotidien – ou, pour ainsi dire, plus bas que l'ordinaire – un ordinaire qui ne peut plus être sublimé ni esthétisé, comme l'indique l'idée chez Das de *descente* dans l'ordinaire, et chez Perec, d'*infra-ordinaire*.

> Qu'y a-t-il sous votre papier peint ?
> Combien de gestes faut-il pour composer un numéro de téléphone ? Pourquoi ?
> Pourquoi ne trouve-t-on pas de cigarettes dans les épiceries ? Pourquoi pas ? [...]
> Ce qui se passe vraiment, ce que nous vivons, le reste, tout le reste, où est-il ?
> Ce qui se passe chaque jour et qui revient chaque jour, le banal, le quotidien, l'évident, le commun, l'ordinaire, l'infra-ordinaire, le bruit de fond, l'habituel, comment en rendre compte, comment l'interroger, comment le décrire[26] ?

Ce qui « va de soi », c'est ce que nous considérons comme acquis, ce dont nous ne nous soucions pas, les objets, personnes, gestes minuscules et négligés. Le quotidien ajoute ainsi à l'ordinaire une dimension qui, en un sens, échappe aux usages du langage : le rythme, le travail, le passage des nuits et des jours. Ce sont les actions quotidiennes et répétitives qui font que la vie *continue*. Le travail de *care* constitue l'exemple central de ce soin quotidien – à la fois une réponse pratique à des besoins spécifiques et une sensibilité aux détails qui comptent dans la vie. Le *care* assure donc l'entretien, la conversation, la conservation et le fil à la fois du quotidien et de la forme de vie, une vie définie chez Das par la violence, la pauvreté, la vulnérabilité des femmes.

L'anthropologie du quotidien est *expérimentale*, non au sens où l'entendent la psychologie ou le pragmatisme, mais au sens où elle vise à décrire l'*expérience* du quotidien (et pas seulement l'expérience quotidienne) ou sa texture (objet du récent livre de Das, *Textures of the Ordinary*[27]). De Wittgenstein à Cavell et Das, cette anthropologie revendique des formes inédites d'attention à la vie humaine *en tant que quotidienne*.

On pourrait de nouveau penser à la façon dont Austin, le maître de Cavell, et Goffman, un autre disciple d'Austin fort présent chez Das, mettent en scène la vulnérabilité humaine dans les échanges sociaux. Austin met en évidence, dans « Plaidoyer pour les excuses », la vulnérabilité de l'action humaine, définie comme ce qui peut mal tourner. L'action humaine, diraient aussi bien Austin, Goffman, Cavell que Das, c'*est* précisément ce qu'on rate, ce qu'on *ne fait* pas exactement, et dont on s'excuse : le sens d'« action » est pris dans cette forme de vie *quotidienne* des excuses, des actes manqués et des ratages que Freud avait le premier analysée. Cavell note :

> Les excuses sont impliquées de façon aussi essentielle dans la conception de l'action humaine chez Austin que le lapsus et la surdétermination chez Freud. Que révèle, des actions humaines, le fait que cette constellation des prédicats d'excuse soit constituée pour elles – qu'elles puissent être accomplies de manière non intentionnelle, sans le vouloir, involontairement, sans y penser, par inadvertance, par inattention, par négligence, sous influence, par pitié, par erreur, par accident, etc. ? Cela révèle, pourrions-nous dire, la vulnérabilité sans fin de l'action humaine, son ouverture à l'indépendance du monde et à la préoccupation de l'esprit[28].

« La vulnérabilité sans fin de l'action humaine, son ouverture à l'indépendance du monde et à la préoccupation de l'esprit » – cela peut constituer une autre définition du quotidien, comme *cadre* de la vulnérabilité de la forme de vie. Ici la forme de vie est inséparablement biologique et sociale, articulation que Cavell et Das ont élaborée ensemble, démontrant qu'il n'y a pas *deux sens* de *Lebensform*, mais une articulation du social et du vital dans la texture de la vie. L'approche anthropologique de Wittgenstein veut renvoyer à un fonds *humain* vulnérable qui va rejoindre le quotidien. « Le mode de comportement humain commun est le système de référence à l'aide duquel nous interprétons un langage qui nous est étrange[29]. » Cavell précise :

> L'acception biologique ou verticale de la forme de vie rappelle des différences entre les formes de vie humaines et celles qu'on appelle « inférieures » ou « supérieures », entre, disons, piquer votre nourriture, peut-être avec une fourchette, et y mettre la patte ou le bec. Ici intervient la belle histoire de la main, de la station debout et des yeux tournés vers le ciel, mais aussi la force et la dimension spécifique du corps humain, et de la voix humaine[30].

Il n'est pas surprenant que ce soit autour de cette question du corps humain (expressif, vulnérable et souffrant) que Cavell et Das aient croisé leurs conceptions de la forme de vie. Das explique que la violence exercée sur les femmes lors de la partition de l'Inde et du Pakistan ne relève pas d'une variation culturelle des *formes de vie*, mais soulève la question de la redéfinition de ce qu'est une vie humaine. La *life form* engage une compréhension nouvelle du biopolitique ; dans des situations de violence extrême, de guerre, de rupture ou de désastre, la nature des humains peut être modifiée en fonction des actions et des souffrances qu'ils endurent. La fragilité des formes de vie se révèle une vulnérabilité du quotidien même aux erreurs, à la maladresse, à l'indifférence et à la cruauté. La perte de la vie ordinaire (devant la folie, la maladie, ou en situation de catastrophe ou de guerre[31]) étant l'occasion d'identifier les formes de vie et de connecter la vulnérabilité de l'humain à une vulnérabilité radicale du quotidien.

Dans sa préface à l'ouvrage *Life and Words* de Das, Cavell s'intéresse au maintien, en toutes circonstances, du fil de la vie quotidienne et à la créativité ambivalente des femmes face à cette fragilité du monde et à la précarité des formes vitales. Cavell fait ainsi référence à la description proposée par Das du rôle des femmes dans la conservation/réinvention des formes de vie en période de catastrophe et de violence.

> Elle reconnaît que, dans la division du travail de deuil des résultats de la violence, déterminée par le genre, le rôle des femmes est de s'occuper, dans un monde déchiré, des détails de la vie quotidienne qui permettent à une maison de fonctionner – collecter des provisions, cuisiner, laver et ranger, s'occuper des enfants, et ainsi de suite, qui permettent à la vie de se tricoter à nouveau en un rythme viable[32].

Il ne s'agit plus, dans la forme de vie, d'institutions ou de structures sociales, mais de formes vitales qui émergent de la temporalité quotidienne. Ce n'est donc plus de l'ordinaire qu'il est question, mais du *quotidien* en tant que porté, tissé tous les jours par le travail des femmes, travail de deuil et de reconstitution. La « texture de la vie » n'est ni donnée ni évidente ; elle est faite de tragédies aussi bien que de réalité domestique. Ce qui est donné et menacé dans le désastre, ce sont nos formes de vie, tout ce qui constitue la texture des existences et des activités humaines, la forme que prend la vie dans un ensemble de régularités naturelles et d'habitudes dans lequel s'enracinent le langage, les affects. Toute l'œuvre de Das poursuit, voire achève, l'*élucidation* engagée par Cavell du concept de forme de vie, l'engageant dans une élucidation de la *forme* du *quotidien*. Cette élucidation sera forcément genrée, et *vers le bas*. Das prend ses distances vis-à-vis des postures héroïques et de politisation de l'ordinaire, vis-à-vis de la demande de « donner une voix » à celles qui n'en ont pas, etc. :

> On considère souvent comme la tâche de l'historiographie de briser le silence que trahissent les zones de tabou. Il y a même quelque chose d'héroïque dans l'image de donner aux femmes la parole et de parler pour ceux qui n'ont pas de voix. Je trouve pour ma part que c'est là une tâche très compliquée[33].

Les femmes dont parle Veena Das ont un accès tout différent à la parole, et une demande spécifique de reconnaissance ou de réparation ; une forme inédite d'attention à l'inscription ou la réinscription, dans le quotidien, c'est-à-dire chaque jour, des souffrances, des ruptures. En radicalisant encore la lecture par Cavell de Wittgenstein, achevant de passer des « formes de vie » à la vie des formes, de la douleur humaine à la souffrance des femmes, et finalement de l'ordinaire au quotidien, Das porte Wittgenstein sur un nouveau terrain.

Sandra Laugier
sandra.laugier@univ-paris1.fr
Université Paris 1 Panthéon-Sorbonne,
Institut des sciences juridique et philosophique de la Sorbonne,
ISJPS (UMR 8103, CNRS-Paris 1)

NOTES

1. Cf. Stanley Cavell, *Une nouvelle Amérique encore inapprochable : de Wittgenstein à Emerson*, trad. fr. de Sandra Laugier, Combas, Éd. de L'Éclat, 1991, p. 40-42.

2. Ludwig Wittgenstein, *Recherches philosophiques* [traduction française de *Philosophische Untersuchungen*], 123.

3. *Ibid.*, 125.

4. Stanley Cavell, *Dire et vouloir dire : livre d'essais*, trad. fr. de Sandra Laugier et Christian Fournier, Paris, Éd. du Cerf, 2009.

5. Pierre Hadot, *Wittgenstein et les limites du langage*, Paris, Vrin, 2004.

6. Stanley Cavell, *Les Voix de la raison : Wittgenstein, le scepticisme, la moralité et la tragédie*, trad. fr. de Sandra Laugier et Judith Balso, Paris, Seuil, 1996.

7. Cora Diamond, *L'Esprit réaliste : Wittgenstein, la philosophie et l'esprit*, trad. fr. d'Emmanuel Halais et Jean-Yves Mondon, Paris, PUF, 2004.

8. Ludwig Wittgenstein, *Recherches…*, *op. cit.*, 241.

9. Stanley Cavell, *À la recherche du bonheur : Hollywood et la comédie du remariage*, trad. fr. de Christian Fournier et Sandra Laugier, Paris, Vrin, 2017.

10. Qui invoque fréquemment le nom de Ralph Waldo Emerson, voir John Dewey, « Emerson – the Philosopher of Democracy » (1903), *The Middle Works, 1899-1924. III, 1903-1906*, Carbondale, Edwardsville, Southern Illinois University Press, 1977.

11. Ralph Waldo Emerson, « The American Scholar » (1837), *Selected Essays*, Harmondsworth, Penguin Books, 1982, p. 102 ; trad. fr. de Christian Fournier, « Le Savant américain », *in* Christiane Chauviré (dir.), *Critique*, n° 541-542, « La Nouvelle Angleterre », Paris, Éd. de Minuit, 1992, p. 564.

12. Stanley Cavell, *The Senses of Walden, an Expanded Edition*, San Francisco, North Point Press, 1981 (1972), p. 149.

13. Voir François Brunet, *La Naissance de l'idée de photographie*, Paris, PUF, 2012.

14. Stanley Cavell, *The Senses of Walden*, *op. cit.*, p. 149.

15. Ralph Waldo Emerson, « Le Savant américain », art. cité, trad. fr. de Christian Fournier, 1992, p. 564.

16. *Id.*, « Expérience » (1844), trad. fr. de Christian Fournier, dans Stanley Cavell, *Qu'est-ce que la philosophie américaine ? De Wittgenstein à Emerson*, Paris, Gallimard, 2009, p. 504-527.

17. *Ibid.*, p. 504 : « Les seigneurs de la vie, les seigneurs de la vie, / – Je les ai vus passer, / Sous leur apparence, / Pareils et différents, / Massifs et sinistres ; / Usage et Surprise, / Surface et Rêve, / Succession alerte et Dommage spectral, / Tempérament sans sa langue, Et l'inventeur du jeu / Omniprésent sans nom ; – ».

18. *Id.*, « Le Savant américain », art. cité, p. 562.

19. John L. Austin, « A Plea for Excuses », in *Philosophical Papers*, Oxford, Oxford University Press, 1962.

20. Veena Das, *Life and Words : Violence and the Descent into the Ordinary*, Berkeley, University of California Press, 2007.

21. Ludwig Wittgenstein, *Recherches…*, *op. cit.*, 206.

22. Stanley Cavell, préface à Veena Das, *Life and Words*, *op. cit.*

23. Ludwig Wittgenstein, *Recherches…*, *op. cit.*, 415.

24. *Ibid.*, 103.

25. Stanley Cavell, *In Quest of the Ordinary : Lines of Skepticism and Romanticism*, Chicago, Londres, University Press, Chicago, 1988.

26. Georges Perec, *L'Infra-ordinaire*, Paris, Seuil, 1989.

27. Veena Das, *Textures of the Ordinary : Doing Anthropology After Wittgenstein*, New York, Fordham University Press, 2020.

28. Stanley Cavell, *Un ton pour la philosophie : moments d'une autobiographie*, trad. fr. de Sandra Laugier et Élise Domenach, Bayard, Paris, 2003.

29. Ludwig Wittgenstein, *Recherches…*, *op. cit.*, 359.

30. Stanley Cavell, *Une nouvelle Amérique encore inapprochable*, *op. cit.*, p. 45.

31. Anne M. Lovell, Stefania Pandolfo, Veena Das et Sandra Laugier, *Face aux désastres : une conversation à quatre fois sur le « care », la folie et les grandes détresses collectives*, Montreuil-sous-Bois, Ithaque, 2013.

32. Stanley Cavell, introduction à Veena Das, *Life and Words*, *op. cit.*, p. VII.

33. Veena Das, *Textures of the Ordinary*, *op. cit.*, chapitre I.

RÉSUMÉ

De l'ordinaire au quotidien

Ludwig Wittgenstein parle de « reconduire les mots de leur usage métaphysique à leur usage quotidien ». Mais quel est cet usage quotidien ? J'examine ici d'abord la difficulté à déterminer quel est cet usage ordinaire, et à quel point il nous échappe, est perdu. C'est cette indétermination même qui fait du langage ordinaire le point d'origine du concept de l'ordinaire, tel que Stanley Cavell l'a développé, s'inspirant notamment de la pensée de R. W. Emerson. L'article propose ensuite d'interroger la différence entre l'ordinaire, concept central de la « philosophie du langage ordinaire », ancré dans l'usage du langage et la notion de forme de vie, et le quotidien comme thème commun à l'esthétique et à l'anthropologie.

MOTS-CLÉS : Stanley Cavell, Ludwig Wittgenstein, Ralph Waldo Emerson, langage ordinaire, philosophie du langage ordinaire, vie quotidienne

Sandra Laugier

SUMMARY

From the Ordinary to the Everyday

Ludwig Wittgenstein posits that we must "bring words back from their metaphysical to their everyday use". But what is this everyday use ? I first examine the difficulty of determining what this ordinary use is, and the extent to which it evades us, it is lost to us. It is that very indeterminacy that defines ordinary language as the point of departure for the concept of the Ordinary, as Stanley Cavell elaborated, drawing in particular on the thinking of R. W. Emerson. This article thus proposes to question the difference between, on the one hand, the Ordinary, a core concept of the "ordinary language philosophy", anchored in the use of the language and in the notion of form of life, and, on the other hand, the Everyday as a common theme of aesthetics and anthropology.

KEYWORDS : Stanley Cavell, Ludwig Wittgenstein, Ralph Waldo Emerson, ordinary language, ordinary language philosophy, everyday life

RESUMEN

Ordinario todos los días

Ludwig Wittgenstein habla de "devolver a las palabras desde su uso metafísico un uso cotidiano". Pero, ¿ cuál es este uso cotidiano ? Examino aquí primero la dificultad de determinar cuál es este uso ordinario, y hasta qué punto este uso se nos escapa, se pierde. Es esta misma indeterminación la que hace del lenguaje ordinario el punto de origen del concepto de lo ordinario, tal como lo desarrolló Stanley Cavell, inspirándose en particular en el pensamiento de R. W. Emerson. El artículo propone cuestionar la diferencia entre lo ordinario, concepto central de la "filosofía del lenguaje ordinario", anclado en el uso del lenguaje y la noción de forma de vida, y lo cotidiano como tema común en la estética y la antropología.

PALABRAS CLAVES : Stanley Cavell, Ludwig Wittgenstein, Ralph Waldo Emerson, lenguaje ordinario, filosofía del lenguaje ordinario, vida cotidiana

Marie-Ange Schiltz

Quotidien, sans domicile fixe (SDF), avec domicile fixe (ADF)

I would prefer not to/I can't get no place in society[1]

Samedi 19 septembre 2020, midi, un jeune homme frêle remonte rapidement le boulevard Saint-Michel. Il me double. J'entends distinctement : « Je rentre à la maison et je me fais des pâtes à la vapeur. » Il va vite, je reste avec ma stupeur. Le désir exprimé est si élémentaire : rentrer chez soi pour se faire cuire des pâtes à la vapeur. Tout à l'heure, si je veux, je rentre et, sans y penser, je me fais cuire des pâtes à la vapeur. Pourquoi suis-je troublée ? Où court ce jeune homme si pressé ? Certainement pas vers chez lui pour se faire cuire des pâtes à la vapeur. Je le sais, ce quidam qui rêve tout haut ne rentre pas chez lui. Il n'a pas de chez lui. Comment le sais-je ? Soyons clairs. Dans les temps anciens, on l'aurait décrit comme un gueux maigrichon vêtu de hardes, le cheveu emmêlé, le teint brouillé, qui n'a visiblement pas eu l'occasion de faire de longues ablutions ce matin. Ainsi, le rêve éveillé d'un « sans domicile fixe » évoquant un quotidien trivial et cependant inaccessible m'envahit et trouble ma promenade.

Mon incompétence.

Quelques mois plus tard me parvient la demande d'un article sur le quotidien des exclus, des gens à la rue, de ceux que l'on désigne sous le sigle « SDF ». Je devrais avoir quelque chose à dire sur leur quotidien, car en tant qu'ADF (avec domicile fixe), j'ai œuvré à leurs côtés à la mise en place et à la marche d'un service à destination des personnes à la rue dans le secteur des Halles à Paris, la bagagerie Mains libres[2]. Pendant huit ans, j'ai côtoyé des hommes, des femmes, des jeunes, des moins jeunes, certains ouverts, d'autres renfermés, parfois propres, parfois moins propres, amicaux ou pas, dont la seule caractéristique commune était l'absence d'un domicile. L'interaction était quasi quotidienne : réunions, assemblées générales, démarches auprès des autorités, permanences, comptes rendus, gestion des fichiers, entretien des locaux, actions collectives (vide-greniers, vestiaire, collectes...) destinées à assurer l'autonomie financière de l'association pour les dépenses courantes[3]. Proximité, familiarité et parfois sympathie, parfois antipathie, avec une frange de la population – que tout un chacun croise avec, usuellement, peu d'interactions – ne veut pas dire discours scientifiquement établi. Je n'ai pratiqué ni l'observation participante, ni le carnet de notes de l'ethnologue. Je n'ai jamais passé la frontière, fondamentale, me semble-t-il, celle de « ne pas avoir un chez-soi ». Je suis restée ce que je suis, une ADF – de surcroît, par tempérament, peu encline à l'écoute. Aussi tout ce que je peux dire à leur sujet n'est-il, à mon sens, que partiel et partial.

En huit années, j'ai croisé plus de 150 usagers des services de l'association. Je reprends la liste. Peu échappent à ma mémoire. À l'évocation d'un nom, un visage, une personnalité surgissent. S'impose la diversité des caractères, des situations et des parcours. Quelques-uns sont sortis de la rue, d'autres se sont rapidement éclipsés, tandis que certains organisaient leur vie autour de la structure ou s'investissaient dans le fonctionnement de l'association. Sans oublier ceux qui en ont été exclus, incapables qu'ils étaient de respecter la charte de bonne conduite (alcooliques, drogués, violents, désocialisés abandonnés par le secteur psychiatrique que l'association est inapte à gérer). Et enfin, ma souvenance va à ceux, trop nombreux, qui sont morts prématurément.

De la demande, j'ai retenu « quotidien, SDF, et moi l'ADF », l'observatrice qui trimbale ses normes, ses inclinaisons, ses aversions, ses effrois. J'ai beau insérer des « ou » et des « et » entre ces trois entités, je n'arrive pas à construire l'objet, je ne sais comment affronter la « vastitude » de ces riens qui se succèdent dans le cours ordinaire de la vie. J'épie les bribes de mon quotidien qui croisent des personnes à la rue, je ne perçois qu'une multitude d'instants incohérents qui se succèdent et qui s'échappent du champ social où j'ai cru pouvoir, l'espace d'une seconde, les épingler, pour se faufiler, je ne dis même pas entre deux catégories, mais simplement entre le dicible et l'indicible.

Pour esquiver l'obstacle, je pourrais me réfugier dans la production de statistiques sur les plus de 150 personnes dont j'ai géré la présence dans l'association pendant mes huit années de secrétariat : rapport de genre, taux de mortalité, âge moyen... mais telle n'est, hélas, pas la commande !

Mon *habitus* scientifique, qui a essentiellement œuvré du côté de la sociologie quantitative, ne m'a pas préparée à cet exercice. La pratique de la statistique n'est qu'une succession de pertes, plus ou moins contrôlées, d'information : éliminer des scories pour mettre en exergue « la » structure. Aussi ai-je l'habitude de travailler sur un réel fortement altéré par le fractionnement en catégories que je vais dénombrer. Suit le choix du traitement statistique, qui, loin d'être neutre, entraîne une perte d'information différente selon la technique d'analyse mise en œuvre. Vient l'audace ultime, la généralisation des conclusions en vue de dégager quelques constantes et causalités probables qui orienteraient l'action des hommes en société. En un mot, vous l'avez compris, appréhender le social à travers la statistique, c'est savoir et accepter que l'on tranche, que l'on découpe, que l'on perde de l'information à chaque étape, dans le but de dégager un peu d'ordre dans le complexe. Me voilà aujourd'hui bien démunie, il me faut aborder le complexe sans mes outils usuels.

Où en suis-je, à présent, avec les personnes à la rue ?

La situation actuelle me submerge, trop de personnes échouées sur nos trottoirs de Paris Centre.

Tous les jours, de nouveaux visages se surajoutent aux anciens que j'ai repérés ou que je connais de la Bagagerie. Certains font une apparition fugace, d'autres s'incrustent, d'autres encore vont, viennent et reviennent, d'autres enfin disparaissent.

Un matin, un nouveau, assis par terre rue Montmartre, il est propre, un anorak rouge, rien à ses côtés. Douze heures plus tard, la nuit est froide, il pleuviote, il est toujours là. Je passe. Les jours s'écoulent, il demeure. Un matin, place vide. A-t-il trouvé une solution ? Non, il a changé de rue, il est à Montorgueil. Et passe et repasse, j'engage la conversation. Histoire banale, William[4] est anglais, il marmonne, pas très convaincu, un retour chez son amie, qui l'a mis à la porte. Depuis, William ne bouge pas, quelques affaires commencent à traîner autour de lui, un sac en papier, un tissu qui ressemble à une couverture, un coussin qui l'isole du froid. William ne bougera que lorsque le magasin devant lequel il stationne le lui demandera.

Pourquoi me suis-je attaché à William et non à la jeune femme assise à quelques mètres de lui ? C'est le magasin, un commerce, semble-t-il, tolérant. Les alcoolisés trop crasseux n'y stationnent pas longtemps, mais d'autres sont des habitués. S'impose alors l'image d'Alain, un ancien de la Bagagerie qui en a longtemps soutenu la vitrine. Des années à vieillir par tous les temps, bel homme avec lequel je n'ai jamais réussi à établir un contact, sur mon chemin, debout ou avachi sur le même trottoir, puis un jour, pff, il s'éclipse.

Pour écrire cet article, j'ouvre mes archives, fais appel à ma mémoire et reprends les notes où j'ai consigné les dernières rencontres ; un printemps, un été et un automne sont passés entre la demande et ma décision de relever le défi d'un récit. Mes souvenirs s'éveillent. Chaque nom est une personne, une individualité.

Je vais travailler par éclats, en kaléidoscope, raconter des fragments de rencontres avec des hommes et des femmes à la rue que je sais nommer grâce à mon expérience à la Bagagerie. J'espère, ainsi, pouvoir rendre compte de la diversité des caractères, des trajectoires et des espoirs et désespoirs sur un temps relativement long. Pour ceux que j'ai connus dès la fondation de Mains libres et que je croise encore, seize ans ont passé.

Les jeunes, la petite vingtaine, englués dans des histoires familiales pathétiques résumées par une sèche annotation « rupture du lien familial » dans les fiches de suivi.

J'entends encore Jérôme nous dire : « Quand je suis assis par terre dans le Forum, je ne suis rien, les gens marchent sans me voir ; quand je suis à la Bagagerie, je suis Jérôme. » Avec son copain Kevin et sa copine Aurélie, ils rêvent d'une entreprise de surveillance. Munis de talkies-walkies que l'association organisatrice leur confie, ils surveillent les fêtes du « Jardin extraordinaire » des Halles avant rénovation. Ils ont fière allure dans leurs uniformes sombres. Pendant un an ou deux, ils assurent la sécurité des nombreuses animations dans le quartier de l'époque. Tout le monde aime le sourire de Teddy, dit Ficelle. Teddy est un Pierrot lunaire très attaché à son triporteur plein d'objets hétéroclites. Ne me dites rien, je ne veux rien savoir. Lui, c'est plutôt la case prison. Il sera exclu, je ne sais plus pour quelle algarade. Deux tourtereaux convolent en justes noces devant monsieur le maire du 1er arrondissement et les copains de Mains libres. Ils s'en vont en province, vers des emplois de manutentionnaires dans des supermarchés du côté d'Agen. Les jeunes nous quittent rapidement – une sortie par le haut, disons-nous. Certains reviennent, puis s'éclipsent à nouveau. Ces jeunes disparaissent de mon terroir urbain, j'espère le meilleur pour eux, mais la dure loi de la statistique sociale m'empêche de croire au conte de fées.

Heureusement, les jeunes ne sont pas trop nombreux, et l'intervention sociale s'attache à leur proposer plus ou moins rapidement un avenir, une insertion. Plus délaissés par l'action sociale, les destins depuis longtemps désaffiliés, ceux qui ont une longue expérience de la rue ou qui arrivent en fin de parcours où se sont succédé hébergements, hospitalisations, revalidations, tous ces séjours temporaires qui scandent le quotidien des vies incertaines.

Dans le jardin des Halles, il est une vieille dame impertinente et facétieuse, Marie-Louise, je la connais bien. Elle transvase son « rouge » dans une bouteille de Coca, goguenarde : « Les passants sont plus gentils », dit-elle. Je les croise souvent, elle et son « Coca ». Par un jour lumineux, je la sens inquiète. Après plusieurs hospitalisations suivies de mises à l'abri temporaires en maison de repos dans la région parisienne, les services sociaux lui proposent un hébergement, loin, du côté de Compiègne, le transfert est imminent. Entre inquiétude et soulagement, elle a sur elle les photos du lieu, une grande bâtisse dans un parc. C'est majestueux, il y a de l'espace, mais que deviendra sa vie sans son « Coca » et le secteur des Halles, qu'elle écume mollement pour répondre aux besoins du jour. Dernier échange, havre, liberté, perte d'autonomie, je ne sais, l'histoire s'arrête.

Monique a belle allure, chignon altier, restes de prestance bourgeoise qui peuvent encore faire effet de loin. Elle en impose avec son cartable, son penchant pour le droit, sa logique implacable et… son incapacité à se soumettre à toute réalité autre que sa réalité interne. Elle persévère, raisonne avec constance. Les désordres de sa vie n'altèrent en rien son obstination raisonnante. Ses retours vers la France de l'Est, sa province d'origine, sont de plus en plus rares. Je l'ai croisée, une dernière fois, très tard ou très tôt, comme vous l'entendez, par une nuit froide, au pied de l'église Saint-Merri. Elle est assise à même le sol, royale, elle fait la manche. Vision marginale, je n'identifie sa présence que quelques pas plus loin. Elle ne m'a pas remarquée, le courage m'abandonne et je continue sans la saluer.

Amère commémoration de Denise, la dame de la fontaine des Innocents, protégée par un mur de sacs plastiques. Comment survit-elle ? Je n'ose l'approcher, elle ne me reconnaîtra pas et je peux lui faire peur. Un jour, elle disparaît. C'est peut-être temporaire ? Non, elle n'est plus. Personne auprès de qui s'enquérir : dissolution d'un être et de ses sacs plastiques, autant en emporte l'indifférence urbaine.

Lydie, la belle Lydie dévorée par le démon de l'alcool. Lydie, mère, jeune grand-mère, traverse encore et toujours le jardin des Halles, défoncée, vitupérant contre ses camarades d'errance. Depuis des années, elle contredit tous les pronostics de résistance à l'alcool, aux mecs et à la rue. Sa déchéance me fait peur. Je l'observe de loin. Que pourrais-je lui dire ?

Sébastien, effondré sur le trottoir, me raconte en sanglotant la mort récente de son ami Michel : « Il s'est vidé de son sang et est mort dans mes bras du côté de la gare de Lyon, c'était mon ami, c'était mon ami. » Il y a dix ans, Sébastien était ce que l'on appelle un beau gars. Un tendre dangereux, ravagé par son enfance. L'ancien légionnaire connaît l'art de la mort et quand il est saoul, il peut se transformer en arme létale. Claude est « toursiveux[5] ». Je n'ai jamais su le fond de l'affaire, mais Sébastien est devenu une menace crédible pour Claude. Je n'aime pas Claude, j'ai de la tendresse pour Sébastien, et pourtant c'est Claude que je mets à l'abri à la maison. Va comprendre ! Une semaine de cohabitation, c'est long. Claude sent mauvais. Il passe sa journée au lit ; il mange au lit. Autour, toutes les miettes, les paquets entamés. Un seul souhait : qu'il parte. J'ai peur de dire, j'ai peur de l'incruste. Je dis. Claude ramasse ses affaires et s'en va sans remerciement ni reproche, laissant ses débris derrière lui. Ainsi va sa vie. Claude a trouvé sa raison d'être à travers la Bagagerie, il en est devenu le président. Il se dit dans l'entourage qu'il aurait une retraite de La Poste, qu'il pourrait être logé en banlieue. Il s'accroche aux Halles. Claude est un petit homme, ses cheveux et sa barbe bien entretenue s'allongent, il prend des allures de vieux druide, style Panoramix.

Revenons à Sébastien. C'est le printemps, il s'enracine sur le trottoir. Je m'arrête parfois, parfois je le contourne – trop déglingue, le mec. Aujourd'hui, c'est son jour anniversaire, cinquante et quelques ; toute la souffrance du monde l'habite. Il regarde ses mains, les tourne, me les montre. Ses doigts sont gonflés, déformés par les abus, la rue, la misère. Sébastien pleure sa vie, je ne peux rien pour lui, je me tais. Lui aussi disparaît. Je le revois à l'automne, allongé sur une aération de métro, rue de Rivoli. Il partage la grille avec un autre compagnon d'infortune. Je passe. Lors de notre dernière rencontre, enfreignant la règle, il me demande l'aumône. J'abandonne mes principes, je sais à quoi m'en tenir. Quelques heures plus tard, il est affalé à même le sol, deux bouteilles de rosé à ses côtés. L'alcool tue lentement, trop lentement parfois.

Le doux Michel, le poète, l'acteur. Il s'allonge volontiers sur un mur avec un livre, prenant la pose d'un Alexandre le Bienheureux. Il tourne dans un film, *Versailles*, que l'on projette à la Bagagerie. C'est un gourmand, il aime le cervelas, la saucisse du chasseur, spécialité belge que je lui rapporte parfois. Michel s'investit dans la marche de l'association, mais n'est pas toujours net sur lui. Ce jour-là, ils ont, Marie et lui, rendez-vous avec nos édiles. Pour l'occasion, Michel s'est un peu ajusté, mais sans exagération. Soudain, j'entends Marie, agacée : « Michel, tu ne peux pas venir comme ça, tu sens trop le pipi. » Je ris sous cape et le bon bougre, la tête baissée, de lui promettre d'être plus propre les jours de représentation officielle. Michel a trouvé un toit chez les Petits Frères des Pauvres. Tout le découragement du monde s'est abattu sur moi, le jour où j'ai rencontré Sébastien dévasté, pleurant son ami Michel. Si Michel n'a pas su garder son logement, c'est à désespérer de toute action. Je téléphone à Marie, Michel va bien. C'est un autre Michel qui est mort.

Fabrice, dit Fabrizio. Fabrizio l'élancé, le rasta, le séropo qui parfois refuse de se soigner. Il ne veut plus vivre, dit-il, plus passer ses journées sur un trottoir. Il s'invective. Il se révolte. Le virus s'active. Il est hospitalisé, scanner, analyses, médication de pointe. L'administration administre. Le patient requinqué peut sortir vers son infortuné trottoir au coin de la rue du Nil, rue bobo du quartier s'il en est, insolemment dénommée « salaire moyen 5 000 € ». Élégant, rebelle, digne, Fabrizio est estimé dans les parages. Le bistrot d'en face sert des cafés spéciaux, capables d'arriver chauds de l'autre côté de la rue. Stéphane s'installe souvent aux côtés de Fabrizio. Les nouvelles sont bonnes. Ils ont un studio en perspective. Ils ont fait leurs calculs, les aides, le RSA et les revenus de leur « travail » (faire la manche) : en partageant le loyer, ils assurent. Dernière conversation, dernière « mise à l'abri », Fabrizio décède à l'hôpital. Il ne s'évapore pas pour autant comme tant d'autres, au-dessus de sa place, son ombre s'attarde. Sur le mur, son portrait s'affiche, seules les pluies d'ouest auront raison de la photo.

Stéphane reste seul sur le trottoir. Avec l'ami, le compagnon, il perd le délicat équilibre financier qu'ils avaient échafaudé. La dure loi de l'économie s'impose. Assis à même le sol, il inventorie dépenses et ressources. Et compte et recompte, chaque poste est détaillé à l'euro près. C'est possible, mais c'est ric-rac. Passent les mois, Stéphane revient, il a gardé le studio, il « travaille » plus souvent. Ce matin, il est déjà au boulot. Je m'étonne – il fait froid. Il préfère les jours froids aux jours humides, le samedi est un bon plan. Il a des projets, il va être prochainement hospitalisé trois jours pour des examens, il parle de scanner puis ira passer une semaine avec sa fille en Bretagne. Elle a 30 ans et habite au Mans.

L'imposant Félix traverse les Halles de nord en sud. Je traverse de sud en nord. La rencontre est inévitable. Guilleret, il s'en va rejoindre ses amis boulistes aux Tuileries. Il m'invite à venir jouer avec eux quand je veux. Il va bien, très bien, semble-t-il. Félix est peut-être la seule personne parmi celles que j'ai rencontrées vivant à la rue qui a eu, à plusieurs reprises, des possibilités d'en sortir avec un métier, des compétences et qui est toujours revenu à la rue. Félix ne supporte aucune contrainte, surtout pas la sensation d'être enfermé. Lorsqu'il décroche un travail en plein air, dans le Sud, près de chez sa fille, je pense que, cette fois-ci, je ne le reverrai plus. Erreur de jugement, il ne supporte pas, il lâche tout. La pétanque provençale a été impuissante à le retenir. Aujourd'hui, il est pressé, je n'en saurai pas plus. Un jour, j'irai faire un tour aux Tuileries. Je sais où trouver les boulistes.

Peut-être y retrouverai-je Liêm, frêle Vietnamien, récemment rencontré dans une supérette du côté de la rue du Louvre. Les nouvelles sont ternes. Il n'a pas bougé de l'hébergement social dans le quartier. Mine du vaincu, un peu comme toujours déprimé, Liêm ne rêve plus d'un retour à une vie ordinaire, un boulot, un logement individuel, une famille, il fait aller en poussant les jours les uns après les autres. Liêm est un bouliste passionné, je ne l'ai jamais vu aussi heureux que lorsqu'il organise, au nom de la Bagagerie, dans l'ancien jardin des Halles, les concours de pétanque. J'espère le retrouver souriant, le jour où j'irai errer du côté des boulistes.

Alexander, mon cher Alexander, aux raisonnements incertains, au débit saccadé mâtiné d'un fort accent britannique, quasi incompréhensible. Anglais, je lui trouve de la classe. Il fut professeur, dit-on. Alexander écume Paris, je marche beaucoup. Nous nous sommes plusieurs fois reconnus du côté de Montparnasse.

Très *british*, il tient la distance. Notre surprise explose joyeuse et sincère sur le trottoir. Comme toujours, nos interactions s'arrêtent aussi brusquement qu'elles ont commencé. Alexander reprend son chemin, moi le mien. On se retourne, on se salue. Nous n'avons rien verbalisé, et pourtant, je sais qu'il est aussi heureux que moi de la rencontre inopinée.

Le revêche Zoran, sur sa chaise roulante, passe de l'entrée du métro aux sous-sols des Halles. Je l'interpelle par son prénom ; le regard soupçonneux, il me dévisage sans me reconnaître. Je me présente. Il se renfrogne, hoche la tête et décline le contact. Parfois, il partage son bout de chaussée sous l'auvent du métro avec d'autres compagnons et sa radio. Il vieillit vite. La dernière fois, il dormait, cassé sur le rebord de son fauteuil dans un sous-sol quelconque du Forum des Halles, à côté d'un ascenseur. Ne dort-il jamais dans un lit ? Comment fait-il pour vivre à la rue, prisonnier de sa chaise ? Ces questions s'ouvrent sur un gouffre que je ne me sens pas le courage d'explorer.

Parfois, Raymond quitte sa maison de retraite quelque part en banlieue pour une incursion dans son ancien fief, les Halles. Je l'interpelle, je ne devrais pas. L'œil soupçonneux, enfin, il me reconnaît, et c'est parti… pour ses péripéties hospitalières, ses opérations au ventre et ailleurs. Il soulève ses pantalons pour découvrir ses jambes variqueuses. J'ai toujours détesté Saint-Roch avec sa toge relevée au-dessus de son bubon. Je n'en peux plus, il faut que ça s'arrête, m'enfuir, mais je suis paralysée par une certaine éducation. La prochaine fois, c'est sûr, je ne m'approche pas – hum, je n'en suis pas certaine. Comprend qui peut ! Je n'ai jamais eu d'empathie pour Raymond.

Quelle curiosité me taraude, quel lien s'est noué avec ces personnes lors de ce tout petit bout de chemin que j'ai fait à leur côté ?

Sur les grands boulevards, glauque après-midi de novembre, Christian brille dans son ciré jaune flambant neuf ! Il ressemble à Titi, le petit canari fragile et sans défense, mais malin, des Looney Tunes. Christian est un as des mots croisés, il termine ceux du *Monde* en quelques minutes. Christian est un peu, beaucoup mytho. Garçon de café, il fréquente le beau monde du côté des Planches de Deauville et dans les bistrots parisiens, je le crois. Mais il agace, parfois, par ses récits volontiers colorés de souvenirs qui ne lui appartiennent pas vraiment. Il emprunte des yachts, des soirées, des strass. Ses yeux scintillent à l'évocation de son passé, mais aussi souvent d'un ou plusieurs verres de trop. L'alcoolisme ne pardonne pas dans le métier. Grand sourire, il va bien, il est hébergé. J'échange avec un homme heureux. Après la rue, un refuge, mais la mort s'impatiente auprès des cabossés. Peu après notre rencontre, quelqu'un, quelqu'une me fait part de son décès.

Pour trancher dans le vif de ces vies disparates, j'annonce que je ne prendrai en considération que les personnes dont je connais le patronyme et avec lesquelles je continue d'avoir des interactions après mon départ de Mains libres. Un choix est un choix. Or, voilà que je convoque un mort dont la mémoire me hante. Ne voulant pas cultiver les sentiments négatifs, j'évite encore de passer au bas de son immeuble. Gérard décède quelques mois avant mon départ de l'association. Personnalité rude, autoritaire, capable, très investie, il s'impose dans la gouvernance de l'association et, à ce titre, bénéficie d'un logement. Affreux, sale et méchant, il sait l'être, il sait aussi être le collaborateur sur lequel on compte. Au fil de longues heures de travail collectif, je développe le sentiment d'un compagnonnage confiant. La mort en la vie, la vie en la mort, à l'heure de sa mort, Gérard règle ses comptes avec la vie. Il efface la mémoire de tout ce qui pourrait lui survivre. Je n'en ai pas spécialement fait les frais. Que s'est-il joué entre Gérard et moi pour que je fasse encore ce détour ? Aurais-je trop misé à tort sur l'image d'un pauvre méritant ? Je ne crois pas, je ne suis pas ce qu'on appelle une personne charitable. Je pense être affectée par la violence du côté obscur de l'humain.

Pour clore cette galerie de portraits, une petite sonate. Le 19 janvier 2009, la Soupe Saint-Eustache fête son quart de siècle, pas moins qu'un banquet après la messe sous la nef de l'église du même nom. Nous sommes plus de 500 convives, bien sûr les clients de la soupe et autres précaires, mais aussi des moins précaires. Pierre, ancien de la Bagagerie, sert. Il a un emploi fixe à la cantine de la banque qui soutient l'événement. Nous avons échangé quelques mots, Pierre vient et revient. Le banquet se termine, le concert commence. Soudainement, impératif, il m'invite à faire quelques pas en direction de l'orchestre. Il veut me montrer... l'orchestre ? « Non, non ! la violoniste. » Debout, le premier violon, une gracile asiatique, ses notes s'envolent sous les voûtes. « Elle est belle ? Tu ne trouves pas qu'elle est belle ? – Oui, elle joue super bien. – Non, non ! Tu vois, j'ai tout maintenant dans la vie, un travail, un logement, il me manque une belle petite femme comme elle. » Mon cher Pierre, à l'œil crevé, au visage taillé à la serpe par des années d'errance, rêve, rêve et rencontre la petite femme de tes délices.

Dans la profondeur du temps, j'apprends que certains ont trouvé un havre, que d'autres survivent encore dans des conditions où, il me semble, je ne saurais survivre. Mais ce n'est pas qu'une impression, eux non plus ne savent pas survivre longtemps, si l'on se réfère à l'implacable constat de la statistique sur l'âge moyen au décès[6] fournie par l'association Les Morts de la Rue. Certes, les statistiques produites ne répondent pas aux exigences de la science académique, mais le différentiel d'espérance de vie entre « eux » (48-49 ans[7]) et « nous » (79 ans pour les hommes, 85 ans pour les femmes[8]) est tellement titanesque qu'il balaye toute contestation. Tandis que je vieillis tranquillement avec trente-cinq ans d'espérance de vie de plus que mes infortunés concitoyens, la grande faucheuse moissonne régulièrement parmi ces existences irrégulières et contingentes, dans ce que l'on nomme, pour les gens ordinaires, la force de l'âge.

Il ressort de ces rencontres joie, tendresse, culpabilité, malaise, cela dépend. Ils ne sont pas les bons pauvres que l'on aide efficacement. Ils résistent, promettent, chutent, rechutent. Leur vie n'est, trop souvent, qu'un long trébuchement. Parfois, la situation est tellement dégradée que l'on ne peut que les écouter ou regarder ses pieds en espérant qu'ils ne vous reconnaissent pas.

J'ai certainement donné sans le vouloir une tournure trop positive à ces rencontres, alors que l'insupportable s'étale tous les jours sous mes yeux. Je dis que je ne m'habitue pas à l'inacceptable, faux ! Je le croise tous les jours, sans faire de scandale.

En épilogue, une brève rencontre avec un inconnu d'une autre culture qui n'a pas encore assimilé les codes de notre « civilisation » humaniste et qui, lui, fait un esclandre.

22 heures, c'est l'hiver, il fait nuit depuis longtemps, une pluie glaciale s'abat sur la ville. La permanence de Mains libres terminée, « sans » et « avec », nous nous dispersons, pas de « bonne nuit », un « à demain » suffit. Je suis une « avec », je rentre chez moi. Sur le chemin, un homme allongé à même le sol sous la gouttière dégoulinante. Le Forum des Halles est désert, personne d'autre qu'un élégant jeune noir et moi. Très agité, il me prend à partie en me manifestant bruyamment sa désapprobation : « Comment peux-tu laisser ton frère comme ça, dans le froid et dans l'eau ? » Probablement un Africain arrivé depuis peu en France, qui ne s'est pas familiarisé avec, pour être civile, disons l'individualisme du Blanc à l'égard de son « pays ». Je ne peux répondre à son indignation. Il est la sincérité même, personne dans son village ne laisse un « frère » étendu sous la pluie équatoriale. Pluie froide, sous mon parapluie, je m'arrête, tangue, je n'y peux rien. Je poursuis mon chemin. L'homme du scandale gît à terre, il n'a pas bougé.

Pour conclure.

Cela commence par le rêve éveillé d'un inconnu, cela se termine sur le sommeil inanimé d'un autre inconnu. Entre les deux émerge, sous ma plume, une galerie de personnages. Le quotidien est têtu, il n'est pas celui dont je pensais vous faire part. Né de la contingence, il est désordonné. Un regard, une parole, un échange, le présent se développe au hasard des trottoirs du « Ventre de Paris ». Flashes d'instantanés, il relate des bribes de rêves, de résignation, de désespoir, de révolte, de dépendance, de lutte, de bonheur, de souffrance. L'ordinaire des vies fragiles se cantonne parfois à un carré de trottoir ; parfois, il s'échappe vers des horizons lointains. De la diversité des parcours relatés, le seul point partagé par tous est un quotidien désastreux qui maltraite l'unique bien qui leur reste, leur corps. Ces corps brutalisés par les mauvaises nuits, les conditions climatiques, la malbouffe, l'addiction, la maladie ordonnent leurs communes destinées, les vouant à la mort prématurée. Entre-temps, comme tout un chacun, la vie, rien que la vie, l'aubaine d'une conversation de trottoir. Un partage à partir d'une socialité commune avec son lot de bonnes, de tristes nouvelles et de rêves plus ou moins réalistes. C'est en cela que des actions fondées sur la collaboration, la mixité, le faire ensemble sont fondamentales. Sans l'expérience à Mains libres, je n'aurais jamais pu relater ces interactions avec les personnes à la rue.

Quelques statistiques.
Les personnes en situation de rue à Paris selon les décomptes des Nuits de la Solidarité 2021 et 2022[9]

Depuis 2018, la Ville de Paris et ses partenaires décomptent « une nuit donnée et de façon la plus exhaustive possible, le nombre de personnes se trouvant en situation de rue, c'est-à-dire n'ayant pas d'endroit où dormir pour la nuit ou dormant dans un lieu impropre au sommeil (voiture, tente, hall d'immeuble, etc.) ».

Le 25 mars 2021, l'opération « Nuit de la Solidarité » évalue à 40 800[10] *a minima* le nombre total de Parisiens en situation de précarité : 2 800 à la rue, 28 300 en hébergement d'urgence dans Paris (dont 10 139 nuitées hôtelières *intra-muros*), plus les 9 700 places hors de Paris pour les SDF de Paris (dont 8 394 nuitées hôtelières).

Sous les effets de la crise sanitaire, l'offre d'hébergement et de mise à l'abri augmente fortement en 2021 (+ 5 700). Cette hausse est portée par un important recours aux nuitées d'hôtel (+ 4 400)[11]. Il en résulte, sur l'ensemble de Paris, une diminution de 772 personnes en situation de rue entre 2020 et 2021. Il nous faut hélas noter qu'au regard de l'augmentation de l'offre, le nombre de personnes sans solution d'hébergement pour la nuit reste important. Une demande toujours plus pressante épuise-t-elle les efforts des autorités ?

Comme les années précédentes, les personnes sans-abri la nuit du 20 janvier 2022 sont présentes dans l'ensemble des arrondissements. Selon l'Apur (Atelier parisien d'urbanisme), leur nombre est particulièrement important dans les arrondissements de l'Est, du Nord et du Centre. Avec 345 SDF se trouvant sans solution d'hébergement, Paris Centre s'avère être, en 2022, l'arrondissement de Paris où les décomptes sont les plus importants.

Une cartographie par zone de concentration met en exergue les pôles d'attractivité que sont les abords des gares, des stations de métro et de RER, des parkings et ceux des espaces ouverts. Le centre de Paris ne fait pas exception à la règle.

Pour Paris Centre, selon la carte de l'Apur (ci-dessous) les sans-abri dénombrés la nuit du 25 mars 2021 se concentrent le long d'une ligne qui s'étire entre Bastille et Châtelet-Les Halles. La station « Châtelet-Les Halles[12] » (la plus grande du monde), le tunnel des Halles (4,4 km), les nombreux parkings, le jardin Nelson-Mandela et autres espaces ouverts s'avèrent être un formidable pôle d'attraction.

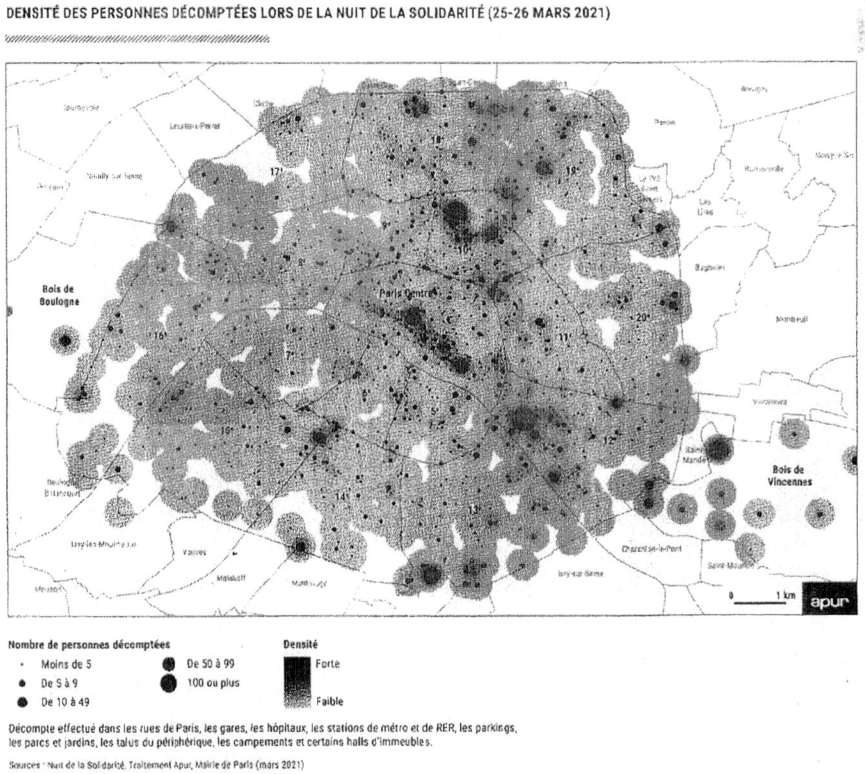

Figure 1 – « Densité des personnes décomptées lors de la Nuit de la Solidarité (25-26 mars 2021) ». Crédits : Apur (Atelier parisien d'urbanisme).

Une approche plus détaillée par secteur[13] confirme la pression continue dans cette partie de Paris Centre. Le secteur Châtelet-Les Halles, en particulier le tunnel des Halles, se classe – avec les abords des gares et quelques portes de Paris – parmi ceux où les plus fortes hausses ont été enregistrées entre 2020 et 2021, et ce dans un contexte de diminution ou de stabilité du nombre de personnes à la rue sans solution d'hébergement à Paris.

Un questionnaire[14] collecte des informations sur les caractéristiques sociales, la situation actuelle et les parcours de rue des personnes rencontrées.

La nuit du 21 mars 2021, hommes, femmes, jeunes, vieux... tous les profils se retrouvent dans les 17 arrondissements parisiens, avec cependant des concentrations différenciées selon la durée de vie à la rue.

• 61 % des personnes interrogées sont à la rue depuis plus d'un an, dont un quart (26 %) depuis plus de cinq ans.

• Ces « vétérans » sont âgés. Un répondant sur deux (49 %) âgé de 55 ans ou plus est sans logement personnel depuis plus de cinq ans.

• Les « anciens » – âgés, ayant de longs parcours de précarité – se concentrent dans les arrondissements centraux.

Le profil des personnes avec lesquelles j'ai gardé des liens dans le secteur des Halles-Beaubourg rejoint le constat dressé par l'Apur. Ce sont des hommes et des femmes âgés qui vivent depuis longtemps dans la rue. Certains ont un recours régulier aux services sociaux, d'autres les fréquentent par intermittence, d'autres encore en sont complètement éloignés.

À ma surprise, et contrairement à ce que j'avais expérimenté pendant mes huit années de présence à la bagagerie Mains libres, j'ai pu, à l'occasion de ces conversations qui ont eu lieu au cours du deuxième semestre 2021, percevoir sur un très petit échantillon l'effort de mise à l'abri entrepris par l'État et la Ville de Paris, en constatant que plusieurs de mes connaissances avaient été hébergées récemment de façon pérenne. Hélas, par deux fois, une mort précoce aura écourté leur contentement.

Cet article est écrit en mémoire de Patrick, le premier mort de la rue que j'ai connu. Patrick, profondément marqué corporellement par son addiction à l'alcool, se meurt en s'excusant, peu de temps après l'ouverture de Mains libres.

Tous les prénoms ont été modifiés, sauf celui de Patrick.

Marie-Ange Schiltz
marie-ange.schiltz@ehess.fr
Ingénieure de recherche CNRS
Centre d'Analyse et de Mathématiques Sociales (CAMS), EHESS-CNRS

NOTES

1. Herman Melville, *Bartleby, the Scrivener : A Story of Wall Street*, New York, Londres, Simon & Schuster, 1997 (1853).

2. https://www.mainslibres.asso.fr

3. Hormis le loyer, payé par la Ville de Paris.

4. Tous les prénoms ont été modifiés.

5. « Toursiveux » (belgicisme) : personne dissimulée, pas très franche.

6. L'espérance de vie à la naissance, ou « espérance de vie », représente la durée de vie moyenne (autrement dit l'âge moyen au décès) d'une génération fictive soumise aux conditions de mortalité de l'année.

7. L'âge moyen au décès s'établit à 48 ans (IC95 % [47-50]), ce qui n'est statistiquement pas différent de la moyenne que l'on retrouve sur la période 2012-2019 (49 ans, IC95 % [49-50]). La tranche d'âge la plus représentée est celle des 45-65 ans (46 % des décès) suivi des 30-45 ans. Source : Collectif Les Morts de la Rue, « Mortalité des personnes sans domicile 2020. Dénombrer & décrire : résumé de l'enquête » [en ligne], novembre 2021, http://www.mortsdelarue.org/IMG/pdf/RESUME_RAPPORT_2020_EN_2021-2.pdf

8. INSEE, « Bilan démographique 2020 » [en ligne], mars 2021, https://www.insee.fr/fr/statistiques/5007694?sommaire=5007726

9. Apur, « Les personnes en situation de rue à Paris la nuit du 25-26 mars 2021. Analyse des données issues du décompte de la 4e édition de la Nuit de la Solidarité » [en ligne], novembre 2021, https://www.apur.org/fr/nos-travaux/situation-rue-paris-nuit-25-26-mars-2021

10. Le décompte exclut les actions citoyennes, l'hébergement chez l'habitant ainsi que ceux qui échappent au dénombrement de la nuit de la solidarité. Ce chiffrage *a minima* représente l'équivalent de la population de villes comme Chartres, Cherbourg ou Alès.

11. L'hôtel est collectivement coûteux et n'est pas une solution viable, ni pérenne pour les bénéficiaires.

12. Secteur autour duquel j'évolue.

13. Pour les besoins de l'enquête, Paris est découpé en 356 secteurs couvrant la totalité des 17 arrondissements.

14. Chaque personne rencontrée est invitée à répondre anonymement et sur la base du volontariat à un questionnaire.

RÉSUMÉ

Quotidien, sans domicile fixe (SDF), avec domicile fixe (ADF)

Pendant huit ans, j'ai œuvré, en tant qu'ADF (avec domicile fixe), aux côtés de ceux que l'on désigne sous le sigle SDF, à la mise en place et à la marche d'un service à destination des personnes à la rue dans le secteur des Halles à Paris, la bagagerie Mains libres. L'interaction y est quasi quotidienne, les identités s'affichent, à chacun son nom. Après mon départ, cette action fondée sur la mixité, le faire ensemble, se prolonge au travers de rencontres faites au hasard des rues de Paris. Bribes de vie que je relate dans cet article et que je n'aurais pu relater si je ne connaissais pas mes interlocuteurs par leurs prénoms.

MOTS-CLÉS : sans domicile fixe, avec domicile fixe, interaction, identité, nom propre, recognition, contingence

SUMMARY

Everyday Life, Person With No Fixed Abode, Person With Fixed Abode

For eight years, as a person with a fixed abode (ADF, in its French acronym) I worked with persons without a fixed abode labelled as homeless (SDF, in its French acronym) to set up and operate a service for people sleeping rough on the street around Les Halles, central Paris. The service is called bagagerie Mains libres (lit. hands-free luggage storage). It was opened to all and mobilized all parties' skills. There were interactions with the homeless persons, known by their names, almost daily. Since my departure, the service has kept operating through random encounters in the streets of Paris. The snippets of life I relate in this article could not have been written up if I did not know my interlocutors by their first names.

KEYWORDS : with no fixed abode (homeless), with a fixed abode, interaction, identity, name, recognition, contingency

RESUMEN

Cotidiano, sin domicilio fijo, con domicilio fijo

Durante ocho años, me he ocupado, en calidad de CDF (con domicilio fijo), junto a los que designan con el acrónimo de SDF (sin domicilio fijo), de la instalación y funcionamiento de La bagagerie Mains libres, un servicio destinado a personas que viven en la calle, situado en el barrio de Les Halles, en París. La interacción es casi cotidiana, las identidades se hacen patentes, a cada uno su propio nombre. Después de mi partida, esta actividad basada en la diversidad, el hacer juntos, se prolonga a través de los encuentros realizados al azar de mis recorridos por las calles de París. Fragmentos de vida que relato en este artículo y que no hubiera podido relatar si no conociera a mis interlocutores por su nombre.

PALABRAS CLAVES : *sin domicilio fijo, con domicilio fijo, interacción, identidad, nombre propio, reconocimiento, contingencia*

Martin de La Soudière

Habiter (à) l'hôpital

Comme le proposait en son temps le sociologue Erving Goffman[1], de même que la caserne, la prison, l'asile, le quartier des jeunes recrues, le monastère, aujourd'hui comme hier, l'hôpital (désormais nommé « centre » ou encore « groupement hospitalier ») peut être considéré et défini comme une institution totalitaire. Comme je le dirai *in fine*, en HP (hôpital psychiatrique), j'en ai récemment fait les frais. Mais, justement, comme pour la vie en caserne, par exemple, pour en esquisser l'ethnographie, il faut y être ou y être allé, y séjourner, en quelque sorte l'habiter. Que sait-on au juste du quotidien de ce confinement entre quatre murs ?

D'abord, indiquer ici que – en hôpital psychiatrique en tout cas –, labiles et éphémères, deux groupes y cohabitent, non pas face à face, mais en constante interaction : soignants/soignés, aides-soignantes et infirmières *versus* le petit peuple des patients, la vocation de ces derniers étant de quitter les lieux au plus vite ; pourtant, c'est au compte-gouttes qu'ils sortent, l'un(e) après l'autre – ah, la promesse de la sortie et les commentaires qui, tel un refrain, accompagnent leur horizon ! On doit nécessairement sortir, mais quand ? Attendre d'aller mieux et, surtout, le feu vert des psychiatres. Mais sa propre sortie, les autres ne feront que la deviner ; assez curieusement, on en parle peu, on ne la clame pas ! Sans doute par pudeur.

Les soignant(e)s.

L'une des activités permanentes des infirmières, quasi lancinante et très exigeante, est d'écrire sans relâche et de noter – chacune avec le même stylo à bille Bic à quatre couleurs – toutes leurs tâches ; une feuille par jour et par patient sur des formulaires types *ad hoc*, qu'elles rangent dans l'une des deux poches de leur blouse, et ce jusqu'aux gestes les plus minimes : changer les draps par exemple (mais au juste tous les combien de jours ?), mesurer chaque matin des *constantes* (c'est-à-dire la tension et la température) bien mal nommées, car quoi de plus inconstant que ces mesures ? (On ne peut pas, à ce propos, ne pas faire référence à la notion d'« écriture ordinaire », chère à l'ethnologue Daniel Fabre[2] et à son équipe, qui montrent l'engagement du scripteur jusque dans les écrits apparemment les plus mineurs et anodins – livres de compte, listes, journal intime, etc.).

Second instrument, second outil professionnel : les clefs et leur maniement incessant – instrument de travail, mais aussi bien de pouvoir. Ah, ces clefs, leur cliquetis constant, qui ouvrent la pharmacie, le poste de soins, mais aussi bien la buanderie où est stocké le linge ! Tout ici est d'ailleurs cadenassé, y compris les fenêtres des chambres des patients qui, littéralement *enchaînées*, bloquées par une chaîne, ne peuvent que s'entrouvrir : une légère angoisse quand ils le constatent au premier jour de leur arrivée dans cet hôpital. En même temps, un peu comme le « bracelet électronique », on leur pose au poignet un bracelet avec leur nom et leur date de naissance, manière d'assurer leur traçabilité et de leur rendre difficile toute fugue.

C'est sans cesse que les patients (depuis un certain temps, on ne dit plus « malades ») croiseront, nombreux, le personnel. Mais les soignant(e)s (un homme pour une dizaine de femmes, certaines acceptant de bonne grâce qu'on les appelle par leur prénom : Coralie, Alexandra, Laurence…) courent souvent plus qu'elles ne marchent, toutes en blouse blanche (il y en a six modèles : blouse longue comme celle des chimistes ; ou courte, une veste ; manches courtes, manches longues ; boutonnage central ou latéral). Elles sont et se disent sans cesse surmenées, ayant rarement tout leur temps pour parler, échanger avec les patients, voire pour sourire (mais entre elles, c'est un bavardage permanent, ce sont des rires, tantôt nécessaires à leur service et utiles, tantôt futiles, et c'est bien normal pour souffler un peu et se retrouver entre soi) : « oui, revenez tout à l'heure », « non, je prends ma pause », « il faut que j'en parle à ma collègue » (ah ! ces fameux collègues qui leur permettent de se dédouaner, presque une entité, ou une abstraction), quand ce n'est pas aux psychiatres (ils sont quatre, deux médecins et deux internes, dont une femme), vénérés tels l'autorité supérieure, suprême et indiscutable.

Espaces de liberté.

On voit infirmières et aides-soignantes un peu plus tranquillement au moment des fameux traitements – mais ce moment, pourtant central et crucial, est très bref – et, bien sûr et surtout, aux repas : 8 heures, midi, 19 heures ; repas où peut se développer un modeste espace de liberté, modeste mais néanmoins important pour les patients : demander un second carré de beurre, un pain supplémentaire, remplacer le yaourt aux fruits par un yaourt nature, échanger un plat, commenter le menu, etc.

Autre espace de liberté : le grand jardin – un demi-hectare – mais, malgré le beau temps de ce mois de septembre (on est à la fin de l'été 2020), paradoxalement, il n'attire pas la foule : juste deux petits groupes de deux ou trois patients et une femme qui court sans relâche, ils restent un quart d'heure, à peine davantage, avant de réintégrer le bâtiment. Comme dans le jeu de jokari (le joueur lance une balle, mais celle-ci revient inexorablement vers lui car elle est attachée par son élastique à un socle en bois), le service les appelle et les rappelle à l'ordre hospitalier.

Autres espaces-moments de liberté, relatifs car toujours vécus sous contrôle, en liberté surveillée, furtivement, mais efficacement : la salle de télévision, lieu aussi de – petites – disputes autour de la chaîne à choisir (télévision, qui, curieusement, ne fait pas recette, loin de là). Enfin, la salle de jeux, avec une bibliothèque remplie d'ouvrages le plus souvent déclassés et démodés (Daphné du Maurier, Pierre Loti, Mauriac, exercices de yoga ou manuel de bridge, etc.) ; et, pas très fréquentée, comme boudée (je ne sais pourquoi), une table destinée aux joueurs de Scrabble, aux amateurs de puzzle (de mille pièces), de jeux de cartes (la crapette) et de 421 (un jeu de dés).

Espace de liberté, lui aussi : le « fameux » Relais H (Hachette), situé non loin, dans l'enceinte de l'hôpital. Il ne propose que du café et quelques boissons ainsi que des journaux, mais comme il faut une permission des médecins pour s'y rendre, le matin, il n'en présente que plus d'attrait ! « Je reviens du Relais H ! », autant dire une prouesse, une récompense, une montée en grade !

Le traitement et les « perms ».

Les psychiatres ont tout pouvoir, on l'a dit, le lecteur s'en doutait ! Pour les « perms » en particulier (permissions de sortie, plus ou moins longues, de l'espace d'une heure au temps d'un week-end), le patient doit leur demander leur aval, même pour un petit goûter. Revenir de « perm » s'accompagnant, sans autre commentaire, d'un sourire entendu : avoir revu sa femme, ou son mari, avoir acheté un vêtement « branché » ou des cigarettes (qu'éventuellement les plus généreux vont donner, mais au compte-gouttes).

Ce sont bien sûr les médecins qui président à l'ajustement du traitement, administré trois fois par jour par les infirmières juste avant les repas, et pour lequel, comme à l'école, on doit faire la queue (les patients ici sont une petite vingtaine). Aux infirmières alors de parler et de se préoccuper, elles, seulement du transit et du sommeil du patient. Quant aux aides-soignantes, elles sont encore moins bien loties, n'ayant, elles, pas le droit de…, pas accès à…, assignées, donc, au domaine du privatif et sous le régime de l'interdit.

Ambiances.

Mais l'ambiance quotidienne, l'infra-ordinaire de cet hôpital (psy, rappelons-le), comme disait Georges Perec[3], est lourde, car ici on ne parle pas, ou guère, comme si le patient obéissait à une règle tacite, non écrite, un code de bonne (?) conduite. Silence pesant à table durant les repas – une table pour quatre –, vertigineux, seul le tintement des verres, des couverts et des assiettes… ; ou dans les lieux de rencontre possibles, couloirs, salle de télévision, fumoir « sauvage » à l'extérieur sous une galerie à découvert, etc. La parole y est donc rare, les patients semblant s'isoler, se murer dans leur état, se replier sur eux-mêmes, prisonniers d'eux-mêmes en même temps que du lieu. Même si, devinant une proximité sociale ou culturelle avec tel(le) ou tel(le) autre patient(e) ou une connivence d'âge et de génération, on amorcera alors un embryon de conversation. Les patients se croisent, esquissent parfois un sourire, mais pas toujours ; on écoute la musique d'un smartphone, et on se donne ou s'échange des cigarettes. Ah ! Les cigarettes ! (Dans son ouvrage, Goffman évoque et décrit remarquablement bien, en ce qui concerne les infirmières, l'importance et le rôle de ces objets transitionnels dont leurs poches sont remplies : nourriture, papier, clefs, briquet, etc.[4])

*

Jouer au malade.

Et puis, il y a l'allure des patients, leur manière de traîner les pieds, de ne pas lacer leurs baskets, de déambuler de long en large dans le long couloir du rez-de-chaussée, sans aucun but précis, ce qu'on appelle la « maladie du lion ». Une sorte de ralentissement de leurs gestes et de leurs déplacements. Cela va avec le silence (cf. *supra*), avec leur réserve, on dirait que les patients jouent et surjouent au malade mental. Ils s'affichent « malades », semble-t-il, pour se faire plaindre, se conformer à ce que doit être ici un patient ; un rôle donc, justifier sa présence. Certains, un tiers environ, sans autre raison que personnelle, restent d'ailleurs en pyjama toute la journée, un pyjama bleu clair – souvent maculé ! –, un uniforme de « fou » ! À votre arrivée, pour les tout premiers jours tout au moins, on vous vêtira d'office de ce fameux pyjama d'hôpital, en même temps qu'on vous confisquera votre chargeur de portable (pour éviter un suicide ! – *sic*, rumeur de couloir), avant de faire méticuleusement l'inventaire de vos effets et de vos objets personnels, une humiliation de plus !

On parle peu, on l'a dit, et même pas du traitement en cours, à peine des qualités et défauts des psychiatres ou de la disponibilité des infirmières et aides-soignantes ; ici, on subit, on ne proteste pas – ou rarement.

Leur porte une fois fermée.

Mais, dans leur chambre, que peuvent bien trouver les patients pour faire passer les heures, les longues traversées quotidiennes de leur désert, les matins et surtout les après-midi : de 12 heures 30 à 18 heures 50 ? Par définition, on ne saura jamais vraiment. Il semble qu'ils dorment énormément, qu'ils lisent énormément pour certains, ils doivent peut-être prendre sans arrêt des douches, mais ne paraissent pas écouter beaucoup la radio. Je ne peux ici parler que de moi : j'alternais l'écoute de la radio (Radio Classique et France Culture) et la lecture, notamment des journaux (*Libération*, *Télérama*) quand je parvenais à obtenir la fameuse « perm » pour le Relais H !

Galerie de portraits.

Galerie de portraits, des figures de ce lieu, mais liée aux arrivées et à la présence des patients lorsque j'étais là, moi aussi, en leur compagnie.

Il y avait (liste sélective) :

le tapeur professionnel de cigarettes, 35 ans ;

la fille excentrique et pas commode qui descendait vêtue d'un immense poncho multicolore bien trop grand pour elle, 30 ans ;

l'obèse, impressionnant d'embonpoint, mais (*sic*) très serviable, 45 ans ;

une toute jeune femme déçue par des années passées en psychanalyse, 32 ans ;

le taiseux absolu, 45 ans ;

l'autre taiseux, accro, comme moi, au Tour de France dans la salle de télévision, pas un mot sur l'étape ;

celle qui court sans relâche tout autour du jardin, 60 ans ;

l'intello qui déambule avec Kundera sous le bras, 45 ans ;

le cardiologue mordu des jeux, en particulier du poker et du 421, 55 ans ;

le tout jeune garçon qui a refusé de passer son bac et se trouve maintenant désemparé, nous réclamant des conseils (qu'il ne suivra évidemment pas !), 22 ans ;

enfin : fumeur et gourmand, le roi de ce petit royaume, de notre petit monde, il fait partie des murs, on le respecte, on le consulte pour un oui, pour un non, il appelle régulièrement sa maman et dit être là depuis des mois, et ne semble pas près de sortir, 24 ans – il y en a toujours un de cet acabit dans les hôpitaux psy.

*

L'amour du censeur.

Là où, finalement, je veux surtout en venir, c'est que, sans trop souffrir de ce confinement, de ces conditions assez rudes, le patient accepte tout traitement, toute contrainte, toute contrariété. Il subit, pas de grand cœur bien sûr, ce quotidien quasi carcéral (rappelons les fenêtres, dans les chambres, closes ou presque !). Il supporte, ne se plaint pas ou rarement, car le rassure cette prise en main totale – ou presque – de leur quotidien, 24 heures sur 24, jusque dans le détail : jusqu'à leur problème de transit, par exemple ! Quant aux rituels, il en est beaucoup, et je ne veux évoquer que celui du dimanche : le petit déjeuner est agrémenté, ce jour-là, d'une viennoiserie ; puis le déjeuner, suivi d'un café (au printemps, déjà hospitalisé, mais dans un autre hôpital, j'avais reçu avec mon plateau un sachet d'œufs de Pâques !). « L'amour du censeur », donc, comme l'écrivait si bien Pierre Legendre[5] – historien du droit –, formule roborative. En a-t-on besoin pour guérir, plus vite, et mieux ? Sans doute.

NDLA. Ce furent trois hospitalisations successives qui m'ont aujourd'hui incité à écrire-décrire ce lieu – thérapeutique –, ses occupants, permanents – organisateurs, gestionnaires –, et ses résidents, temporaires. On m'avait volé mon printemps, puis mon été – mais de toute façon, durant cette période, malgré lui, le reste de la France avait été, à sa façon, lui aussi confiné.

C'était à l'hôpital Sainte-Anne[6], à Paris. Si j'ai fait trois tentatives avant de pouvoir – enfin ! – sortir, après, à chaque fois, à nouveau un mois de reconfinement, c'est entre autres que je ne me sentais pas si mal dans ces ambiances, pourtant sévères. Comme un oiseau, après un an dans une cage, est perdu une fois rendu à l'air libre, le soleil lui brûlant les ailes, le dehors, les autos, les plaques d'égout à enjamber, les escaliers du métro à gravir : je ne l'ai pas bien supporté, pas davantage ma liberté pourtant retrouvée et à laquelle j'aspirais avec ardeur. L'amour de mes censeurs, donc ! On sait par ailleurs que, de même et paradoxalement, certains d'entre nous n'ont pas bien supporté le déconfinement !

Martin de La Soudière
martin.de-la-soudiere@ehess.fr
LAP, laboratoire d'anthropologie politique/LACI (CNRS-EHESS)

NOTES

1. Erving Goffman, *Asiles. Études sur la condition sociale des malades mentaux et autres reclus*, Éd. de Minuit, 1968.

2. Daniel Fabre *et al.* (dir.), *Écritures ordinaires*, Paris, Bibliothèque publique d'information, Centre Georges-Pompidou, P.O.L., 1993, et *Par écrit : ethnologie des écritures quotidiennes*, Paris, Éd. de la MSH, « Ethnologie de la France », 1997.

3. Georges Perec, *L'Infra-ordinaire*, Seuil, 1989.
4. Erving Goffman, *Asiles…*, *op. cit.*
5. Pierre Legendre, *L'Amour du censeur. Essai sur l'ordre dogmatique*, Seuil, 2005 (1974).
6. Juillet 2022, l'hôpital Sainte-Anne fait une enquête sur « la vie quotidienne des patients à Sainte-Anne ».

RÉSUMÉ

Habiter (à) l'hôpital

Partant d'une expérience personnelle et d'une analyse de l'expérience hospitalière et de la manière dont elle fonctionne au quotidien, je propose une analyse ethnographique de l'isolement, des modes de rétention et du contrôle des patients dans un hôpital psychiatrique à Paris. Le corps y est souvent sollicité et contraint, mais de petits espaces de vie et de détente existent néanmoins (cf. le grand jardin, la salle de télévision, les zones de soins, des chambres avec des fenêtres à moitié fermées par des chaînes, etc.). Les patients sont surveillés en permanence et testent leur degré de liberté. *In fine*, je me demanderai comment et pourquoi ils sont prêts à accepter – et peut-être attendent – ces modes de contrainte.

MOTS-CLÉS : hôpital, patients, psychiatrie

SUMMARY

Inhabiting (at) the Hospital

Drawing on a personal experience and an analysis of hospital environment in its daily functioning, this paper proposes an ethnographic analysis of isolation and modes of internment and monitoring of patients in a psychiatric hospital in Paris. There, the body is often solicited, sometimes subtly constrained – although micro living spaces are provided (e.g. the large garden, the television room, the medical facilities, the rooms whose windows are partly closed by means of chains, etc.). Patients are ceaselessly under surveillance and test the limits of their freedom. The question addressed here is how and why the patients accept – even expect ? – such modes of constraint.

KEYWORDS : hospital, patients, psychiatry

RESUMEN

Vivir en el hospital

Cruzando una experiencia muy personal y un análisis del espacio hospitalario en su funcionamiento diario, me propongo hacer un análisis etnográfico de la reclusión y de los modos de encierro y de control de los pacientes en un hospital siquiátrico de Paris. En él el cuerpo es estimulado y constreñido permanentemente, pero a veces nacen pequeños espacios de vida y de espera (relajarse en el gran jardín, en la sala de televisión, en las zonas de atención sanitaria, en las habitaciones con ventanas medio cerradas con cadenas, etc.). Vigilancia constante de los pacientes, que van probando su grado de libertad. A fin de cuentas, me preguntaré cómo y por qué los pacientes aceptan (¿ o incluso esperan ?) estos dispositivos de coerción ?

PALABRAS CLAVES : hospital, pacientes, psiquiatría

Monique Peyrière

Le film. « Nous sentons la joie du réel retrouvé[1] »

« Le quotidien est ce que nous ne voyons jamais une première fois, mais ne pouvons que revoir[2] » : Maurice Blanchot, dans son essai « La parole quotidienne », se risque à une affirmation quelque peu paradoxale. Ce qui semble si familier, si banal, tellement commun, serait peut-être ce qui, ontologiquement, ne se laisserait pas voir, mais seulement re-voir. Étrangement, c'est là une définition qui qualifie le cinéma : un film est ce qui sera re-vu, tant par celles et ceux qui participent à sa fabrication, que par les nombreux anonymes présents lors de ses projections publiques et autres situations de sa diffusion. Il est vrai que, dans son texte, Blanchot ne cible pas le cinéma ; pourtant le rapprochement entre ce qui fait quotidien et ce qui fait cinéma, fait intrigue. C'est ce que cet article souhaite explorer.

Quel est le « qui » du quotidien[3] ? La rue.

« Le film *Lonesome*[4], qui nous vient d'Hollywood, est l'un des meilleurs films qui ont été produits depuis longtemps. Quelle est l'histoire ? Il n'y en a pas... Les héros en sont de petites gens, comme on n'en voit pas dans les films allemands habituels. Ou bien, lorsqu'on en voit, ils font finalement leur chemin vers la gloire et la réussite sociale. Ici, du début à la fin, ils restent des employés, des salariés ordinaires[5]. » Siegfried Kracauer rend ainsi hommage au film *Solitude* que Paul Fejos, cinéaste d'origine hongroise, futur ethno-anthropologue renommé, réalise en Californie à l'orée du cinéma parlant. Philosophe, sociologue, responsable des pages culturelles de la *Frankfurter Zeitung*, Kracauer y fait paraître sa critique élogieuse du film dès sa sortie en Europe en 1929, quelques semaines avant de se consacrer à l'observation et à l'analyse des manières de vivre et de travailler des « cols blancs » dans le Berlin de la fin des années 1920. L'ouvrage paraîtra sous le titre *Les Employés. Aperçus de l'Allemagne nouvelle*[6], comme un écho, par-delà l'Atlantique, aux personnages de fiction du film de Fejos, Mary et Jim.

Dans *Lonesome*, Mary est téléphoniste au central d'une grande entreprise, enfonçant à répétition des fiches dans des jacks pour connecter deux interlocuteurs ; Jim est ouvrier sur une machine qui effectue sans fin une seule opération, le perçage de règles métalliques ; tous deux vivent à New York, travaillent au même endroit, habitent le même immeuble, sans se connaître. L'une et l'un, comme en miroir, subissent chaque jour les diktats de la grande métropole : la traversée trépidante de la ville au petit matin pour se rendre au travail, la cadence des machineries qui rythment la répétition des gestes. À la faveur d'un après-midi de congé, chacun fait le constat amer de sa solitude. Pour s'en dégager, Mary et Jim partent, indépendamment l'un de l'autre, se divertir à Coney Island (sa plage, son Luna Park), au milieu de gens qui leur ressemblent. Dans la foule festive des anonymes, ils se rencontrent, se plaisent, se perdent, se retrouvent : ils sont, de fait, voisins de palier. Entre l'ouverture et la fin du film, la distance parcourue est celle de la cloison qui sépare la chambre de Mary de celle de Jim : quelques centimètres seulement.

Happy end ? Pour Kracauer, le film s'attache à cette « vie qui commence dans les chambres misérables, pour y retourner ensuite. [...] Face à la machine et au tableau du standard téléphonique, les heures défilent, jusqu'au soir. Libérés enfin, mais trop las pour être libres. Les magazines, les disques font passer le temps au lieu de l'arrêter. Le sommeil vient, et l'on met le réveil, et le lendemain, ça recommence[7] ». L'observation de Kracauer se fait précise : aux contraintes qui définissent les existences ordinaires s'ajoute le rythme d'une routine. C'est là que se débusque le quotidien : il prend la forme d'une répétition. Cela n'est pas sans évoquer les derniers plans d'un film réalisé à la même époque que *Lonesome* – c'est alors la pleine période des « symphonies urbaines[8] » –, devenu à présent film culte, *Les Hommes le dimanche*[9]. Ce documentaire-fiction met en scène des hommes et des femmes, modestes employés berlinois, profitant du temps libre du dimanche pour pique-niquer et se distraire, comme tant d'autres, au bord du lac de Wannsee. Les cartons de fin rappellent l'âpre réalité : « Et le lundi, de nouveau le travail, de nouveau le train-train, de nouveau la semaine. Quatre millions de gens attendent le prochain dimanche ! » Le miroir tendu par le film à ses spectatrices et spectateurs n'est pas un piège à rêve. Bien au contraire. Comment mettre un terme à cette répétition ? L'effroi que procure un tel programme de vie est d'autant plus fort qu'interviennent, à l'intérieur du déroulé du film, des images fixes qui interrompent le mouvement des personnages. La stupeur se lit sur les visages ainsi figés, d'êtres comme empêchés dans leurs actions. Et si le temps libre n'était rien d'autre qu'une copie grimaçante du temps de travail ? Le carton placé dès l'ouverture des *Hommes le dimanche* confirme ce doute : « Un film sans acteur ; les cinq personnes n'ont jamais été filmées auparavant ; aujourd'hui elles ont repris leur métier initial. » Pas de salut par le cinéma pour ces actrices et acteurs amateurs qui jouent leur propre rôle. Chacun doit le savoir : dans la vie scénarisée, c'est comme dans la « vraie » vie. Chaque jour, chaque dimanche est un simple recommencement. Dans la critique des *Hommes le dimanche* que Kracauer publie après-guerre, il note que le film montre « le vide spirituel dans lequel vivait à l'époque la masse des employés[10] ».

Le quotidien à filmer est-il tout entier dans cette insistance à montrer la banalité et la répétition des formes de vie, à en suggérer le vide, biface du loisir de divertissement, du labeur réitéré, des habitats uniformisés, d'une urbanité anonymisée ?

Si Kracauer accorde un réel intérêt aux films qui laissent poindre la vacuité des vies banales astreintes à la monotonie du même, vies par ailleurs si peu filmées pour elles-mêmes, il n'est pourtant ni contempteur de ce qui sera plus tard nommé « culture de masse », ni fervent défenseur d'un cinéma militant ou avant-gardiste. Son approche est différente. D'un côté, il porte une attention vigilante au vide que génère un capitalisme moderniste dans les vies ordinaires, ce que de nombreux films s'emploient à gommer : il faut dès lors le débusquer car « le spectateur de cinéma est à bien des égards dans la situation de l'hypnotisé. Fasciné par le rectangle lumineux qu'il a devant les yeux et qui ressemble à l'objet scintillant que l'hypnotiseur tient dans la main, il ne peut que succomber aux suggestions qui envahissent le vide de son esprit. Le film est un incomparable instrument de propagande[11] ». Tel est l'objet de l'ouvrage que Kracauer publie en 1947, *De Caligari à Hitler*[12], dans lequel il tente d'analyser le rôle que jouent les films dans l'adhésion au nazisme des classes moyennes et populaires allemandes pendant l'entre-deux-guerres. De l'autre, et en tension avec cette première manière, « il faut se défaire de l'idée chimérique que ce sont les grands événements qui déterminent les hommes pour l'essentiel. Ce sont au contraire les catastrophes minuscules dont se compose la vie quotidienne qui les influencent plus profondément et plus durablement ; leur destin est suspendu sans nul doute à la série de ces événements miniatures[13] ». Telle sera l'obsession de Kracauer. Depuis ses chroniques journalistiques en Allemagne – par exemple, « Les petites vendeuses vont au cinéma[14] » –, en passant par la recension systématique des formes et contenus des films au cours de son exil parisien, dès 1933, puis dans le premier essai d'une théorie du film quand il se réfugie à Marseille en 1940, jusqu'aux *opus* de sa période new-yorkaise[15], il analyse la texture dont les films sont faits : la teneur des vies ordinaires au cinéma.

Sous ce regard, *Lonesome* est pour Kracauer l'un des dix films de son panthéon cinématographique mondial[16]. Selon lui, ce n'est pas seulement un film qui montre sans détour une journée de la vie quotidienne de deux employés pris dans les filets d'une grande ville et de ses entreprises. Il se laisse emporter par la grâce du montage des plans. La caméra se déplace sans cesse, furtive, virtuose, lumineuse ; elle se saisit de maints détails ordinaires. Les objets, mieux que l'intrigue, sont les indices palpables de ce qu'il advient aux personnages : un ticket de voyance qui annonce l'amour… et voilà Mary qui, dans un miroir, apparaît, puis disparaît au regard de Jim. Le gramophone qui les réunit une première fois quand ils dansent sur l'air d'*Always*[17], cette même chanson populaire qui revient dans l'ultime séquence et provoque les retrouvailles ; ce sont de « petits gestes, agrégations occasionnelles des choses et des corps, tous les phénomènes transitoires qui constituent la surface de la vie[18] ». Comme l'a si bien écrit Roger Caillois, souvent cité par Kracauer : « Il n'y a pas de Cosmos sur l'écran, mais une terre, des arbres, le ciel, des rues et des voies de chemin de fer : bref, de la matière[19]. »

Cette matérialité n'est ni surréelle, ni fantasmatique, ni fantastique (pour Kracauer, les films les plus oniriques sont ceux où la caméra se concentre sur la vie réelle, ce qui n'est pas réservé au cinéma documentaire). Dans *Lonesome*, elle n'est faite que des petits riens d'un monde ordinaire, à disposition de tous dans l'espace public (la rue, la fête foraine, la plage). Ils se transforment, sous l'œil de la caméra, en pourvoyeurs de possibles. Le film avance à la manière du narrateur dans le dernier tome de la *Recherche du temps perdu :*

> Je posai mon pied sur un pavé qui était un peu moins élevé que le précédent, tout mon découragement s'évanouit devant la même félicité qu'à diverses époques de ma vie m'avait donnée la vue d'arbres que j'avais cru reconnaître dans une promenade en voiture autour de Balbec […] comme au moment où je goûtais la madeleine, toute inquiétude sur l'avenir, tout doute intellectuel étaient dissipés[20] […]

ce que Kracauer, fervent lecteur de Proust, analyse ainsi : « Sur un mode authentiquement cinématographique, il [Proust] ne cesse de grossir les plus infimes composantes ou cellules de la réalité, comme mû par le désir de repérer en elles le lieu et la source des forces explosives qui constituent la vie[21]. »

Dans *Lonesome*, Mary et Jim, de manière arbitraire, inopinée, au cours de leur flânerie dans ces lieux anonymes de la ville que sont la rue, la foire, l'espace public, se saisissent des occurrences que leur propose cette réalité matérielle et déportent, sans le fuir, le cours répétitif de leur existence. Leur vie s'en trouve comme allégée. Les personnages deviennent, selon la belle expression de Gilles Deleuze, « très peuplés à l'intérieur d'eux-mêmes[22] ». De la surface de la vie à la vie intérieure, tel est alors le parcours du film qui ne s'occupe plus du temps séparé entre travail et loisir, entre dimanche et lundi, entre jour et nuit. Le temps retrouvé, celui de l'amour dans ce film, oublie la chronologie : à présent homogène, il est fait d'instants quelconques portés à la surface des choses. Les possibles incertains trament la texture du quotidien ; ce que Maurice Blanchot, dans un article initialement intitulé « L'homme de la rue[23] », condense ainsi : « Il faut ces admirables déserts que sont les villes mondiales pour que l'expérience du quotidien commence à nous atteindre » ; le quotidien « est – s'il est quelque part – dans la rue[24] ».

Quel est le « qui » du quotidien ? Chez soi.

Que devient le quotidien quand de la rue monte la rumeur, qu'elle se mue en propagande, quand elle passe de la rue au journal, « du quotidien en perpétuel devenir au quotidien transcrit (je ne dis pas inscrit), informé, stabilisé, mis en *valeur* », se demande Blanchot ; « tout est quotidien, dans le quotidien ; dans le journal, tout quotidien est insolite, sublime, abominable[25] ». On mesure le défi que se donnent certains cinéastes, celles et ceux qui un jour, de manière inopinée, opèrent un mouvement de retournement vers soi d'une extrême intensité : quand le filmable devient le « prime abord », le proche, le très proche ; quand le geste de filmer se coule dans le hasard des jours ; quand le temps du film s'étire à l'infini, sans réel début, sans fin identifiée ; quand une personne, sans se l'avouer, a déjà commencé un film-journal, son journal filmé.

Elles et ils sont peu nombreux, mais bien présents dans les programmations des festivals, qui font la part belle aux œuvres singulières, indépendantes, au long cours. Si certains films-journaux sont de courte durée, tel *Ce répondeur ne prend pas de message* d'Alain Cavalier, film réalisé sur sept jours – tout ce qui est tourné est projeté, sans coupes de montage ; une seule prise, jamais deux[26] –, d'autres s'inscrivent dans la longue, et parfois très longue durée : ceux de Jonas Mekas[27], de Joseph Morder[28], de Boris Lehman[29] ou de Lionel Soukaz[30] pour ne citer que quelques-uns. De tous, le film-journal de David Perlov[31] est le seul qui, dès son ouverture, annonce le projet intime de son auteur : se rapprocher « du » quotidien ; « son » quotidien ?

David Perlov est un cinéaste du déplacement[32]. Il est né au Brésil, formé aux Beaux-Arts de Paris, ami d'Henri Langlois et de Joris Ivens, qui lui font découvrir le cinéma expérimental européen. Il émigre en Israël en 1958, avec son épouse Mira. Peintre, photographe, il devient cinéaste, acquiert une notoriété en réalisant des films audacieux. Indépendant, il refuse de s'adapter aux contraintes de l'industrie cinématographique israélienne et à ses œuvres de propagande, rompt avec les « usines à acteurs » et cherche une autre voie… On est le 6 octobre 1973, jour de Yom Kippour – quand débute la guerre du même nom.

En ouverture de *Diary*[33], trois plans se succèdent, chacun rythmé par la voix off. D'un intérieur d'appartement, dans l'ombre, se découpe le cadre d'une fenêtre d'où arrive la lumière : celle d'une rue. En ellipse, la caméra s'approche par plans fixes : le dernier est entièrement rempli par la vue sur la rue. De la chambre à la rue ; de l'intérieur à l'extérieur. La voix off se pose sur les plans :

> Mai 1973, j'achète une caméra. Je commence à filmer moi-même et pour moi-même. Le cinéma professionnel ne m'attire plus.
> Pour arriver à cette autre chose, je veux me rapprocher du quotidien.
> Surtout dans l'anonymat. Il me faut du temps pour apprendre à le faire[34].

Dix années de tournage, six chapitres d'une heure : le film, d'une durée de six heures, s'étend de 1973 à 1983, année où commence la finalisation du film, le montage définitif des bobines de sons et d'images. C'est alors que Perlov enregistre sa voix. Son écriture est précise, minutieuse, littéraire. Elle cherche les mots pour dire l'essentiel, les gens, leurs regards, leurs mouvements, ce qu'il y a dans les plans eux-mêmes, un « je » assumé. Le ton se veut neutre, presque monotone, semblable à celui d'un hypnothérapeute, comme pour mieux faire entendre le grain de la voix, ses sonorités. C'est la voix d'un conteur venu d'ailleurs, celle d'un étranger, d'un apatride. Par elle, le film devient un chant épique, une ode à tous les exils.

La voix travaille le matériau filmique ; autoréflexive, elle entre en tension avec les détails prosaïques enregistrés sur le vif pendant le tournage, quand Perlov, le plus souvent perché dans son appartement de Tel Aviv, filme famille et amis avec son matériel de cinéaste amateur : une caméra Canon Scoopic 16 mm muette, à laquelle il adjoint un magnétophone-cassette indépendant. Ici, on filme en toute modestie, au plus près d'une chronique familiale (on a plaisir à s'aimer, manger, à s'étirer, s'habiller, grandir, vieillir). Pas seulement. *Diary* n'est pas réductible à un journal intime, encore moins à un film de famille. Perlov sait magnifiquement introduire d'autres images : celles qu'il capture sur sa télévision. Par elles viennent les guerres (celle de Kippour, celle du Liban), les sursauts politiques d'Israël (quand le parti travailliste perd le pouvoir, le massacre de Sabra et Chatila), au plus près d'une chronique nationale : le *Diary* est aujourd'hui regardé comme un précieux témoignage de ce temps-là. Mais le film ne fait pas que documenter les états d'âme d'un juif brésilien ayant vécu en France, ancré en Israël, attentif au devenir du monde. Parfois, Perlov s'éloigne du hublot, sort de son tank et pérégrine dans sa rue, en France, au Brésil. La voix quête et s'enquiert des traces laissées là, comme une sorte de chronique mémorielle du temps qui passe. « Pourquoi je filme tout le temps, demande une passante ? Je filme l'arbre près duquel a été assassiné Pierre Goldman[35]. » Pas de narration en surplomb. Juste des plans qui s'apposent à une voix, un va-et-vient impromptu entre le très proche et le très lointain, maintenant et hier. Variations d'échelles d'un vécu aux multiples tempos, le film-journal n'est définitivement pas le simple déroulé de la vie quotidienne d'un individu mais bel et bien une démarche cinématographique expérimentale.

Toujours fidèle à son projet initial, se rapprocher du quotidien, Perlov le fait en artiste cinéaste qui réfléchit à son art, à ses capacités singulières de *medium*. *Diary* serait ainsi comme une longue leçon de cinéma. On y perçoit une pensée en mouvement, s'élaborant au fur et à mesure de l'expérience du filmage. Le plus drôle est bien l'évaluation des images de télévision, média autoproclamé du quotidien. Perlov dénonce les reportages réalisés pour la télé, faussement en immersion dans le quotidien du monde, qui ne laissent passer du quotidien que son amertume, ses guerres et ses conflits, ce qui fait événement. La chair du quotidien, c'est pour le cinéma, sous réserve qu'il se fabrique en toute humilité. Avec son film-journal, Perlov devient un théoricien du cinéma, adoubé par une jeune génération de cinéastes israéliens. C'est que *Diary*, tout au long des six chapitres, fait œuvre de transmission de gestes cinématographiques : Perlov initie sa fille au montage, ses étudiants[36] aux joies de l'expérimentation et les spectateurs aux bricolages inventifs d'un film-maison en train de se faire, dans la durée.

« Plus je filme et plus je veux me rapprocher du quotidien, des lieux communs » : tel reste l'objectif du cinéaste, ce qui ne se fait pas sans douter, ni sans effort. Perlov expose aux yeux de tous ce à quoi cette quête l'entraîne, parfois douloureusement : « Je veux me rapprocher du quotidien, mais je tombe dans les pièges des intrigues, des drames ; peut-être la vie elle-même ? », fait-il dire au narrateur à la fin du chapitre IV. Documenter le quotidien se révèle une épreuve, une ascèse, une lutte contre ce qui excède les faits, les dénature. Un combat pour faire émerger ce qui les raccorde, les met en relation, en deçà des discours. Le journal filmé prend acte, il témoigne d'un corps à la tâche, d'un jour sans fin, sans cesse réitéré. Est-ce vraiment cela, le quotidien d'une vie ?

Ce que le quotidien fait au film : une méthode.

1983 est l'année qui signe la fin du *Diary* filmé en pellicule 16 mm, que les éditions si bien nommées « RE:VOIR » éditeront plus tard en DVD. C'est le moment pour Perlov de faire retour vers le Brésil de son enfance et de s'épancher sur ce que son voyage au long cours en compagnie d'une caméra, tenue à l'épaule, a fait de lui. Il confesse : « Regarder est devenu l'essence de mon être. Je ne suis pas à la recherche d'une intrigue, d'une histoire. C'est l'image d'un homme qui court qui me fascine. Pas pourquoi il court, ni où il va[37]. » Perlov parle ici en tant que peintre, une pratique artistique jamais abandonnée. Il compare volontiers son approche du cinéma avec celle des impressionnistes : son film-journal cherche, tout comme Auguste Renoir le faisait, la surface d'impression du monde physique.

Il est aisé de retrouver là ce que Kracauer a essayé de rassembler dans son essai publié en 1960 aux États-Unis, tout entier consacré à formuler la spécificité du *medium* cinématographique : « sa créativité se manifeste précisément en ce qu'il s'ouvre à la nature pour la scruter en profondeur[38] », a-t-il écrit dans le chapitre qui analyse les concepts fondamentaux sur lesquels s'appuie sa théorie du film. Comme en écho à la démarche intime de Perlov. Pour Kracauer : « Le film rend visible ce que nous n'avions pas vu, et que peut-être ne pouvions pas voir, avant qu'il ne soit là. Il nous aide puissamment à découvrir le monde matériel en même temps que ses correspondances psychophysiques[39]. »

Cet attachement au détail, au minuscule, à la chose concrète n'est pas simple attirance. Il définit une méthode d'approche du réel dont Kracauer a expérimenté les contours quand, journaliste à la *Frankfurter Zeitung*, il observait et analysait celles et ceux qui, dans la rue, au bureau, au cinéma, faisaient, au cours des années 1920, l'expérience d'un monde moderne réifié. Cependant, d'exil en exil, ce sont les films qui sont devenus son véritable terrain d'enquête ; c'est à propos du cinéma que Kracauer a engagé un dialogue fécond, souvent souterrain, avec ses amis ou collègues philosophes, tels Walter Benjamin, Theodor Adorno, ou Franz Rosenzweig, sous la figure tutélaire de Georg Simmel dont ils furent, pour la plupart d'entre eux, les étudiants[40]. Tous ont en partage le décryptage du réel, mais Kracauer est celui qui a poussé le plus loin l'investigation par le cinéma, objet pourtant mineur dans le champ de l'art et de la culture, stigmatisé comme instrument d'endormissement des masses populaires, paradis du divertissement, de l'artificiel, du mensonge. C'est précisément ce lien avec l'inauthentique, le négligeable que Kracauer a exploré car, écrit-il, « aucun art ne permet de fixer, comme le cinéma, les traits les plus fugaces et les plus contingents de la vie sociale[41] ».

Pour appréhender ces miniatures qui ne laissent pas de traces, mais dont le cinéma pourrait témoigner, Kracauer élabore un cadre théorique à partir de données diverses, issues de sa fréquentation immersive des salles de cinéma : des séquences, des plans, de la matière sonore, des écrits de cinéastes, de critiques de cinéma ; tout cela pour aborder, avec méthode[42], le contenu des films. L'idée est bien de tendre vers une connaissance fine du monde tel qu'il se vit d'ordinaire. Kracauer préconise de repérer ce qui fait tension entre ce qui relève de l'informe et du formel, de l'impressionnisme et du rationnel, du fond et de la forme, du chaos du monde et de son organisation. La réalité sociale se meut entre ces bords.

De là revient le quotidien qui, certes, comme le rappelle Blanchot, toujours échappe. Toutefois, on s'en rapproche en l'abordant de biais, à l'intérieur d'une polarité : « Toujours les deux côtés se retrouvent, le quotidien avec son côté fastidieux, pénible et sordide (l'amorphe, le stagnant), et le quotidien inépuisable, irrécusable et toujours inaccompli, et toujours échappant aux formes ou aux structures (en particulier celles de la société politique)[43]. » Pour Kracauer ce qui met en jeu le quotidien est essentiel, car des « brefs moments qui concernent les choses que vous et moi et le reste de l'humanité avons en commun, on peut dire qu'ils constituent la dimension de la vie quotidienne, cette matrice de tous les autres modes de la réalité[44] ».

Incidemment, le quotidien est ainsi devenu une sorte d'homothétie du film, ou peut-être est-ce l'inverse. Il n'est plus l'objet ou le sujet, mais la texture apparentée. Imaginons un dialogue fictif entre Perlov et Kracauer (bien que de générations différentes – Kracauer décède en 1966 –, ils partageaient l'amitié d'Henri Langlois). Le premier ferait part au second de son désarroi après l'accueil élogieux de son film *Diary* : « J'étais devenu très dépendant au journal... C'est une expérience très forte. Tant que tu es sur la table de montage, le plaisir est grand, car tu es en contrôle de ta vie, de ses crises, de ses douleurs. Tu peux recréer la vie, la fragmenter, et surtout arriver à l'harmonie[45]. » Kracauer lui répondrait : « Nous rédimons littéralement ce monde de sa condition dormante, de son état d'inexistence virtuelle, quand nous nous efforçons d'en faire l'expérience par le truchement de la caméra[46]. » Le film se pose à l'endroit que Kracauer et Perlov ont en commun : la joie de sentir le réel retrouvé, ce qui pourtant ne peut cacher une forme de mélancolie. Les grandes fresques épiques du cinéma d'Eisenstein n'y peuvent rien. Bien au contraire. Le *tiqqun*[47] passe peut-être par les plis informes des vies ordinaires, par l'effort de leur donner forme sans les trahir, à la manière des écrivains Marcel Proust et Virginia Woolf, comme le font les cinéastes Perlov et Fejos. Toujours pris en tension, le quotidien se meut entre une surface d'impression et une strate fondamentale du vécu, entre un continuum magmatique, la vie comme flux, et son fragment, un arrêt sur image. C'est alors que passe le fugace souvenir d'un film mareysien[48], motif d'un débat qu'Henri Bergson a depuis longtemps initié :

> Comme des tourbillons de poussière soulevés par le vent qui passe, les vivants y tournent sur eux-mêmes, suspendus au grand souffle de la vie. Ils sont donc relativement stables et contrefont si bien l'immobilité que nous les traitons comme des choses plutôt que comme des progrès, oubliant que la permanence même de leur forme n'est que le dessin d'un mouvement. Parfois cependant, se matérialise à nos yeux, dans une fugitive apparition, le souffle invisible qui les porte. Il nous laisse entrevoir que l'être vivant est surtout un lieu de passage et que l'essentiel de la vie tient dans le mouvement qui la transmet[49].

Monique Peyrière
monique.peyriere@gmail.com
Historienne du cinéma
Chercheure associée au LAP-LACI (EHESS-CNRS)

NOTES

1. Marcel Proust, *À la recherche du temps perdu. Le Temps retrouvé*, Paris, Gallimard, 1990 (1927), p. 186.

2. Maurice Blanchot, « La parole quotidienne », in *L'Entretien infini*, Paris, Gallimard, 1969, p. 358.

3. Question que pose Blanchot, *ibid.*, p. 360.

4. *Solitude* (titre original *Lonesome*) réalisé par Paul Fejos, États-Unis, 1928, 67 minutes.

5. Siegfried Kracauer, *Frankfurter Zeitung*, 9 avril 1929, texte reproduit dans Elisabeth Büttner, *Paul Fejos : die Welt macht Film*, Vienne, Filmarchiv Austria, 2004. Traduction française du passage cité par Claude Orsoni.

6. Siegfried Kracauer, *Les Employés. Aperçus de l'Allemagne nouvelle (1929)*, nouv. éd. rev. et corr., Paris, Éditions de la Maison des sciences de l'homme, 2004, traduit de l'allemand par Claude Orsoni, édité et présenté par Nia Perivolaropoulou.

7. Siegfried Kracauer, *Frankfurter Zeitung*, 9 avril 1929, art. cit.

8. Pour d'amples réflexions sur le sujet, voir Sarah Leperchey et José Moure (dir.), *Filmer le quotidien*, Bruxelles, Les Impressions nouvelles, 2019.

9. *Les Hommes le dimanche* (titre original : *Menschen am Sonntag*), réalisé par Robert Siodmak et Edgar G. Ulmer, écrit par Billy Wilder et Robert Siodmak, Allemagne, 1929, 74 minutes. Voir Raymond Bellour, *Les Hommes, le dimanche de Robert Siodmak et Edgar G. Ulmer : vers la fiction*, Crisnée, Yellow Now, 2009. Le DVD de *Menschen am Sonntag* est disponible en édition sous-titrée sous le titre *People on Sunday*.

10. Siegfried Kracauer, *De Caligari à Hitler : une histoire psychologique du cinéma allemand*, Lausanne, L'Âge d'Homme, 1973, p. 210.

11. *Id.*, *Théorie du film : la rédemption de la réalité matérielle*, Paris, Flammarion, 2010, traduit de l'anglais par Claude Orsoni et Daniel Blanchard, édité par Nia Perivolaropoulou et Philippe Despoix, p. 238.

12. *Id.*, *De Caligari à Hitler…*, *op. cit.*

13. *Id.*, *Les Employés…*, *op. cit.*, p. 73.

14. *Id.*, *L'Ornement de la masse : essais sur la modernité weimarienne*, Paris, La Découverte, 2008, traduit de l'allemand par Sabine Cornille, édité par Olivier Agard et Philippe Despoix, p. 255.

15. Voir la totalité de l'œuvre de Kracauer, notamment : *Le Voyage et la Danse : figures de ville et vues de films*, Paris, Éditions de la Maison des sciences de l'homme, Québec, Presses de l'Université Laval, 2008 ; *L'Ornement de la masse*, *op. cit.* ; *De Caligari à Hitler*, *op. cit.* ; *Théorie du film : la rédemption de la réalité matérielle*, *op. cit.* ; *L'Histoire. Des avant-dernières choses*, Paris, Stock, 2006.

16. Olivier Agard, « La critique de la modernité dans les écrits de Siegfried Kracauer », thèse de doctorat, Université Paris IV, 1999, p. 318.

17. Chanson écrite par Irving Berlin, 1925.

18. Siegfried Kracauer, « Notes on the Planned History of the German Film », cité par Leonardo Quaresima, « Relire *From Caligari to Hitler* de Siegfried Kracauer », *1895, Revue de l'Association française de recherche sur l'histoire du cinéma*, n° 57, 2009, p. 45.

19. *Id.*, *Théorie du film : la rédemption de la réalité matérielle*, *op. cit.* p. 379.

20. Marcel Proust, *À la recherche du temps perdu. Le Temps retrouvé*, *op. cit.*, p. 173.

21. Siegfried Kracauer, *Théorie du film : la rédemption de la réalité matérielle*, *op. cit.*, p. 93.

22. Cité par Serge Daney, *La Rampe, cahier critique, 1970-1982*, Paris, Gallimard, 1983, p. 158.

23. En 1962, Maurice Blanchot publie, dans *La Nouvelle Revue française*, une longue note de lecture intitulée « L'homme de la rue ». Ces pages, inspirées par l'ouvrage d'Henri Lefebvre, *Critique de la vie quotidienne*, dont le deuxième tome venait de paraître, sont reprises en 1969 dans *L'Entretien infini*. Elles portent alors un titre différent : « La parole quotidienne » ; voir Derek Schilling, « Introduction à la pensée du quotidien », in *Mémoires du quotidien, les lieux de Perec*, Villeneuve-d'Ascq, Presses universitaires du Septentrion, 2019.

24. Maurice Blanchot, « La parole quotidienne », in *L'Entretien infini*, *op. cit.*, p. 362.

25. *Ibid.*, p. 363.

26. Il est possible de visionner le film sur le site de *Dérives* (http://derives.tv/).

27. Jonas Mekas, *Lost, Lost, Lost*, 1976 ; *Walden*, 1968 ; disponible en DVD, Jonas Mekas, *Diaries, Notes and Sketches* (vol. 1-8), Paris, RE:VOIR, 2022.

28. Joseph Morder, *Les Nuages américains (Journal filmé neuf). Le Journal de Joseph M.*, DVD, Standard, 2007.

29. Boris Lehman, *Babel, Lettre à mes amis restés en Belgique (1983-1991)*, Belgique, 1993, 16 mm, 380 minutes, DVD Paris, éditions RE:VOIR, 1991.

30. Lionel Soukaz, *Journal Annales* (fonds BNF), *En corps+, 1991-2011*, 2021, 66 minutes.

31. David Perlov, *Diary, 1973-1983*, DVD, RE:VOIR, 2007.

32. Je remercie Clara Schulmann pour cette belle formule. Voir Clara Schulmann, « David Perlov (1930-2003). Chronique persistante », *Geste*, n° 3, 2006.

33. David Perlov, *Diary, 1973-1983*, *op. cit.*

34. *Ibid.*, chapitre I, 1973-1977.

35. *Ibid.*, chapitre IV.

36. Voir Asher Tlalim, « Sous le regard de Kracauer : le journal filmé de David Perlov », communication au colloque « Siegfried Kracauer, actualité cinématographique », EHESS, 22-23 juin 2010, organisé par Monique Peyrière, IIAC-Centre Edgar Morin (EHESS-CNRS), cf. https://calenda.org/214562?file=1

37. David Perlov, *Diary, 1973-1983*, *op. cit.*, chapitre V.

38. Siegfried Kracauer, *Théorie du film*, *op. cit.*, p. 79.

39. *Ibid.*

40. Michael Löwy, *Rédemption et utopie. Le judaïsme libertaire en Europe centrale : une étude d'affinité élective*, Paris, Éd. du Sandre, 2009 (1988).

41. Siegfried Kracauer, *L'Ornement de la masse : essais sur la modernité weimarienne*, *op. cit.*, p. 255.

42. En 1953, cette méthode est étendue à l'analyse des données en sciences sociales ; voir Siegfried Kracauer, « The Challenge of Qualitative Content Analysis », *The Public Opinion Quarterly*, vol. 16, n° 4, 1952, p. 631-642.

43. Maurice Blanchot, *L'Entretien infini*, *op. cit.*, p. 357.

44. Siegfried Kracauer, *Théorie du film*, *op. cit.*, p. 428.

45. David Perlov, 1993, dans le livret d'accompagnement au coffret DVD, *Diary*, p. 50.

46. Siegfried Kracauer, *Théorie du film*, *op. cit.*, p. 423. Pour de plus amples réflexions et pour le récit des expériences de Kracauer comme cinéaste, voir Nia Perivolaropoulou, *L'Atelier cinématographique de Siegfried Kracauer*, Lyon, De l'Incidence éditeur, 2018.

47. *Tiqqun* est un concept issu du judaïsme, souvent employé dans la tradition kabbalistique et messianique, qui signifie tout à la fois « réparation », « restitution » et « rédemption ». C'est également le titre d'une revue philosophique française.

48. Voir François Dagognet, *Étienne-Jules Marey : la passion de la trace*, Paris, Hazan, 1987, p. 15.

49. Henri Bergson, *L'évolution créatrice*, Paris, PUF, 1959 [1907], p. 99. Pour une réflexion approfondie sur Bergson et Marey, voir Maria Tortajada, « L'instantané cinématographique : relire Étienne-Jules Marey », *Cinémas*, vol. 21, n° 1, 2010, p. 131-152.

RÉSUMÉ

Le film. « Nous sentons la joie du réel retrouvé »

Et si le film était cette membrane, une mince pellicule, sur laquelle prennent forme des vies ordinaires, ce qui les rend visibles aux yeux de tous ? L'article s'attache aux films *Lonesome* de Paul Fejos et *Diary* de David Perlov, qui proposent deux approches paradoxales du quotidien : l'une se révèle dans le caractère fugace, anonyme et imprévisible de la rue ; l'autre naît dans l'observation insistante d'une forme de vie, celle du cinéaste. De ces figures du quotidien émerge ce qui peine à être vu, que le film parfois révèle : la matière d'un monde vivant en mouvement. Les écrits de Siegfried Kracauer et de Maurice Blanchot viennent en recours pour donner sens à la joie proustienne du réel retrouvé.

MOTS-CLÉS : cinéma, quotidien, film, flux, vie, Paul Fejos, David Perlov, Siegfried Kracauer, Maurice Blanchot

Monique Peyrière

SUMMARY

The Film. "We Experience the Joy of Reembracing the Real"

What if the film were a membrane of some sort, a tenuous reel, upon which ordinary lives take shape, by making them visible ? The article focuses on the films Lonesome *by Paul Fejos and* Diary *by David Perlov, which offer two paradoxical approaches to everyday life : one emerging from the fleeting, anonymous and unpredictable character of the street ; the other arising from the thorough observation of one life form, that of the film maker. From these everyday life figures appears what one struggles to see, which the film may expose : the matter of a living world in motion. The writings of Siegfried Kracauer and Maurice Blanchot are mobilized to make sense of the Proustian joy of reembracing the real.*

KEYWORDS : cinema, everyday life, film, flux, life, Paul Fejos, David Perlov, Siegfried Kracauer, Maurice Blanchot

RESUMEN

La película. "Sentimos la alegría de la realidad recobrada"

¿ Y si el cine fuera esa membrana, una fina película, sobre la que toman forma las vidas ordinarias, haciéndolas visibles para todos ? El artículo se centra en las películas Lonesome de Paul Fejos y Diary de David Perlov, que proponen dos enfoques paradójicos de lo cotidiano : uno que se revela en el carácter fugaz, anónimo e imprevisible de la calle ; el otro que nace en la observación insistente de una forma de vida, la del cineasta. De estas figuras cotidianas emerge lo que es difícil de ver, que la película a veces revela : la materia de un mundo vivo en movimiento. Los escritos de Siegfried Kracauer y de Maurice Blanchot ayudan a dar sentido a la alegría proustiana de la realidad recobrada.

PALABRAS CLAVES : cine, diariamente, película, flujo, vida, Paul Fejos, David Perlov, Siegfried Kracauer, Maurice Blanchot

Jean-François Laé et Laetitia Overney

Année catastrophe, le moindre geste. Journal de bord

> « Pour voir quelque chose dans le quotidien, il faut une déchirure[1]. »

Souvenons-nous de ces jours-là, de ces premiers moments de folle sidération qui suivent le 17 mars 2020. Ces jours où rôdent les rumeurs des morts, les bruits qui circulent sur la transmission d'un virus par les stylos, les clenches de portes, les rampes d'escaliers. Et surtout attention ! Ne vous touchez pas ! Pas d'embrassades.

C'est à partir de cette perte-là que le quotidien s'ouvre.

C'est dans ce creux que le fastidieux enduit les heures.

C'est à partir de cette déchirure que le journalier commence.

Nous essayons de rendre compte de ce moment exceptionnel d'impuissance et de désarroi. Dans cet étrange retour du silence, nous nous efforçons de revenir sur ces journées noires. À ce moment, nous sommes encore entre des barres de HLM du 93 et des hôtels défraîchis qui hébergent des exilés. Nous n'avons pas encore totalement achevé une enquête.

Nous terminons tous les deux la rédaction des dernières pages d'*Exilés : ce qu'habiter à l'hôtel veut dire*[2]. Mais comment finir alors que nous étions en vive alerte envers les exilés, soudain enfermés ? Dans les hôtels enquêtés, les premiers jours de confinement, une chambre de 9 mètres carrés pour 3 personnes, c'est 3 pour chacune. La peur en plein jour est visible. Combien de temps les familles ainsi recluses 23 heures sur 24 allaient-elles résister ? En était-il de même dans de nombreux HLM du nord de Paris ?

Nous décidons alors d'ajouter une page à notre rapport de recherche :

> Ce jeudi 26 mars 2020. Nous appelons Paul, le gérant de l'hôtel d'Ellis[3] pour lui demander des nouvelles du confinement instauré depuis neuf jours.

> Silence. Gorge serrée. Le gardien de nuit est mort hier, du Covid-19 très sûrement, « il toussait, je l'ai trouvé dans son lit. Il souffrait des poumons depuis longtemps. » Le médecin légiste demande à l'ARS le dépistage des trois professionnels de l'hôtel, test vendredi, interdiction totale de sortir pour tous les hébergés, le SAMU social doit organiser la livraison des repas pour les 145 personnes présentes. C'est la catastrophe. Personne ne bronche. À touche-touche dans les couloirs, est-ce cela la zone barrière ? Paul ne sait que faire, si ce n'est surveiller sa température. Avec ces 145 personnes sur un même petit rafiot dans cet hôtel surveillé et sa statue de la Liberté sur le gazon. Nous sommes dans ce moment de solitude inédit où l'inquiétude pour nos proches se mêle à nos journées en désordre. Le virus nous isole. Il réactive aussi des liens. Nous sommes bousculés. Nos jours sont rétrécis, notre espace vital aussi, très sérieusement, notre calendrier est à terre, nos envies empêchées. On bricole. On range, on classe. On s'interroge. On marmonne suffisamment longtemps pour comprendre à peine cette situation lointaine : vivre en hôtel, exilé depuis des mois et des années. Comment se passe notre confinement, là où nous sommes, et comment peut-il nous rapprocher de celui des exilés qui vivotent sur 9 mètres carrés ? D'ailleurs, est-ce qu'on y vit vraiment ? « Quand est-ce qu'on part de là ? » demande une femme ivoirienne.

Nous nous souvenons de chaque jour, très précisément, car nous rédigions chaque soir quelques pages pour notre « rapport de recherche » ! Ah, la recherche ! Cette fois, elle est définitivement ensevelie par un souffle qui renverse tout ! Et nous ajoutons encore une page :

> À quoi bon la recherche, car ni eux, ni nous, ne pouvons sortir ni partir ? Nous sommes pris dans une même nasse de temps. Et notre confinement conduit à la même question : « Quand est-ce qu'on va pouvoir sortir ? » Cette expérience d'être enfermé à 3, 4 ou 5 personnes dans 30 ou 40 mètres carrés nous fait sentir comment l'espace se rétrécit, comment les intimités se bousculent, comment les agendas des uns et des autres se choquent ! Qu'en sera-t-il dans huit semaines ? Ça va durer longtemps, cette histoire ? Et puis il y a le corps qui commence à souffrir des positions assises, le cou et le dos douloureux.

Tous les jours de la semaine, nous traversons des flux d'incompréhension et de solitude, de malaises et de fatigue. Plus on circule, plus on se cogne à des portes fermées, à des guichets sans paroles. Nous sommes dans une sorte de quotidienneté mise à plat, sur une mince pellicule où se tenir juste debout, à partager l'ordre : « distance physique », ordre mille fois entendu et qu'il a fallu respecter et vaincre à la fois. Partager la vie quotidienne ? Quelle blague, ce quotidien, si on n'y insère pas l'accident, l'ébranlement, l'étouffement par ce qui arrive. Ce fameux 17 mars à 12 heures, interdiction de sortir de son domicile

« jusqu'à nouvel ordre ». Ce fut un choc qui vint en fin d'enquête, mais nous obligea à reprendre tout notre texte depuis le début.

Et d'y ajouter, le dernier jour, avant le tirage du rapport :

> On appelle Paul, le gérant de l'hôtel d'Ellis. Il nous dit de passer à l'hôtel tout en précisant qu'il ne sortira pas de sa loge. Il nous parlera derrière l'hygiaphone vitré. Il cherche son masque, car ne veut pas croiser les familles exilées. Elles se débrouilleront seules. L'oreille collée à la vitre, nous nous parlons. Quoi faire ? Paul a écrit sur le grand panneau d'entrée du hall : « Restez chez vous, on passera vous visiter. » Une semaine après, ni repas, ni visite, ni masque, ni test, ni médecin. « Faire quoi ? Non, non, c'est pas grave. PAS DE MESURE PARTICULIÈRE pour les hébergés », dit-on à Paul. Celui-ci répète, pâle, d'une voix presque inaudible, les yeux écarquillés : « C'est pas grave, ça va passer. »
>
> Par expérience, par épreuve et par observation, peut-on saisir les questions de l'espace et du temps, de l'horloge et du calendrier, et surtout de l'attente qui n'en finit pas ? L'ATTENTE, c'est ce que nous faisons jour par jour, en allumant le journal télévisé du 20 heures, pour constater le bilan macabre de la journée. ATTENDRE une bonne nouvelle ? Elle ne vient pas.
>
> Avec ce trouble par tous partagé, comment entendre ce qui se passe là-bas, en banlieue de banlieue ? Avec le virus, on peut l'entendre. On peut sentir l'événement irrespirable. N'est-ce pas le sens premier de l'enquête ? Éprouver des situations, n'est-ce pas agir, par déliement des événements ? Jusqu'où un corps peut-il supporter ces forces hostiles, ces menaces, la peur, l'absence de demain ? Car enquêter, c'est toujours *éprouver un espace*. L'une et l'autre des auteurs, nous l'avons éprouvé, et appris à « être aux aguets… même lorsqu'il ne se passe rien ». L'un et l'autre nous avons été mis à l'épreuve physiquement et intellectuellement par cette « mise en arrêt », si l'on peut dire. De sorte que notre attention s'est déplacée vers d'autres points d'attache, d'autres prises du quotidien des jeunes et des familles exilés : une vive attention à la vie matérielle, une attention maniaque à la cuisine, au linge, à la chambre, à la file d'attente, au Lavomatic qui prenaient soudain une tout autre importance. Le poids de la vie matérielle revient au galop. Mais pourquoi écarte-t-on si vite la vie matérielle en sociologie ? Pourquoi la vie au ras du sol n'est-elle plus décrite ?
>
> « Éprouver », c'est aussi « ressentir » ces objets qui nous entourent pour mieux les décrire, c'est partager l'expérience de l'autre dans son espace. En vivant une même injonction : « Restez chez vous ! », notre vue s'est accrochée aux choses palpables à l'intérieur des hôtels : le sol, les gestes, les objets, les couloirs, les halls, les chaussures, les téléphones portables, les sacs plastiques. Mais aussi les cheminements, le caddie dans la rue, le Resto du Cœur, la file d'attente pour le courrier. Pas à pas nous traversons ces espaces serrés. L'accident, l'inattendu, l'expérience de vie individuelle ou collective constituent une précieuse occasion pour opérer ce décentrement et percevoir ce

> que d'autres peuvent éprouver dans ce lieu-là. Bien que le confinement ne place pas chacun dans la même condition – loin s'en faut –, il a constitué un événement provoquant à la fois un rapprochement et une autre mesure de la distance. Une place « bousculée », en somme, qui fait voir autrement, ou qui fait voir ce que l'on ne voyait plus. Le choc, la commotion rappelle que les percepts précèdent les concepts, auxquels ils s'enchaînent comme dans une spirale herméneutique ouverte. Il a fallu réexaminer le chemin parcouru par l'enquête et sentir les retours d'émotions, les points de rebroussement auparavant imperceptibles. Il a fallu aussi prendre des précautions. Comment se rencontrer ? Se téléphoner sans cesse ? Se donner rendez-vous au Lavomatic ? Se voir de loin, mais comment ?

Ces lignes sont du mois d'avril 2020. Nous n'osons plus nous déplacer jusqu'à ces hôtels. Nous sommes au ralenti. Le temps ne s'écoule pas tout seul. Le temps devient immobile. On téléphone à droite à gauche. On note à la volée les chutes libres dans le département de Seine-Saint-Denis.

24 mars 2020 au petit matin. Près du centre commercial Le Millénaire, à Aubervilliers, 500 Afghans, Érythréens, Somaliens ou encore Soudanais sont transportés dans des stades couverts et quelques hôtels. Plus tard, la nouvelle arrive d'Aulnay-sous-Bois. Le responsable de la sécurité du centre commercial O'Parinor est décédé du Covid-19, un grand costaud à cheval sur les règles, mais qui savait parler aux jeunes. Alain Siekappen Kemayou.

Ce 2 avril, nous rappelons l'hôtel d'Ellis. Ni Paul ni Marina ne répondent. Le lendemain, Paul enfin répond brièvement. Le corps du veilleur de nuit décédé est resté quarante heures dans sa chambre. Aucun médecin légiste n'était disponible. Les pompes funèbres n'avaient plus de volontaires pour déplacer les corps. Sera-t-il testé ? Non, le médecin a noté sur la fiche : « Covid-19 ».

5 avril. À l'hôtel, Bruno, le gérant, s'affaire : il lui faut absolument occuper les jeunes. Il leur a interdit de sortir plus loin qu'autour de l'hôtel. Il attend du matériel de sport à installer dans la salle à manger ! Pendant ce temps, 60 exilés de Grande-Synthe sont conduits à l'hôtel Formule 1 de Flers-en-Escrebieux, dans la zone commerciale de Carrefour.

6 avril. À Seinette, à quelques kilomètres de Creil, l'un des premiers foyers d'accueil en France de malades du Covid-19… À l'isolement. Toutes les familles sont enfermées, repas portés devant les chambres.

7 avril. Hôtel Première Classe de Gilles. Un peu pessimiste. Il ne voit pas quoi proposer, sauf du petit bricolage aux enfants. Il oblige les mères à sortir avec leurs bambins deux heures par jour dans le quartier, entre McDo fermé, Lidl ouvert, salle municipale portes closes.

8 avril. Une femme de l'hôtel Formule 1 de Voreppe (près de Grenoble) positive au coronavirus. Toutes les familles en quarantaine. Alimentation portée par la Banque alimentaire.

10 avril. Le virus gagne du terrain dans ces espaces surpeuplés. À l'hôtel Formule 1 d'Aulnay-sous-Bois, le chef de service sépare en deux les lieux, pour les positifs et les autres.

Nous sommes à vif et pourtant tout est ralenti. Les traces de ces lieux, ces transactions, ces gestes, ces histoires lancent des ondes qui nous submergent et vont loin devant nous. Le ralentissement concentre, retient, attache. Et si c'était la mémoire de ces hôtels qui marquait le temps, notre temps ? S'attacher où et à quoi, maintenant que les portes se ferment ? Voir où et quoi, entendre par quelle porte ? Entendre la rumeur d'un virus tueur, mais jusqu'où l'écho court-il entre Saint-Denis et La Courneuve, entre Stains et Bobigny ?

Dans ce moment trouble, toutes les « stratégies » d'enquête tombent. C'est alors que fin mai 2020, des militants associatifs de l'université Paris 8 à Saint-Denis nous demandent si nous voulons nous associer à une distribution alimentaire pour étudiants. Un coup de main, en somme.

Des exilés aux étudiants.

Que faire d'autre que de participer à des réseaux de survie, chercher les lieux de retransmission alimentaire, là où des échanges peuvent encore se tenir en catimini ?

Yasmina nous accompagne. On arrive sur la grande place du terminus de la ligne 13. Se dresse la face blanche de l'université Paris 8 Vincennes – Saint-Denis, à droite, le gris bleu d'un gigantesque immeuble en forme de cube : les Archives nationales. Derrière nous, un lycée flambant neuf de 1 200 places, la ruche des habitants des HLM environnants. À la même hauteur, la grande mosquée de Stains collée à la ferme urbaine de Gally, chacune distribuant ses bienfaits. Que de transformations !

C'est l'étonnement ! Nous ne pensions pas vraiment que des jeunes de 20 ans pouvaient être atteints dans leurs corps, leurs mouvements et leurs désirs habituellement si pétillants. Quelques étudiants nous saluent, nous croyons les reconnaître. Certains sont retournés, forcés et humiliés, chez leurs parents. D'autres sont restés enfermés, malheureux dans leur studio, d'autres encore errent d'abri en abri, jusqu'à l'hôtel ouvert provisoirement par la Croix-Rouge. Les inégalités sous les yeux ! Nous sommes abattus et paradoxalement en éveil. Que faire lorsqu'on ne peut plus payer son loyer ou sa colocation ? Comment juguler sa chute lorsqu'on est étudiant étranger extracommunautaire ? Et puis, comment faire pour ne pas perdre ses potes… et sa fiancée tant convoitée ?

Les tréteaux sont déjà montés. Comme d'habitude, les cartons du Secours populaire sont déchargés. Les colis d'hygiène pour les femmes mis sur des tables à part. Il faut démarrer au plus vite. Une trentaine d'étudiants sont déjà là. Sonia, une doctorante en cinéma, arrive, l'air affolé. « Elles sont cinq à la résidence, là, près de la mosquée, malades depuis huit jours, avec des symptômes. Jusque-là, c'était pas grave, mais ça devient long. Mal de tête, vertige. » Le permanent du Secours populaire fait signe à un jeune bénévole, interne de l'hôpital Avicenne. Appel à la résidence. « Difficultés respiratoires ? Lourdeur à la gorge, comme si quelque chose bloquait la gorge ? C'est mieux l'après-midi et ça s'aggrave au soir. Non, ce n'est pas une bronchite. Les glaires descendent du nez, ah non, remontent des bronches. Du sang parfois. C'est le 15 immédiatement. »

Sonia se demande comment transporter les cinq colis jusqu'à la résidence étudiante à un kilomètre de là. Qui a une voiture ? Robert et Jean-François lèvent le bras. La résidence a été construite au pied d'un grand ensemble, au dos d'un McDo, qui a brûlé il y a quelques mois et qui fait place aujourd'hui à un grand terrain vague. C'est un coin d'une zone industrielle où l'on se perd entre entrepôts et garages de conteneurs, stations d'essence et grossistes en tous genres.

Le code de la porte. Le hall d'entrée est étonnamment silencieux, avec des sacs poubelles au pied de l'immeuble, bataillant avec des caddies abandonnés. On entend seulement le bourdonnement du distributeur de café et d'un frigo récemment installé pour déposer les dons d'alimentation. Un étudiant passe, très sombre, en claquettes, absent. Il se prend la tête dans les mains. Nous risquons du bout des lèvres une question :

« C'est supportable malgré tout ?

– C'est supportable si vous restez au lit, répond-il.

– Au lit, pourquoi au lit ?, l'interrogeons-nous.

– À part le lit, on ne peut pas bouger », glisse-t-il.

Ça sent le confinement, le vrai ! Nous déchargeons les colis. On suggère une pause, assis, un moment pour échanger. Caroline et Sabrina, qui viennent de Tunisie, sont rejointes par Rim, un Colombien, et par Hanya, qui vient d'Égypte. « Comment se mettre en mouvement, se demandent-ils, dans une résidence sans rythme, sans espace commun ? » Une certaine dépression est palpable. Trouver son propre rythme, en s'inventant des rendez-vous, plutôt que d'attendre sans fin, cela ne va pas de soi lorsqu'aucune infrastructure n'ouvre ses portes. Les unes et les autres racontent l'immobilité à tous les étages, les couloirs devenant des sas de repos, fesses au sol. « Le seul lieu de rencontre, relève Rim, c'est la salle des cinq machines à laver qui ronflent en boucle. C'est le bar à thé ! On se regarde pendant une heure ou deux, à causer de ses soucis. »

Ce moment en résidence met en lumière l'entremêlement des économies domestiques et des poches vides, les moins vulnérables secourant les autres, les bouts de ficelle des réseaux d'assistance et de distributions, qui provoquent des appels à d'autres ressources.

C'est la première fois que nous voyons des étudiants terrassés, faire des files d'attente alimentaire, calculer le seul repas quotidien possible. Nous ramassons des petites miettes d'informations. C'est insuffisant. Il faut d'autres sources. Où donc percevoir du mouvement ? Quels sont les lieux du sensible ? De fil en aiguille, entre les distributions alimentaires et les discussions avec les étudiants, nous apprenons que la Maison de l'étudiant de Paris 8, un lieu de services à la vie étudiante, déclenche des aides exceptionnelles. « Vous donnez des aides à partir de demandes écrites des étudiants ? Peut-on les lire ? »

Fendre l'isolement, lancer des messages.

L'université se réveille, en apportant des secours, des bons d'achats, des aides financières et des liens vers des psychologues pour celles et ceux qui sont en situation d'urgence. Les étudiants devront raconter sobrement, en quelques lignes, la balance de leurs comptes au centre de quatre sources : la famille, les bourses, les petits boulots, les arrangements entre étudiants. Étrangement, les questions de santé n'apparaissent pas. Ce ne serait pas l'affaire des universités ! Et de dresser l'inventaire classique : bourse, salaire, pension alimentaire, allocation, aide familiale, charges de loyer, transport, téléphone, qui façonnent une balance instable. En bout de ligne du formulaire, il est indiqué en gros caractères : « RESTE À VIVRE ». Non pas une injonction à vivre, quoi qu'il en coûte, mais un « reste » au sens d'un restant, un excédent, ce qu'il reste pour la semaine, le jour, la nuit, ce soir. C'est l'indicateur final qui déclenchera ou non une aide financière.

Or, si les demandes sont massivement financières, on découvre aussi des corps usés, des suivis médicaux absents, des soins et des examens de santé non réalisés. Les corps se disent à faible voix.

Il faut lire alors ces messages explosifs qui accompagnent les formulaires. Il faut les lire comme des mots d'errance et d'espoir.

Myriem, 25 ans, psychologie.

> Bonjour,
> Je vous lance un appel. Je suis enfermée dans ma chambre. J'ai mal partout. Avec le confinement et mes problèmes, je n'arrive plus à suivre mes cours en ligne. Car j'ai un petit souci de santé : thyroïde, sinusite et problème digestif suite au stress permanent. Je me sens mal, enfermée dans ma chambre universitaire. En plus de cela, j'ai été victime d'un vol dans le métro ligne 13, on m'a pris tous mes papiers et même une somme d'argent qui me permet de vivre. Pouvez-vous m'aider à surmonter cette situation très précaire ?

Tahia, 20 ans, cinéma.

> Bonjour,
> Étudiante étant arrivée en cours d'année à Paris 8, je rencontre des difficultés d'autant plus grandes durant cette crise. Atteinte de trois pathologies

génétiques incurables et lourdes au quotidien, je suis à haut risque et ne peux bénéficier du suivi médical que j'ai habituellement, ce qui fait que mon état est instable. De plus, sortir même faire les courses dans mon état de santé est très risqué, mais ma famille (ma maman et mon frère) réside en Polynésie française d'où je suis originaire donc je ne peux bénéficier d'aucune aide. Je suis donc extrêmement isolée. Je commence à ne plus pouvoir m'en sortir [...]. Ma demande à la MDPH devait être déposée pour obtenir la reconnaissance de mon statut de personne handicapée afin notamment de pouvoir bénéficier d'aménagements pour mes études mais le confinement a tout gelé...

Aminata, 23 ans, science politique.

En situation irrégulière sur le territoire français depuis novembre 2018, je ne peux pas avoir un travail stable. J'ai enchaîné plusieurs petits boulots (ménage, nettoyage en restaurant) mais rien ne dure, vu que je ne peux être déclarée. De plus, ces travaux forcés m'ont causé des soucis de santé à côté de mon insuffisance ovarienne dont je souffre depuis six ans (copie des bilans, radio dans le premier dossier).
Je partage une chambre avec ma sœur étudiante qui touche 540 euros de son stage. On est bénéficiaire des Restos du Cœur où je suis bénévole, mais depuis presque deux semaines, on a pas pu s'y rendre, je suis malade : migraine, douleurs thoraciques dues à mon allergie saisonnière qui me cause des problèmes respiratoires.
J'ai appelé le SAMU qui m'a envoyé les pompiers après un électrocardiogramme, ils m'ont orientée vers mon médecin traitant, après une consultation téléphonique, il a jugé nécessaire de faire un bilan sanguin pour avoir les causes. Mais le secrétariat du centre médical a refusé de m'envoyer l'ordonnance vu que ma carte AME a expiré. Je me retourne car je n'ai les moyens de régler ni la consultation ni le laboratoire et pharmacie.

Anne, 25 ans, histoire.

Si je suis boursière et que je touche les APL, je suis depuis quelques mois dans une situation compliquée et aujourd'hui absolument dramatique.
L'année dernière, ma bourse a été suspendue, et cela m'a mise dans une situation aussi précaire, où j'avais dû demander l'aide d'urgence ponctuelle. La situation est tellement stressante que le stress m'a déclenché des problèmes de santé, le manque de nourriture et la dégradation de mon état physique.
Je n'ai plus d'abonnement Imagine R cette année car mes revenus ne me permettent pas de payer les factures. Depuis la rentrée 2019, je limite tous mes déplacements et les réserve pour aller à l'université ou au travail. Le confinement dû au Covid-19 me place dans une situation à laquelle je ne peux faire face. Je suis donc dans un véritable cauchemar où je ne peux pas me nourrir (je mange trois repas par semaine depuis un mois et j'ai déjà perdu

> 4 kg). Free, en l'absence de régularisation, coupera ma ligne téléphonique. Les jours pressent et je crains d'être encore plus isolée si je n'ai plus de téléphone. J'ai aussi peur de ne plus pouvoir manger du tout. À l'heure actuelle, j'essaie de boire beaucoup d'eau pour avoir l'impression que mon ventre est rempli. Je me tourne donc vers vous dans l'espoir que vous puissiez m'aider.

Justine, 26 ans, cinéma.

> Je suis actuellement et ce depuis plusieurs mois dans une situation difficile. Pour faire les courses, je dispose d'environ 100 euros par mois. Je suis déjà venue récupérer des courses alimentaires offertes par Paris 8 pour nous aider, nous, les étudiants.
> J'essaye tant bien que mal de gagner un peu plus d'argent en revendant des affaires *via* diverses applications entre particuliers.
> Aussi, je suis atteinte d'endométriose (attestation de mon chirurgien postopératoire qui confirme la maladie) ; j'ai des frais liés à celle-ci (médicaments/IRM/gynécologue avec dépassement d'honoraire/échographie).
> Le mois qui arrive je dois allez faire une IRM pour vérifier si mon endométriose est stable mais concrètement mes moyens ne me permettent pas de m'offrir le luxe de cet examen car, n'ayant pas de mutuelle, je devrais avancer les frais qui s'élèvent à 150 euros + 70 euros de gynécologue ensuite pour faire un bilan « quotidien ».
> Je suis dans une impasse même pour ma santé je dois me restreindre, cela devient très difficile et j'ai besoin de passer cet examen d'imagerie que je ne peux effectuer depuis sa prescription par ma gynécologue.
> Ma demande d'aide concerne donc ma santé physique, ma maladie, mon endométriose qui est une maladie potentiellement évolutive et qui chaque mois peut évoluer de manière négative. Cela implique des examens coûteux malheureusement.

La plongée est colossale, dans un quotidien au plus près du corps. Elle éclabousse tous les lieux de vie des étudiantes, leurs études, leurs petits boulots, leurs parentés et leurs sociabilités désirantes. Les chutes et les ruptures ont tout emporté sur leur passage, renversant tous ces équilibres qui étaient déjà sur le fil du rasoir. Relevons trois traits majeurs.

Seules les femmes mettent sur le tapis leurs problèmes de santé, assez carrément, alors que les garçons les tiennent sous le tapis, question d'honneur et d'honorabilité ? On peut malheureusement le penser. Sur un terreau de précarité structurelle, la différence d'expression du « mal-être » entre filles et garçons ne bouge guère depuis vingt ans.

Le second trait porte sur l'alimentation. Un repas par jour, parfois un repas tous les deux jours. Les étudiants, dans d'autres messages, entrent dans le détail de leurs courses alimentaires, de sorte que l'on voit qu'ils mangent très peu, du riz au kilo, et certains reviennent à l'université (un an après) pour le repas à 1 euro. Sur deux cent cinquante messages lus, la moyenne des dépenses alimentaires par semaine est de 50 euros. Comment étudier lorsque l'esprit est occupé à recenser les lieux où se ravitailler à faible coût ?

Le dernier trait porte sur le coût des soins, l'absence de service médical au sein d'un espace où transitent 24 000 personnes, où l'on ose afficher fièrement une demi-infirmière et une assistante sociale. Cette fois, nous voyons la piste d'atterrissage que représente l'université Paris 8 où l'on ne peut plus se poser. À défaut d'une infrastructure de services de base – tant sociaux que médicaux –, on ne peut plus enclencher de forces d'engagement. On ne peut plus s'y envoler et, d'ailleurs, pour atteindre quel horizon ?

Le quotidien comme un herbier.

Nous sommes arrivés à une certaine habitude de description, à faire se succéder des situations et des images, des prises d'écriture qui, progressivement, font émerger un objet de réflexion[4]. Qu'en reste-t-il, avec cette épreuve du Covid-19 ? Ce quotidien pandémique amplifie le souci de savoir comment on fait lorsqu'on est exilé ou étudiant, isolé peut-être, affaibli certainement, enfermé à Bobigny ou Stains, que l'on ne veut plus quitter par peur ? Mais peur de quoi ? Peur de sortir, d'aller à l'hôpital, peur de prendre le bus, de faire ses courses, d'être abusé par un livreur ? Et si la peur volait de fenêtre en fenêtre ?

Mais ce quotidien ne serait rien sans un journal tenu jour après jour, un carnet de bord, justement, où se mêlent différents lieux observés, des successions de situations, des lieux d'expression comme les courriers et les messages d'appels au secours. C'est la fabrication du puzzle qui, par cet emboîtement de choses vues, entendues, prises de parole, prises d'écriture, donne une histoire qui « nous regarde ». Les idées importent moins que la manière de voir, de regarder, d'agencer ce que l'on perçoit. « Regarde de tous tes yeux, regarde », lance soudain Georges Perec au lecteur. « Mais qu'est-ce qu'on voit quand on regarde ? », ajoute-t-il.

Comment voit-on, mais surtout comment se déplace-t-on dans l'espace pour voir ? Car il faut se bouger continûment pour saisir du quotidien. Il faut chercher des arrière-scènes dont font partie les prises d'écriture qui nous échappent. Car les lettres sont des scènes où le scripteur « s'éprouve ». Sur ces *contextures*[5], les scripteurs se disent, s'exposent, s'engagent, se décrivent en train de faire ou de penser faire. De sorte que dans cette extrême dispersion, des séries se profilent, comme celle des « écritures de prise en charge », des « écritures de santé publique », des « écritures de soins », des « écritures en famille », des « écritures de comptes et de dettes ». Tous ces écrits en miettes mis bout à bout éclairent des façons de penser et d'agir, les incidents et les mouvements des corps, les autoprescriptions et les hésitations à agir seul. C'est pourquoi *ces vies écrites nous regardent*, car elles restituent les expériences sociales dans toutes leurs formes, qu'il nous faut retransmettre à notre tour. Retransmettre ? Ce sera vers une sociologie narrative que nous irons, des récits qui s'adressent au non-sociologue, comme une sorte de sociologie publique qui portera – en dehors des sciences sociales – ces courriers inattendus[6].

Jean-François Laé
j-f.lae@orange.fr
Professeur émérite, Paris 8 Saint-Denis
Membre du CRESPPA-GTM, UMR CNRS 7217

Laetitia Overney
laetitia.overney@paris-belleville.archi.fr
Maîtresse de conférences, ENSA de Paris-Belleville
Membre de l'IPRAUS – AUSSER, UMR CNRS 3329

NOTES

1. Georges Perec, *Entretiens, conférences, textes rares, inédits*, Nantes, Joseph K, 2019.
2. Jean-François Laé et Laetitia Overney, *Exilés : ce qu'habiter à l'hôtel veut dire*, La Défense, Plan urbanisme construction architecture, « Réflexions en partage », 2020.
3. Les noms des lieux et des personnes ont été modifiés par souci de confidentialité.
4. Voir Sophie Hellegouarch, Jean-François Laé, Annick Madec, Numa Murard et Émilie Potin, « La possibilité d'une sociologie narrative », *Revue des sciences sociales*, n° 68, 2022.
5. Philippe Artières et Jean-François Laé, *Archives personnelles. Histoire, anthropologie et sociologie*, Paris, Armand Colin, 2011.
6. Michael Burawoy, « Pour la sociologie publique », *Socio-logos* [en ligne], n° 1, 2006, http://journals.openedition.org/socio-logos/11

RÉSUMÉ

Année catastrophe, le moindre geste. Journal de bord

Nous retraçons quelques moments de l'année 2020, année catastrophe, au début de l'épidémie de Covid-19. Nous essayons de rendre compte de ce moment exceptionnel d'impuissance et de désarroi qui fait voir le quotidien. Comment voit-on, mais surtout comment se déplace-t-on dans l'espace pour voir ? Car il faut se bouger continûment pour saisir du quotidien. Le quotidien ne serait rien sans un journal tenu jour après jour, où se mêlent différents lieux observés, des successions de situations, des lieux d'expression comme les courriers et les messages d'appels au secours. L'article déploie une forme de sociologie narrative fondée sur les prises d'écriture d'étudiants en grande précarité et les situations de familles exilées confinées dans des hôtels en région parisienne.

MOTS-CLÉS : quotidien, Covid-19, enquête ethnographique, écritures

Jean-François Laé et Laetitia Overney

SUMMARY

Catastrophic Year, The Slightest of Gestures. Ethnographic Logbook

We recount a few moments of the year 2020, the catastrophic year, set at the very beginning of the Covid-19 epidemic. We attempt to describe this extra-ordinary moment of helplessness and confusion whereby everyday life was exposed. How can we see ? How does one move around to see ? Indeed, one has to be constantly in motion to seize the everyday life. It would amount to nothing in absence of the ethnographic field notes jotted down day in day out, which articulate a variety of places observed, of situations unfolding, of places of expression such as in the mail and by means of SOS messages. The article is shaped as narrative sociology based on the writings of students living in severe precariousness and on the situations of families of refugees confined in hotels in the Paris region.

KEYWORDS : *everyday life, Covid-19, ethnographic fieldwork, writings*

RESUMEN

Año catastrófico, pequeños actos. Notas de campo etnográficas

Volvemos a recorrer algunos momentos del año 2020, un año catastrófico, al comienzo de la epidemia de Covid-19. Intentamos dar cuenta de este momento excepcional de desamparo y desorden que nos muestra lo cotidiano. ¿ Cómo vemos, pero sobre todo cómo nos movemos por el espacio para poder ver ? Porque hay que moverse continuamente para captar lo cotidiano. Lo cotidiano no sería nada sin un diario que se lleva día a día, donde se mezclan diferentes lugares observados, sucesiones de situaciones, lugares de expresión como cartas y mensajes pidiendo ayuda. El artículo despliega una forma de sociología narrativa basada en los escritos de estudiantes en situación de gran precariedad y en las situaciones de familias exiliadas confinadas en hoteles de la región de París.

PALABRAS CLAVES : *vida cotidiana, Covid-19, encuesta etnográfica, escritos*

Véronique Nahoum-Grappe

L'effet de désastre en temps réel

Dans le journal *Libération*, Sandra Laugier décrit une série américaine, *Maid*, qui retrace « le quotidien épuisant d'une mère célibataire » : « La série *Maid* capture le détail de cette vie et l'urgence qui fait de chaque contretemps… une catastrophe nucléaire[1]. » Comment un « contretemps », ce « détail [d'une] vie », comme une panne de transport, l'oubli d'une clé, une embrouille mineure, etc., peut-il prendre le sens du pire désastre historique pensable depuis 1945 ? L'exagération de la comparaison est ici trop évidente, et l'horrible différence d'une véritable catastrophe nucléaire reste dans un ailleurs, certes imaginable dans des récits de science-fiction, mais encore exclu de l'horizon collectif des anticipations sérieuses en 2021, année de création de la série. En fait, l'usage de cette image est le signe d'une nécessité, celle de l'outrance, dans le recours au stéréotype le plus excessif possible, pour signifier l'ampleur d'un désastre perçu comme « ennui » minuscule et ordinaire dans ses descriptions plus exactes. La dévastation des subjectivités en jeu, son effet de ravage dans la vie quotidienne – où l'intimité subjective de chacun, chacune, joue objectivement un rôle déterminant – se retrouvent le plus souvent effacés du récit factuel, trop fidèle à ce qui « est arrivé » : le lait qui déborde. Ici, on élargit la réflexion du sociologue Jack Katz[2], « Ce qui intéresse n'est pas seulement ce que l'on fait, mais à quel point on y met du sien », à la question suivante : *Jusqu'où les personnes humaines sont-elles touchées dans leur vie quotidienne par ce qui leur arrive ?* Jusqu'où va-t-on *plus ou moins mal*, et comment cela se traduit-il dans l'ordinaire des jours ? *Survivre en temps de paix* dans des conditions désastreuses, mais trop ordinaires pour être perçues de l'extérieur, et *survivre en temps de guerre*, quand le vacarme et le fracas du grand récit historique surplombent l'horizon des faits trop quotidiens pour être notés, semblent relever d'une histoire trop différente pour pouvoir être comparés. Mais si on quitte le point de vue géopolitique pour accéder au temps quotidien des personnes impliquées, on peut déceler certains traits issus d'une même logique, une même sphère de cohérence, qui ne se laisse percevoir qu'autour des présences physiques humaines, au milieu de leurs décors d'objets matériels.

L'approche « ethno-phénoménologique[3] » ici adoptée propose un ralentissement, un changement de focale, une tentative de « zoom » sur le temps réel du quotidien : son expérimentation abstraite et mimétique en tant que proposition théorique nécessite l'enquête dans la durée et sur le terrain, et donc le partage du temps quotidien. La rédaction de carnets, chaque soir, où sont notés les détails les plus triviaux, est alors plus importante qu'une longue théorisation sophistiquée. Mais tenter d'atteindre ce qui est « en train de se passer » est difficile, car le cercle du présent a un diamètre variable[4], et la sphère du temps quotidien comprend aussi bien la répétition indéfinie des travaux et des jours, cette addition du même au calcul impossible, que l'immensité d'un instant crucial :

> Qu'est-ce qui s'est passé ? Qu'est-ce qui s'est passé bordel ! C'est même pas la question, pensais-je. C'est quoi la question ? Comment répondre à ce qui n'a pas de réponse ? Dire ce qui s'est passé, raconter les simples faits, l'enchaînement chronologique des événements passerait pour une sorte de trahison. Les instants, tels des dominos, s'aligneraient parfaitement puis se renverseraient sous le poids des causes vagues et incertaines, démontrant ainsi que tout objet est destiné à s'effondrer. Ce n'est pas suffisant de raconter ce qui s'est passé. Tout est arrêté, tout s'est écroulé[5].

Il faut donc tenter d'abord de se rapprocher du désastre par beau temps historique, sans guerre sur le territoire national, cette chance de la France depuis 1945. La question ethnologique du confort et de son contraire doit ici être revisitée dans ses effets dramaturgiques secondaires imprévus, que l'on ne peut saisir qu'à l'échelle du temps quotidien.

Imagerie contemporaine d'un désastre extrême.

Un arrêt sur l'adjectif « nucléaire » et sa force sémiologique[6] est ici utile, car la philosophe Sandra Laugier, qui a travaillé sur les séries *et* sur les désastres, a utilisé cette image sciemment[7]. Ici serait utile l'hypothèse d'une (sous-)culture contemporaine particulière, surtout adolescente, nourrie de bandes dessinées, de films et de séries, où domine le fantastique[8] : les mangas japonais[9], objets d'une consommation addictive dès les années 1970 en France[10] pour cette classe d'âge, ont probablement joué leur rôle de configuration partielle dans l'imagerie contemporaine du désastre. Il me semble néanmoins que, du point de vue des images dominantes, ce sont encore celles des conflits entre armées européennes au XXe siècle qui dessinent le premier décor spontanément associé dans nos références visuelles au cataclysme de la guerre, avec son horizon de destructivité matérielle, sa noirceur morale, ses dévastations de villes, de campagnes, et de visages, ses exodes massifs, ses camps sinistres divers[11], etc. Mais le décor postbombardement nucléaire relève d'un autre enfer visuel : nulle large diffusion mémorielle ne l'impose dans l'espace public, les livres scolaires, les grands classiques, films, livres sur la guerre, etc., comme celui de la Seconde Guerre mondiale. Mais il se dessine comme paysage de l'apocalypse dominant et récurrent dans les récits des BD et films, livres de *science-fiction*, clips de hard-rock, etc., ce qui rend peut-être plus prégnante son image auprès d'un public défini comme « jeune » quel que soit son âge, et accroît sa première séduction (contre-)culturelle. Mis en images surtout dans les productions culturelles du Japon, seule nation à ce jour (fin 2022) à en avoir été la victime, ce paysage postapocalyptique est en voie de faire l'objet d'usages pluriels, décontextualisés, et donc mieux à même de signifier un des cauchemars possibles dans un monde où les mégapoles du monde entier dévorent un espace grandissant[12]. Cet imaginaire contemporain postapocalyptique[13], né d'une culture syncrétique et transnationale de la jeunesse, finira par s'installer dans la culture adulte dominante avec le vieillissement de la génération qui l'a importé et diffusé. Le décor : après le temps du vacarme, de la déflagration et de la destruction du vivant, du vert, et des verticalités urbaines bétonnées, règne un silence « de mort » : une mortalité de masse incalculable a eu lieu et constitue le fond de vérité non figurative du tableau. Comment la dessiner ? Après la grande brûlure, le dehors physique hostile[14] a gagné sur le dedans, sur le cocon privé, le creux des nids, toujours plus doux que le dehors : toute base arrière, toute intériorité paisible est calcinée, même celle de la subjectivité humaine. Le faire société hospitalier de la place publique et des salles à manger est anéanti, le monde est à la lettre dé- « civilisé », et de façon irrémédiable : reste le vide d'un désert de mégapoles détruites, où ne demeure que le dur des choses muettes, pierre, béton, fer, dont la vue déjà blesse, et tout autour, un sol d'inhumanité. Reste la solitude de survivants en autogestion de perdition. Comment dessiner le silence d'un monde frappé d'extériorité, celui du point à la ligne glaçant, de la solitude du caillou ?

Quand elle se retrouve « seule au monde » dans sa cuisine, à la suite d'une catastrophe (nucléaire-)ordinaire, il y a ce vide, ce silence, cette fin d'un monde, autour du corps de l'héroïne de *Maid* : ce n'est pas seulement ce qu'elle « ressent », c'est l'effet du désastre réellement autour d'elle, ce soir-là…

Les figurations de l'enfer « sur terre », de la « fin du monde » varient[15], et parfois certaines d'entre elles ont totalement disparu de toutes les mémoires[16]. L'historicité des grands clichés d'époque n'est pas forcément l'écho mimétique de l'histoire en cours, mais l'emprise de certaines images a à voir avec ce qu'elles reflètent de l'époque : le pire d'un désastre, même d'ordre intime, utilise, pour être descriptible, un même système d'images « bien trouvée[s] »[17] parce que largement collectivement figurées : ici la radicalité d'anéantissement du désastre atomique – un éclair et la fin de tout – correspond en plus à la hantise d'une occupation envahissante et destructrice de la planète par une certaine forme de société. Quand on « touche le fond » au début du XXIe siècle, c'est dans cette image que l'on atterrit.

Le champ quotidien du désastre « de guerre » en temps de paix : la question du confort.

Les parcours de vie des populations les plus vulnérables et précaires sont à haut risque d'expérimenter une forme de désastre *comme en temps de guerre, mais en temps de paix*, cachée dans les plis les plus ordinaires de la vie quotidienne : le (non-)lieu commun d'un présent détruit dans un temps arrêté est le dessin d'une compréhension possible de l'effet de désastre, si on accepte sa migration vers le sol des vies ordinaires, grâce à la plasticité de son image dominante en tant que pire catastrophe imaginable de l'époque.

Une définition minimale de la précarité/vulnérabilité a toujours été, dans mes enquêtes sur des populations vivant en France, la dépendance absolue vis-à-vis des aides sociales pour survivre, et, pour les autres, la dépendance absolue ou relative vis-à-vis de l'aide internationale. Car il ne s'agit pas ici de la description sociologique d'un terrain, mais d'une tentative de description de certains traits communs au travers de quelques enquêtes menées depuis les années 1980 en temps de paix et de guerre sur des groupes hétérogènes, tous précaires et vulnérables[18]. Il s'agit ici de tenter de saisir certains des mécanismes en jeu, communs au regard de l'effet de désastre, qui ne s'appréhendent que dans un partage du temps réel en situation : à cette échelle apparaît comme déterminante la question du confort et de son contraire, ce que sa réalité physique, matérielle et sociale fabrique comme « monde » quotidien autour du corps humain, avec son univers matériel particulier, son style, et son horizon de (d'in-)sécurité économique, sociale et politique, entraînant un rapport au lendemain, au sommeil, etc., que l'on peut traquer.

En quoi les désastres des personnes en situation précaire sont-ils spécifiques, du point de vue de l'approche, ici « ethno-phénoménologique[19] » ? Non pas que les lignes de vie des habitants du monde « heureux » économiquement, couches moyennes et aisées, riches extrêmes, ne soient pas potentiellement marquées par des événements parfois épouvantables, maladies, ruptures, accidents, troubles psychiques, qui sont autant de cataclysmes absolus pour eux aussi, quasi « nucléaires » parfois… À l'inverse, il y a de grands champs, d'intenses moments, denses, forts, heureux, dans les quartiers, les familles, les vies quotidiennes les plus précaires. Mais la question du confort matériel et social – les deux allant de pair – *vu sous l'angle du temps quotidien*[20], fait toute la différence : n'avoir ni faim ni froid, ni trop chaud, ni perturbation importante en cas de panne de la machine à laver, jouir d'un riche réseau de services et de soins qualifiés, d'entraide, de conseils, de recours, d'abris secondaires possibles, confortables eux aussi, tout cela permet l'instauration d'un rapport spécifique à une durée sécurisée par la qualité de tout ce qui entoure la vie physique. Une courte description des effets cognitifs du confort quotidien est ici nécessaire, puisqu'il s'agira de faire basculer en son symétrique inverse ce que peut signifier au quotidien l'inconfort des couches précaires et vulnérables.

Le confort, comme assise matérielle de chaque jour, élargit l'espace et le temps autour d'un corps aux libertés pragmatiques démultipliées, dans les achats ludiques[21] comme dans les rêves de voyages : les « capabilités » – terme d'Amartya Sen –, vecteurs d'épanouissement et de longévité, sont ici en expansion[22]. L'aisance économique, décrite sous l'angle du temps quotidien, enveloppe le corps humain du soyeux des contacts possibles, non brutaux, entre peau et matière des choses de qualité, et de la protection physique et sociale vis-à-vis du « dehors » : les risques de promiscuité avec les étrangers sociaux, dans les foules des plages bondées et les queues suffocantes des gares, ceux des contacts non choisis, de l'impolitesse humiliante sont éloignés. L'aisance, définie à l'échelle du temps quotidien, est *la production d'une tranquillité basique*, que l'absence de gêne physique et sociale inscrit surtout dans les postures et les gestes – moins dans les consciences –, forme mineure de majesté d'apparence, au premier pas dans la rue. Une épaisse enveloppe de « soin » social attentif et respectueux dans les échanges faibles, comme un stigmate positif, un « *care* » permanent, écarte le champ des humiliations[23] de faible intensité. Les irritations, les énervements au moindre « détail » calamiteux, immédiatement réparable, sont prévenus et consolés, et sous l'épais velours du confort physique-social s'évase une sphère stabilisée de tranquillité matérielle. Cette enveloppe du confort, cette aisance veloutée autour du corps qui, peut-être, fait mieux flamber parfois certaines souffrances psychiques, permet le soir, en face d'un coucher de soleil magnifique, d'envisager son propre avenir et celui de sa progéniture dans la confiance viscérale de pouvoir en assurer l'étayage, dans un large périmètre de sécurité[24]. Cet effet cognitif du confort, l'évidence quotidienne puissante de perspectives sécurisées, permet l'anticipation d'une durée délivrée de menaces immédiates drastiques. La ligne de vie sans multiplication d'accidents ou de désastres matériels et sociaux de tous ordres suit alors sa courbe douce vers des statistiques de longévité différentielle. Cet effet de « bonheur social » – rien à voir avec les formes profondes du bonheur subjectif intime et des joies individuelles –, est moindre pour les classes moyennes, et s'accroît avec l'aisance économique. À l'échelle prosaïque du temps quotidien, l'évidence d'une confiance de base en « l'avenir », ressentie comme la stabilité du sous-sol sous les pieds, et du paysage du possible, vu du balcon, le soir, aide le sommeil… quand le concept de « domination » n'existe que sous la forme du plaisir d'être bien servi, et de l'évitement normalisé des tâches ennuyeuses ou pénibles. Le calme et l'élégance d'un vaste salon aux beaux objets et aux invités bien placés[25], la confiance en un monde extérieur accueillant en principe, tout cela fonde en dehors de tout langage comme un droit physique et social à exister sur scène, en « pleine lumière », que la multiplication des liens sociaux potentiels promet comme le don à venir d'une baguette magique : le confort produit donc mécaniquement un *effet de centre*, de non-contingence, de légitimité à être physiquement soi à cette place due, près des lieux d'intensité sociale… Le contraire des situations de grande précarité, où les hasards trop souvent négatifs accroissent les risques de bouleversements non choisis et les difficultés morales et physiques sans le filet des mains tendues : les changements imposés de trajectoires, les ratures des lignes de vie, font de la non-nécessité *à être là ou ailleurs* un destin de plus en plus enclavé dans son propre cercle, renvoyé à la « périphérie » du faire société collectif. Le vide social[26] des lieux périphériques d'habitation souvent peu séduisants, voire suintant un ennui mortel, éloigne ceux qui y vivent des centres-villes excitants, animés, brillant de mille lumières la nuit, comme la fragilité de leurs existences dénuées de stabilité et de réseaux sociaux différenciés les exclue des salons mondains. Un éloignement physique que, souvent, la gêne d'une apparence différente, la honte sourde d'être non conforme, mal habillé[27], etc., rend désirable, et que le manque de liens sociaux multiples impose de toute façon. Les désastres divers que la vie précaire multiplie, et que combattent les logistiques du confort, font retour dans les beaux quartiers sous forme d'objets culturels, qui se saisissent du tragique et des catastrophes, de la laideur et de la cruauté, où le dernier cri d'une œuvre *qu'il faut voir* hurle en silence son esthétique de la violence et devient le piment des intelligences de salon.

Pour les personnes en situation de précarité, pas de suspens bercé sur le hamac d'une sécurité de base, car le cadre matériel de la vie est incertain, comme les lendemains. La dureté des choses matérielles et du dehors social empêche la tranquillité du corps de mille façons différentes et blessantes. Un exemple extrême de cette intranquillité quotidienne, parfois infernale, de la grande pauvreté : dans les années 1980[28], un père de famille brésilien habitant la seule pièce d'une maison située au milieu d'une favela a avoué au médecin que, chaque jour, il faisait sortir tous les membres de sa famille de ce lieu, étendait au sol un papier journal, faisait ses besoins, et rappelait ses proches quand c'était fini et ramassé : il a dit sa honte et sa rage *quotidiennes*, l'impossibilité de s'habituer à cela, et que chaque jour c'était pire. L'inconfort physique extrême humilie au plus profond l'être « moral » de l'humain dont il abîme et épuise le corps. Et la grande question de l'habituation « à tout », à cause d'une sorte d'usure du quotidien, n'est pas du tout résolue, vue de près.

En France, s'approcher de certaines « familles sans qualités[29] » permet de constater un contexte d'insécurité majeure spécifique, portant sur de nombreux aspects de « la vie » : l'inverse exact de ce qui a été décrit pour les « heureux » sociaux. Il n'est pas question ici d'embrasser l'immense champ des « cultures de la pauvreté », ni de faire une théorie contextualisée sur les groupes étudiés, mais seulement de tenter de mettre à jour certains effets du désastre, ressentis dans certaines situations et à l'échelle du temps réel. L'inconfort majeur entraîne des modifications radicales de regards, de postures, de pratiques, dénuées d'explicitations.

Les contraintes matérielles de la grande précarité[30], contre laquelle s'inventent toutes les formes de luttes pragmatiques imaginables[31], souvent exténuantes, mettent en péril la tranquillité de l'espace subjectif intime : le quotidien est alors « dérangé » sans cesse par la dureté permanente du cadre physique du quotidien, quand c'est à minuit que la fuite d'eau inonde le sol. La récurrence des soucis matériels, ennuis sociaux, désastres psychiques mineurs et parfois catastrophes affectives majeures s'accroît avec la précarité et déstabilise la quotidienneté. Les urgences diverses, « courir », s'inquiéter, s'énerver, empêchent le minimum de tranquillité intérieure, cette assise intime du « je » qui nécessite le silence d'un corps non souffrant, car bien traité, et qui peut, en ouvrant la fenêtre, rêvasser en toute quiétude. Les contraintes de temps sont parmi les plus désastreuses, elles mettent « hors de soi » un être humain décoiffé et en nage, épouvanté de rater l'heure de la sortie d'école, celle du « boulot ». Une « grasse matinée », une douche, ne *rien faire* en vacances deviennent des rêves suffisants.

La précarité détruit le rythme du quotidien, devenu un champ de lutte contre l'hostilité du cadre matériel pour assurer une maintenance minimale. La liberté intérieure est dérangée par l'inconfort, qui met en péril toute anticipation. L'importance des faits matériels prend toute son ampleur en situation réelle, quand le froid aggrave la solitude, quand les toilettes bouchées empêchent la pensée, quand le bruit d'un chewing-gum mastiqué trop fort irrite plus que de raison, et quand faire ses courses est un moment de choix cruel entre ceci OU cela… Liée à la fréquence des ennuis, crises, désastres, la part des temps « d'énervement » ou d'abattement prostré s'accroît aussi, avec une plus forte plausibilité de tensions et d'éruptions de conflits secondaires. Les gifles sur les joues enfantines volent bas, créant ici la possibilité d'un premier désastre « nucléaire » seulement pour l'enfant : une seule claque trop injuste et violente, le temps d'un éclair, peut dévaster la psyché enfantine d'un minuscule mais cataclysmique ravage, impossible à démontrer, inimaginable pour les parents… Souvent, les plus importantes expériences de la subjectivité intime, coups de foudre, éclairs dans la nuit, violentes prises de conscience, effondrements radicaux, ont lieu à cette échelle d'une déflagration instantanée, qui se situe en plein cœur du temps quotidien, dans ses interstices fugaces. Là se situe le lointain de l'autre, même celui ou celle dont on partage le quotidien.

Les impayés, les contraintes au déménagement, le risque de se retrouver « sans rien », et enfin le risque de la rue – désastre « nucléaire » en temps de paix, qui n'est plus du tout le scénario intéressant d'un film, mais une épouvante absolue, statistiquement plus plausible pour eux[32] – multiplient les anxiétés objectives, non psychiatriques, qui bouchent l'horizon du futur. Bref, les calamités diverses liées à l'inconfort matériel drastique, qui déjà multiplient les irritations et blessures mineures au fil d'un quotidien où le dérangement du corps est systémique, cassent sans cesse le fil des vies qui ne tiennent qu'à un fil, et forment un tissu d'insécurités emmêlées, anticipées, qui abîment les nuits et assombrissent les jours. Quand une catastrophe a lieu (rupture, accident, maladie grave, décès, déménagement forcé, etc.), après un premier temps de crise – avec larmes, fureur, conduite de bruit, « gesticulation » plus signifiante que des phrases, aller et venir dans une pièce en haussant le ton, claquer des portes, casser des assiettes, se taper la tête contre les murs, etc., et les voisins se plaignent car cela se répète – arrive la séquence suivante : effondrement, accablement, écroulement physique dans un coin. Quand les dégâts sont irrémédiables, une fois les larmes épuisées, la prostration silencieuse est de forte intensité, comme après la nouvelle d'un décès, quand « tout est fini ». Le temps de pauses immobiles, des regards absents, des silences pesants autour de la table, sur le canapé, vont prendre du champ et envahir les heures du quotidien. La cigarette ici serait à décrire, ce qu'elle suppose comme transaction onirique entre l'espace et la pensée en panne, en suspension dans un nuage de fumée…

Les vies précaires sont susceptibles de connaître un nombre accéléré de ces crises. Les exemples sont innombrables, dans la vie de l'héroïne de *Maid* comme dans la trajectoire de Gervaise[33], qui permettent de repérer un mécanisme commun : *plus les risques de catastrophes sont grands à cause d'un contexte de précarité et de vulnérabilité, plus la temporalité investie tend à se réduire en direction du présent*, jusqu'à son premier cercle de douleur extrême, toujours physique même quand elle est « morale », où chaque moment est une éternité impossible à tenir une seule seconde. Parfois, pendant des heures autour d'une tasse de café, à ce moment de grand évasement ordinaire de la durée, les objets sur la table, sur les murs ont une présence particulière, c'est la « preuve par le camembert » de Clément Rosset :

> Mon argument à propos du camembert est le suivant : chaque objet est singulier et il est impossible de décrire sa singularité. […] Un courtisan prétendait qu'il était difficile de louer Louis XIV, puisque celui-ci rayonnait de si merveilleuses qualités qu'il était à nul autre semblable, comparable seulement à lui-même. Cette propriété du Roi-Soleil est aussi celle du camembert au lait cru, comme d'ailleurs de tout objet réel[34].

Sur cette assiette ordinaire, le camembert est singulier, il règne dans son poids de matière inexplicable, sa stabilité formelle provisoire : il me semble que cette solitude de l'objet réel, donc particulier, distinctif, est plus forte, plus absolue dans les milieux précaires que dans les espaces luxueux : ils sont désaffiliés de toute référence artistique sophistiquée, où la culture « cultivée » sert de valeur ajoutée et exhibée dans l'espace des conversations. Sur cette nappe de plastique usée, l'objet est seul, et très fort, une force de résistance au vide, à la béance inquiétante de la durée : cette vieille cafetière n'est plus signe de pauvreté, mais, même « laide » socialement, sa présence est la preuve d'un réel « comparable seulement à lui-même », parce qu'il est là, à un souffle devant, « seul au monde », donc « roi du monde ». Plus la vie quotidienne est difficile, plus « être là », en face de ce café, est une victoire, un signe d'élection où se noue une forme de présence au présent matériel du lieu, comme surlignée, d'une densité concrète, dont il faudrait trouver le nom…

Tenir une tasse de café en temps de catastrophe devient comme s'accrocher à un pilier sous un vent trop fort, et c'est dans le pli du quotidien le plus banal que, parfois, toute l'amertume noire du présent se partage dans un temps suspendu qui rend possible, avec la prochaine gorgée, le pas suivant. Car quand tout va très mal, le temps passe quand même à chaque respiration et contraint insensiblement à cette dérive vers l'aval en quoi consiste le verbe « vivre » conjugué en temps réel, ce courant qui déplace vers la vie d'après tout ce qui surnage. Le moment du café a valeur de sas d'écluse, quand le surplace évolue quand même. Et bientôt, si les dieux le veulent, « tout recommencer » et même « redémarrer à zéro » sera à nouveau pensable[35].

« Demain ! Repartir de zéro ! »

Il faut faire l'hypothèse que pour les lignes de vie souvent raturées, hachées par des désastres de toutes dimensions, le rythme du *recommencement à zéro « demain ! »* est accéléré, plus que dans les vies confortables. Tout « recommencer », « redémarrer à zéro » est une forme de mise en perspective de l'avenir que rend nécessaire le massacre de toute logique prévisionnelle dans les situations de précarité où l'insécurité de base met en péril le lendemain : « Tous les jours, nous tâchons d'imposer un ordre logique aux événements que nous créons nous-mêmes. Créer des formes de nécessités sociales est une arme principale dont nous disposons pour assurer un minimum de prévisibilité », selon Mary Douglas[36]. Quand « l'ordre logique » des prévisions est difficile, surgit le souhait votif : « Demain ! tout recommencer à zéro. »

C'est dans la cuisine d'une informatrice[37] que, petit à petit, s'est imposée cette figure du lendemain qui consiste, enfin, à entrer dans la *vraie vie*, avec un déménagement, une nouvelle rencontre, donc une nouvelle grossesse, signe et preuve de la seconde naissance de l'adulte, et qui effacera tous les ratages précédents… Demain ! Et après, *chaque jour*. La soupe de légumes frais et verts tous les soirs pour les enfants, demain elle arrête les frites surgelées, la bière tôt le matin, trop de café, et le tabac, fini le sucre, et elle fera de la gymnastique tous les matins avant le ménage, et le bain des enfants tous les soirs, après les devoirs scolaires, *tous les soirs*… Et ici et maintenant, avec le sac éventré de frites surgelées au-dessus du réfrigérateur, la clope à la main et le café sur la table, un sac de linges indécidables traînant sous la table et, dans un hurlement insensé qui fait sursauter l'ethnologue, la main prête à la taloche, l'incendie d'un gamin têtu, ce n'est pas la vraie vie, c'est la fausse vie qui n'aura jamais existé « demain ». L'espoir du recommencement à zéro – et certaines dates sont plus puissantes que d'autres pour l'inscrire dans une prévision forte, comme le Premier de l'an, la date d'anniversaire, le jour de la rentrée, le lundi matin plutôt que le samedi soir – sauve de la noyade d'un présent insupportable. Les changements de vie sont effectivement tentés, avec ce nouvel enfant à chaque nouvelle liaison, preuve pour elle de sa foi sincère dans un lendemain neuf, une nouvelle naissance, perçue par la dame des services sociaux comme signe d'irresponsabilité et d'inconséquence. Il y aura parfois un temps de stabilité positive, voire heureuse, en effet, jusqu'au prochain effondrement, rendu plus tragique encore après une période d'aisance entrevue : or, la catastrophe à venir est hélas plausible en cas de non-sortie de la précarité. À nouveau, les pannes, les difficultés, les complications matérielles puis, plus dramatiques encore avec les ruptures, les périodes trop dures, dont les répétitions verront le retour du mot « demain ! », qui, de projet sensé, va se muer en vœu poignant, incantatoire, comme dans le « demain, j'arrête » de l'alcoolique… : « demain », « un jour ! » devient un rêve déchirant.

Le risque de la rue, perdition terrifiante lorsque l'espoir du logement s'amenuise, est le symétrique inverse du triangle sacré de la « vraie vie » : un toit, un travail, un « toi », c'est-à-dire une promesse de famille… C'est le point ultime, ne « plus avoir de toit », être prisonnier du dehors, de la catastrophe « nucléaire » pour les personnes en grande précarité en temps de paix. Parfois, et très vite, ce désastre se réalise : « la rue », avec son ciel d'intempéries, la circulation des passants « considérables[38] » – qui vont quelque part au rythme du travail, des courses, et des sorties diverses, et qui, à un moment, font retour « chez eux » –, se transforme en zone d'enfermement dehors, un dehors hostile et vide, qui devient le seul terrain de tâches de logistique physiologique et d'effondrements statiques sans fin dans un état de solitude corporelle et sociologique radicale. Avec le temps, certains deviendront les rois de l'adaptation à la situation. D'autres ne seront plus qu'un bloc corporel effondré sur ce coin de trottoir. Les plus visibles, parce qu'ils arborent leur propre stéréotype comme armure, seront repoussants, ivrognes et éructants[39]… Dans son acception ordinaire, l'idée de vie quotidienne, d'emblée positive, entre douche et café, devient alors un rêve impossible, déchirant : « demain ! » devient « un jour, sortir de la rue ! Et tout recommencer »… Sur le front de l'inconfort extrême et d'une insécurité permanente, petit à petit, le corps a gagné la plus grosse part de l'existence, et être là, dans l'insensibilité aux douleurs physiques, consiste aussi à quitter l'autre part de soi, abandonner le corps du « soi » qui ne gratte pas, qui scintille parfois tout au fond des prunelles. L'abandon du soi moral est un abandon du plus organique de son propre corps : c'est l'exemple du pied en voie de pourrissement, dont la peau infestée s'est mêlée au tissu de la chaussette jamais changée[40], ou celui d'un hôte de La Moquette, inerte, tassé, absent à lui-même, qui a baissé depuis longtemps bras et paupières, qui s'est quitté lui-même pour toujours, trop ravagé par une dévastation dont l'effet, pour lui, est continu... Les probabilités de décéder plus de trente ans plus tôt que les autres Français rendent compte de ce désastre[41].

Les désastres « de guerre » en temps de paix, qui dévastent plus radicalement *parce que matériellement* les trajectoires des personnes précaires, finissent assez souvent, pour celles et ceux des couches sociales encore sauvées de « la rue », et avec la sortie de la précarité extrême, par un retour à une vie « recommencée » : parfois, dans un quotidien plus stabilisé, ils peuvent enfin « avoir la paix », avec un toit, un travail, et une famille. La « paix », cet état de vide positif, quand « rien ne se passe », forme le cadre vite oublié de nombreuses vies quotidiennes en temps de paix historique. Mais quand la sécurité du pays tout entier est en jeu, dans la bascule d'un état de guerre, c'est un ébranlement majeur, inimaginable avant qu'il arrive, et qui change le quotidien de la majorité de la population.

Dévastation en temps de guerre : quitter sa maison pour habiter le désastre global[42].

Une guerre est déclarée quelque part, en un point qui sera bien daté dans le futur livre d'histoire, mais qui reste en temps réel totalement extérieur aux vies quotidiennes des groupes sociaux les plus éloignés des centres de décision politique, comme ceux qui nous occupent ici : « il y a la guerre ! », encore irréelle bien que déclarée... Les adolescents pensent « voilà du nouveau », les vieux pressentent le pire. Plus besoin ici de l'hyperbole d'un adjectif comme « nucléaire » quand, un jour, les bombes tombent vraiment du ciel. La guerre vue « d'en bas », métaphore topique utile bien que fausse – il ne s'agit pas du « bas », mais de la version quotidienne de la vie sociale tout entière –, est une question sociologiquement compliquée. On peut cependant supposer une compréhension immédiate, dans la population, que le futur a changé de forme : un contexte d'insécurité globale et locale s'est installé, chargé de graves menaces, et qui change la présence à soi, les regards et les attentes : le quotidien des vies est touché quand le cadre[43] global est ébranlé. Avec le temps et les dévastations plus ou moins rapprochées des biographies, et du toit des maisons, un autre monde s'est installé qui reconfigure tout le présent jadis insupportable des catastrophes en temps de paix. Ces dernières demeurant néanmoins toujours plus graves pour les groupes économiquement vulnérables.

Bien souvent, en ex-Yougoslavie dans les années 1990, comme dans toutes des guerres où les bombardements et les exactions, déportations et atteintes aux droits humains gravissimes touchent les civils autant que les militaires[44], ce sont les femmes et les hommes des couches sociales les plus défavorisées en temps de paix, sans vaste réseau d'entraide ni lieux de repli secondaires possibles, ni spécialité professionnelle susceptible de les sauver du camp, les plus éloignées des cercles de pouvoir, qui en seront les victimes les plus touchées à chaque stade du conflit : n'avoir qu'un lieu d'habitation, être âgé, pauvre, malade et isolé empêche la fuite à temps dans de bonnes conditions. Déjà fragilisés par l'expérience des bombardements et invasions durant de longs sièges qu'ils ne peuvent pas fuir facilement, en Bosnie jadis, comme depuis le 24 février 2022 dans de nombreuses villes et villages ukrainiens, à la suite de l'invasion armée de ce pays par la Russie, ils seront les plus nombreux dans les transferts de populations obligés, et plus longtemps présents dans les camps de réfugiés, en situation de dépendance radicale de la logistique humanitaire. Il est donc logique que ce soient eux que j'aie accompagnés dans les camps de réfugiés.

La réalité démographique du nombre de personnes déplacées ou réfugiées sur la planète[45] est une immense déferlante qui échoue sur des sites extrêmement divers selon les situations historiques et politiques en jeu. Le paramètre central ici est le degré de sécurité et de confort physique mis en place dans un camp de réfugiés : quand la situation est tragique en termes de possibilité de survie, comme c'est le cas dans les camps de réfugiés syriens depuis 2012-2013 dans le sud du pays, la vie quotidienne se réduit à un parcours de souffrances liées aux effroyables conditions matérielles, sur fond de fatigue extrême et de désespérance collective majeure. On en trouve un exemple tragique dans un quartier de Damas, Yarmouk, le plus grand camp de réfugiés palestiniens au monde entre 1957 et 2018, qui fut un ghetto assiégé et affamé par les forces syriennes entre 2013 et 2015, avant d'être envahi par Daesh, puis totalement détruit par les bombardements syriens et russes en 2018. Un grand film, *Little Palestine, journal d'un siège*, d'Abdallah Al-Khatib (sorti à Paris le 12 janvier 2022), tourné jour après jour par le jeune cinéaste, habitant du camp, rend compte de la tragédie insensée, quotidienne, non perçue à l'extérieur[46].

À la fin de l'été 1992, 700 000 Bosniaques environ, chassés par l'invasion de leur pays[47], ont occupé tous les sites possibles en Croatie : hôtels, lieux de vacances, appartements d'amis plus ou moins offerts en urgence et donc de façon provisoire, ou camps plus spécifiques gérés par diverses institutions. Un souvenir concernant le seul quotidien : dans son petit deux-pièces à Zagreb, le traducteur bosniaque de Braudel en yougoslave a accueilli en 1992-1993 une vingtaine de réfugiés ; il explique que le plus difficile, c'est la gestion des toilettes et les achats du papier hygiénique nécessaire quotidiennement[48]... Ce « détail » éminemment problématique disparaîtra dans les récits ultérieurs : ce n'est que dans le temps réel des heures qui passent que surgissent des difficultés imprévues, qui touchent à la question du confort du corps, car, dans les situations désastreuses, les besoins physiques et matériels occupent de plus en plus le temps objectif de la journée ainsi que l'espace subjectif de la pensée : les tâches impératives, qui leur sont liées et se compliquent quand le niveau d'inconfort augmente, enferment le présent dans son propre cercle de tensions récurrentes : la durée est dévorée, non seulement en gestes, travaux et démarches épuisantes parfois, mais aussi au sens où l'urgence de ces soucis logistiques empêche toute réflexivité tranquille des personnes qui « n'ont plus une minute à elles » et ne parviennent que difficilement à organiser une logique de prévisibilité. Urgences diverses rythmées aussi par les temps opaques, plombés, de prostration et d'attente sans fin, liés aux logistiques des aides possibles, qui viennent enfermer dans le présent immobile d'un camp, par exemple, les survivants d'un désastre irrémédiable.

Dans la réflexion proposée ici, le sujet n'est pas un retour sur la problématique des camps, ni même la restitution d'un terrain précis, mais un regard phénoménologique sur *l'effet du désastre à l'échelle de la vie quotidienne*. Quand le malheur est là, qu'il est « arrivé », les regards, les visages, les attitudes, les gestes font signe : par exemple, un visage change de couleur et devient gris quelques secondes. Il y a une résistance des faits, même ténus, qui se répètent et une force silencieuse des présences physiques dans leurs choix de postures, de manières d'être, qui change toute l'atmosphère en situation[49].

Nulle statistique ne fut possible lors de ces enquêtes, mais un premier biais doit être signalé : la population rencontrée dans les camps de réfugiés bosniaques était surtout formée de femmes, souvent âgées, issues de milieux – rural et urbain – non privilégiés. Ces femmes étaient entourées de vieillards et d'enfants des deux sexes, mais les hommes adultes étaient rares, premières victimes de la guerre dans sa phase d'invasion armée… Dans les enclaves assiégées, toute la population est au contraire enfermée dans son quartier, son propre habitat, vivant dans ses appartements, souvent bombardés, ce qui entraîne de grandes différences avec la situation des personnes déplacées. Néanmoins, avoir régulièrement partagé la vie quotidienne des personnes assiégées à Sarajevo pendant 46 mois fut essentiel pour mieux cerner le rapport au présent, très particulier en temps de désastre de guerre, commun à ces deux situations.

Un premier paramètre majeur concernant la vie physique, observé pratiquement sur tous les terrains et qui marque la bascule tragique de la vie quotidienne en temps de guerre, est celui de l'insomnie nocturne, partielle ou totale, que connaissent les adultes, surtout les femmes, me semble-t-il, et pas seulement à cause des souvenirs de panique liés aux bombardements[50]. La règle générale, qui ne concerne que l'espace du quotidien, est la suivante : *plus on va mal et moins on dort*. Mais cette hypothèse, selon laquelle l'insomnie structurelle basique est un effet du désastre sur le quotidien, devient une donnée centrale en temps de guerre, qui reste à confirmer, bien sûr : les personnes rencontrées dans les camps de réfugiés comme dans les enclaves assiégées m'ont souvent dit ne dormir que deux heures par nuit. Il semble que les enfants et les adolescents, les hommes (que la problématique de l'excès d'alcool paraît toucher davantage[51]) soient moins concernés, mais il aurait fallu des enquêtes plus approfondies. Ici, ce ne sont pas les traits quantitativement vérifiables et assignés à une population bien délimitée dont il s'agit, mais plutôt d'une variante d'une sorte de mécanisme psychophysiologique relevant du lien entre malheur et insomnie, et ce, dans toute la population, aisée comme précaire, en temps de guerre comme en temps de paix. Mais dans ce dernier cadre, en cas de rupture amoureuse, souci de santé, etc., l'insomnie reste privée et secondaire ; par contre, en temps de guerre, ce mécanisme prend toute son ampleur « normalisée », non perçue, comme les autres modifications des conduites du corps. L'anorexie frappante des femmes rencontrées dans le camp de Špansko, en décembre 1992, n'est pas une règle, mais un signe qui permet l'hypothèse d'un changement de la présence à soi et à tout ce qui l'entoure du « je » physique.

Dans la durée, cette insomnie récurrente est perçue comme un problème mineur au regard des autres tragédies en cours, mais elle entraîne une fatigue au long cours et à bas bruit, jamais traitée en tant que telle, un effet psychotrope qui serait le contraire de la transe, mais aussi efficace qu'elle dans la production d'un changement d'identité dé-théâtralisée, tirée vers une distance accrue entre la présence physique et le « je » d'une présence « à soi » en tant que personne totale, qui semble s'être éloignée de son propre corps. Cette fatigue transforme les personnes à leur insu : elles « ne sont plus elles-mêmes » à cause d'une glaciation cognitive interne qui les rend absentes à elles-mêmes[52], entre deux épisodes d'irritation excessive pour des futilités, qu'elles en viennent à regretter. Trop calme sur le seuil de la pièce unique où elle vit dans le camp, cette paysanne bosniaque âgée de 80 ans, qui a arrêté de fumer il y a cinquante ans et recommencé au moment de la guerre, explose atrocement, tout à coup, parce que ce jour-là, une panne l'empêche de faire chauffer un plat, un ennui qui, après tout ce qu'elle a vécu, semble mineur. Mais cette forme de fatigue, qui crée tension et affaissement à la fois, empêche ce minimum de sagesse qui consiste à relativiser un problème présent, dérisoire en comparaison de ceux du passé, gravissimes. Les très jeunes enfants sont souvent les victimes d'un énervement qui peut sembler excessif, bien que son importance affective soit immense : dans le camp de réfugiés, ils jouent en effet avec une vieille patate pourrie – eux qui savent faire « d'un désert un terrain de jeu » (l'expression est de Winnicott) –, mais ces cris juvéniles pleins d'allant sont à la fois une source de joie et, parfois, comme un blasphème, une trahison du passé tragique, pour les mères assises là depuis des heures. Et elles se surprennent à leur crier dessus, parce qu'elles sont trop fatiguées et figées dans une double forme de deuil : en plus de celui (trop souvent) de proches disparus, parfois assassinés devant elles, dans d'horribles conditions, il y a aussi un deuil global, total, de la maison d'avant, de la vie quotidienne d'avant, du monde d'avant.

L'hypothèse que je fais ici est que, à côté d'une éventuelle dépression que la psychiatrie saurait traquer, il y a un effet neurocognitif de cette fatigue au long cours, caractéristique des nuits en temps de désastre, même bien après qu'il a eu lieu. La transe négative de la fatigue fige la présence et cadavérise un visage fermé et silencieux, au regard fixé sur un point absent. Un teint couleur de papier maïs, que le sang n'irriguerait plus, sur un visage qui a perdu sa mobilité, ne sera jamais oublié par l'ethnologue… À la sociologie de la « fatigue d'être soi » d'Alain Ehrenberg[53], à l'histoire de la fatigue de Georges Vigarello[54], il faudrait ajouter un volet ethnologique.

Dans un camp de réfugiés, il faut faire l'hypothèse d'une forme de présence au monde particulière et caractéristique, résultant d'un marasme physiologique opaque qui fait de la station immobile la forme posturale dominante : le corps ne sert à rien, qu'il soit ici ou là est équivalent. C'est un choix de posture acceptable au regard du tragique d'un passé qui, lui, est *inacceptable* : devenir non pas « l'ombre de soi-même », mais une version décolorée de soi, son double ectoplasmique, en partie déserté par le « je », comme de son propre sang, avec ce visage exsangue, en face d'un futur auquel on tourne le dos. Quand le passé infernal est refusé, le présent et l'avenir le sont aussi. C'est alors, par exemple, que « ne rien faire de ses mains », « ne servir à rien » est une expérience difficile pour les femmes rencontrées, souvent des paysannes qui n'avaient jamais quitté leurs maisons[55], et qui passaient le jour à travailler sans cesse *de leurs mains*… Une des meilleures idées « humanitaires » que l'on eut alors fut d'apporter des aiguilles et des pelotes de fils à ces femmes, dans le camp de Špansko en 1993[56]. Cette modeste initiative, intelligente, touchant l'essence même du temps quotidien, qui est d'unir les mains, le corps et la pensée, a changé totalement la forme de présence physique que j'ai décrite plus haut : tricoter est une activité banale, qui peut cependant transformer l'enfer en purgatoire…

Avec le sommeil, la faim aussi s'est absentée, seuls le café et, très souvent, la cigarette sont perçus comme « bons » à consommer. Le pain, lui, est trop « bon », comme s'il était lié aux souvenirs devenus douloureux du passé « tellement heureux » – « mais on ne le savait pas » –, l'avant d'une quotidienneté révolue, celle du temps de la paix. Accepter un repas est une forme d'acceptation du présent, et donc refuser de manger de « ce pain-là », c'est être fidèle au refus que ce qui a été soit. Au niveau de la vie quotidienne, le refus de manger exprime celui de trahir la dimension tragique d'un passé refusé, lui aussi… Le pain voit sa valeur niée car trop liée à la valeur de « la vie » quand elle est bonne, comme le suggère le titre de l'ouvrage de Ruwen Ogien, *L'Influence de l'odeur des croissants chauds sur la bonté humaine*[57] : la bonne odeur du croissant, du pain, est trop sensible, positive, sa mie a la couleur de la paix, son partage convoque une atmosphère de générosité, de concorde… Les équipes psychiatriques locales avaient élaboré la notion de « polytraumatisme », où chaque strate de deuil se superpose sans se mêler aux autres : pour les femmes issues de milieu rural, avoir perdu « sa maison », en avoir été chassée, était souvent cité comme une ligne de douleur spécifique, infernale.

L'inconfort matériel structurel, variable selon les camps, et cette posture indissolublement physique et morale du refus que « cela soit », que le désastre de la guerre ait eu lieu et, ainsi, brisé leur ligne de vie, installent un suspens, une impossibilité d'exister pleinement dans un espace d'inacceptation absolue et globale : le nom de ce camp serait ce « NON ! » hurlé silencieusement par tous ces visages fermés, ces corps tassés, immobiles dans le vide, les longues après-midi d'août, dans une atmosphère de sourde négativité, suintant partout. Un camp de réfugiés est un véritable non-lieu[58], sans racines ni vie sociale complexe horizontale, mais aussi le lieu du « non ! », d'un refus d'être là et d'avoir vécu cela. Dans ce « non ! » lieu, être là ou ailleurs revient au même, et tout est frappé de contingence : « D'où je venais n'avait plus de sens... Où j'allais n'inquiétait personne. Du vent, vous dis-je, du vent... Et un peu de sable dans le vent[59]. »

Et puis, chaque jour immobile passe et, avec la durée jour après jour, qui ne résout rien mais déplace tout, entraîne une évolution sensible, faite de conflits où les crises éruptives sont aussi ponctuées d'immobilités refermées des uns et des autres, retranchés très loin *en soi*, de dos, tournés comme des murs infranchissables. Dans cet espace clos sur lui-même, où la quotidienneté est enclavée et difficile, et le présent morne et indéfini, les tensions peuvent bien surgir, mais l'obligation de trouver une solution dans un cadre contraint me semble suivre la logique décrite dans l'article fondateur de Max Gluckman, surnommé « Le Pont[60] » (1939), où le contexte des situations quotidiennes impose aux négociateurs en opposition de trouver une solution.

À la suite d'une catastrophe, l'impossibilité d'accepter de s'installer dans le présent, celui de l'irrémédiable qui n'aurait jamais dû exister une seule seconde, fabrique une forme de présence physique plus qu'une position morale et politique explicite : les mots sont faibles et la question du « pourquoi ? » est un supplice... Mais ne plus dormir ni manger comme avant, et pétrifier sa présence au monde est aussi un choix moral, qui ne s'exprime que dans le quotidien. Et puis, si on tient, avec le café et souvent la cigarette, avec la mécanique de la respiration, les rires des enfants, le tricot, et aussi, régulièrement, un but unique, celui d'aller aux toilettes, compliquées d'accès, on est poussé dans le dos vers le jour suivant, insensiblement.

Toucher le fond.

Il arrive, dans un pli du quotidien immobile, morne et navrant[61], que « le fond » soit touché, ce nid de l'invivable : l'effet « nucléaire » de désastre en temps réel enveloppe alors d'un silence particulier les survivants encore en exil dans le camp qui les a aussi sauvés... Le social a disparu, détruit par la cruauté des violences de guerre. Reste le plancher du présent extrême, devenu bloc de silence, sur lequel pèse le corps d'un être humain retranché dans un ailleurs, dans un lieu dédié à « *cela n'aurait pas dû être* » : le tragique – non pas dans son acception littéraire complexe, mais comme instant terrible que chacun et tous peuvent éprouver après un désastre – est l'impossibilité, « pour toujours » et « à jamais », de la catastrophe advenue. Toute durée est alors refusée, dans cette horrible urgence en deuil, quand c'est *trop tard*. La terre sous les pieds et le sol sous les mots ne sont plus qu'un champ de mort déserté, comme dans un paysage postnucléaire : « Il y a eu les charniers et l'herbe dessus. Les fleurs sont dans le coup. Elles ont été nourries d'os et de pensées d'os. Leur parfum est parjure[62]. » Le choix le plus physique, donc éthique, est celui de la non-réconciliation, la non-consolation, avec un monde anéanti, et qu'il faut encore habiter dans sa vérité matérielle inhumaine, celle d'une dureté *inacceptée*.

Le quotidien le plus concret abrite la faille de l'instant, le lieu exact de la dévastation, située en dehors de toute durée. Son a-temporalité peut faire retour des années après, un beau soir de la vie recommencée, et sur sa ligne de crête aiguë, voir revenir la chute horrible dans l'absurdité de tout : le suicide tardif du/de la survivant. e relève-t-il seulement de la psychiatrie ? Quand c'est trop tard et que l'enfer a eu lieu sur terre, dans le vrai de la vie, en temps de guerre surtout, mais aussi en temps de paix, le point de non-retour, celui du fond touché aux pires moments, revient en plein cours ordinaire des choses. Si, en temps de paix, les chances de recommencement se laissent pressentir comme la « lumière au bout du tunnel » après les grands malheurs où les larmes l'emportent néanmoins sur le sang, en temps de guerre, au contraire, l'irrémédiable de la catastrophe historique, quand elle est incompréhensible et sanglante, est un viatique pour « toujours » et « à jamais »[63] de la survivante, du survivant : s'ils peuvent l'amnésier grâce à la puissance du train-train quotidien, qui pousse vers le jour suivant même les plus irréconciliés d'entre eux, jamais il ne peut être accepté, mais seulement passé sous silence pendant la journée, grâce à la force de survie dont le quotidien nourrit le temps réel.

Conclusion.

La vie quotidienne, vie sociale totale à l'échelle du temps de la journée, semble faire du « sur-place » : enfermée dans le présent répétitif de chaque jour, son piétinement déplace tout insensiblement vers une suite, jusqu'à l'aval du vieillissement, et de façon souvent imprévue, ou trop prévue. L'effet de désastre la bouleverse de façon particulière : en temps de guerre comme en temps de paix, le paramètre central est *le degré de sécurité de la vie matérielle physique anticipé comme plausible, sérieux*. Il y a comme une forme d'appréhension non discursive, une compétence cognitive immédiate à sursauter *psychiquement* lorsqu'une alarme clignote ou ébranle tout, qui change d'emblée les présences physiques comme les « aventures de pensée » dans un monde frappé d'instabilité. Les désastres répétés à cause de conditions de vie trop difficiles économiquement, signes d'insécurité majeure, fragilisent la confiance dans la durée et perturbent le sommeil et la présence au monde comme le regard sur le lendemain. L'insécurité d'un temps de guerre porte à son comble les menaces matérielles qui peuvent blesser le corps et ébranlent le sol sous les pieds : tout est « dérangé » et tremble, pas seulement à cause des bombes, mais aussi de la menace globale de déstabilisation dangereuse portée sur la vie de chacun, et du « tous ensemble » ordinaire, qui charge le ciel de menaces et pourrait détruire la sphère du quotidien, la massacrer dans le sang. L'effet du désastre est donc double : d'une part, il ouvre le temps du malheur, jusqu'à en toucher le fond dans l'extrême présent, et d'autre part, il menace l'avenir imaginé des répliques de son grand tremblement de terre, de sens, et du temps, et de son souvenir qui est affreuse résurgence : la nuit, elle réveille et taraude le/la survivant.e d'une tension spécifique, que la psychiatrie ne saurait enfermer dans un seul modèle. Et puis, dans la durée, une absence à soi, une fatigue morale particulière, que seul le corps exprime, frappe les habitants des univers d'insécurités structurelles.

L'effet de désastre change le rapport au temps, il dérange et perturbe radicalement le cours de la vie, en tant que menace planante, soit parce qu'il y a une guerre, soit parce que les conditions de vie font que les catastrophes sont plausibles. Le confort peut être alors défini comme le combat logistique quotidien et coûteux pour *ne pas être dérangé chez soi*, et la fabrique d'une sécurité physique (donc sociale) de base, qui permet la vie organique d'un corps bien traité et protégé. L'inconfort, en revanche, ouvre au quotidien un champ de mines et de désastres potentiels récurrents, et dont la répétition change les perceptions du temps long. L'insécurité comme cadre attendu de la vie quotidienne est donc ici le premier paramètre à l'œuvre dans la déstabilisation des logiques de prévision et la perturbation des conduites du corps concrètes, comme dormir, consommer, dominer l'irritation, etc. Les déstabilisations dangereuses anticipées ouvrent pour « demain » l'abîme des risques physiques réels dont la plausibilité empêche le calme et la tranquillité. *Ne pas être rassuré* est une expérience de pensée majeure et déterminante à l'échelle de la vie quotidienne, c'est-à-dire de la vie tout court. De toutes les divinités romaines secondaires, la plus importante à l'échelle du temps quotidien est Salus, déesse de la sécurité et du bien-être, ces valeurs triviales dont les effets cognitifs, et donc sociologiques, sont majeurs, mais passent sous les radars des regards éloignés.

Véronique Nahoum-Grappe
v.nahgrap@wanadoo.fr
Chercheure en sciences sociales, anthropologie des mondes contemporains
Laboratoire d'anthropologie politique, EHESS, Paris

NOTES

1. Sandra Laugier, « La série "Maid" et l'intersectionnalité au secours des "white trash" », *Libération*, 13 janvier 2022, à propos de la série créée par Molly Smith Metzler (2021) d'après les mémoires de Stéphanie Land. L'expression « le quotidien épuisant » est employée dans un « avis » diffusé sur les réseaux sociaux.

2. Alexandra Bidet, Carole Gayet-Viaud et Erwan Le Méner, « L'ethnographie en trois dimensions, un entretien avec Jack Katz », *La Vie des idées*, 21 mai 2013.

3. La phénoménologie, par exemple celle de Maurice Merleau-Ponty (*Phénoménologie de la perception*, Paris, Gallimard, 2015 [1945] ; *Le Visible et l'Invisible, suivi de notes de travail*, Paris, Gallimard, 2013 [1964]), doit être (à mon avis) mise en lien avec l'approche ethnologique.

4. Véronique Nahoum-Grappe, « L'épaisseur du présent », *in* Maxime Le Calvé et Olivier Gaudin (dir.), *Communications*, n° 102, « Exercices d'ambiance, Présences, enquêtes, écritures », Paris, Seuil, 2018, p. 233-249.

5. Kevin Powers, *Yellow Birds*, Paris, Stock, 2013 (2012), p. 165.

6. Voir Christiane Chauviré, « Ce qui va sans dire », *Implications philosophiques*, 4 avril 2016, sur le savoir tacite. Voir aussi les travaux de Mary Douglas, dont *Implicit Meanings. Selected Essays in Anthropology* (recueil d'articles rédigés dès les années 1950, publié en 1975 et réédité en 1999) et *How Institutions Think* (publié en 1986 et traduit en France en 1999). Les travaux de Bachelard sur les images matérielles sont aussi cruciaux ici. Et bien sûr, l'apport majeur de la sémiologie française de l'après-guerre doit être revisité, par exemple celui de Gérard Genette (*Figures*, Paris, Seuil, 1966-2002), de Roland Barthes et son classique *Mythologies* (Seuil, 1957), de Michel de Certeau, Georges Perec, auteurs revisités notamment par Michael Sheringham, *Traversées du quotidien : des surréalistes aux postmodernes* (Paris, PUF, 2013). Le « savoir tacite » relève de la logique, mais charrie aussi un système d'images historicisé.

7. Sandra Laugier, Anne Lovell, Stefania Pandolfo et Veena Das, *Face aux désastres : une conversation à quatre voix sur le* care, *la folie et les grandes détresses collectives*, Montreuil-sous-Bois, Ithaque, 2013, et Sandra Laugier, *Nos vies en séries : philosophie et morale d'une culture populaire*, Paris, Climats, 2019. Sur les séries, on pourra se reporter aux travaux, maintenant classiques et incontournables, de Sabine Chalvon-Demersay, depuis *Mille scénarios : une enquête sur l'imagination en temps de crise*, Paris, Métailié, 1994, jusqu'à *Le Troisième Souffle : parentés et sexualités dans les adaptations télévisées*, Paris, Presse des Mines, 2021. Rappelons que les sémiologues français se sont emparés de la question du cinéma, par exemple Christian Metz dès les années 1960, avec une série d'articles parus dans *Communications* et dans *Le Signifiant imaginaire : psychanalyse et cinéma*, Paris, Christian Bourgeois, 2002 (1977), et sur la question du récit, Claude Bremond, *La Logique du récit*, Seuil, 1973. Mais toute la question de la circulation des écrans aux imaginaires subjectifs quotidiens des individus reste à creuser.

8. Comme le souligne l'article de Jean-François Hersent, « La bande dessinée jeunesse : pratiques et discours », *La Revue des livres pour enfants*, dossier n° 201, 2001 : « c'est en premier lieu la prolifération du fantastique qui retiendra notre attention » (p. 89). L'auteur met l'accent sur le rôle des mangas japonais.

9. Voir par exemple Jean-Marie Bouissou, « Pourquoi le manga est-il devenu un produit culturel global », *Esprit*, juillet 2008, p. 42-55.

10. La France et le Japon sont les premiers consommateurs de mangas, et il s'agit de plusieurs millions d'exemplaires vendus. Cf. le site Anime News Network : selon les sources, le chiffre mondial, en 2021, varie de 250 à 350 millions d'exemplaires.

11. Ce décor désastreux a fait son retour sur les écrans avec les images terribles de la ville de Marioupol et de l'usine d'Azovstal après sa destruction systématique par les bombardements russes, de février à mai 2022, ainsi que dans toutes les villes bombardées et détruites systématiquement par la guerre d'invasion russe contre l'Ukraine déclenchée le 24 février 2022 : le stéréotype est une forme du réel, et non seulement son masque.

12. La grande majorité des populations au XXIe siècle habitera les zones périurbaines des grandes cités, et cette forme d'habitat spécifique connaît un accroissement spatial sur la planète entière. Cf. Olivier Mongin, *La Ville des flux : l'envers et l'endroit de la mondialisation urbaine*, Paris, Fayard, 2013.

13. C'est Keiji Nakazawa, dans son manga, devenu un classique, *Gen d'Hiroshima* (1973-1985), qui a dessiné le premier ses souvenirs du désastre (il avait 6 ans au moment du bombardement). Il faut citer aussi *Akira* de Katsuhiro Otomo (1982-1990), au milieu d'une immense production d'images postapocalyptiques dans ces mangas, puis dans toute la production internationale de BD de science-fiction, où elles sont cependant délestées de tout contexte historique.

14. La grande hantise actuelle d'une nature détruite par la pollution et brûlée par le réchauffement climatique brosse un même tableau de fin du monde, et cette ressemblance peut coller l'un à l'autre deux systèmes de figuration distincts quant à leurs contextes.

15. Au-delà de la question de l'historicité des imageries, toute une problématique anthropologique s'ouvre avec le livre de Philippe Descola, *Les Formes du visible*, Paris, Seuil, 2021 : la manière dont sont figurés les objets physiques et abstraits dans une culture donnée s'ancre dans ce qu'elle a de plus différencié.

16. Par exemple, pourquoi cette incapacité à mettre en images la révolte d'An Lushan en Chine, du 16 décembre 755 au 17 février 763, une des plus grandes guerres civiles de l'histoire mondiale, dont on estime le nombre de morts à environ 30 millions ? L'oubli, lui-même oublié, des choses ignorées est la vraie frontière de l'imagination collective…

17. Voir surtout Georges Devereux et la notion de « syntonie » (un accord quasi musical entre champs sémiologiques hétérogènes), dans *Ethnopsychiatrie complémentariste*, Paris, Flammarion, 1972. Le livre de Michel Weber, *Ethnopsychiatrie et syntonie : contexte philosophique et applications cliniques* (La-Neuville-aux-Joûtes, Jacques Flament, 2015), rend abstraite et complexe, dans le cadre du souci clinique, cette notion forte de Devereux (qui était aussi mathématicien), pourtant très utile en ethnologie, à mon sens : la syntonie est ce qui résonne ensemble musicalement dans un même accord, à cause de l'absence de fausses notes, malgré l'hétérogénéité des champs impliqués – compte tenu que, pour Devereux, toute pluri- (ou trans-)disciplinarité est une impossibilité cognitive. Des perspectives différentes peuvent résonner ensemble, mais pas raisonner ensemble !

18. Plusieurs terrains servent ici d'étayage aux quelques hypothèses proposées, qui permettent de relever des traits dominants communs à des groupes différents, mais tous frappés de précarité – au sens d'une dépendance vitale vis-à-vis des aides sociales ou internationales. Il s'agit d'une récapitulation rétrospective de ces différents terrains hétérogènes, et non de la restitution d'un seul d'entre eux, qui propose quelques pistes de compréhension résultant des descriptions ethnologiques accumulées lors de ces expériences de terrains, menées surtout depuis les années 1990. Ces enquêtes ont permis la rédaction de carnets réguliers et de rapports non publiés, qui sont ici les références les plus importantes : enquête sur le thème « Alcool et pauvreté », financée par l'Institut de recherche et d'études sur les boissons (IREB), réalisée en 1990-1992, en milieu rural autour de Soisson et en milieu periurbain en Île-de-France (cf. Véronique Nahoum-Grappe et Michel Grappe, « Boire dans les milieux de "grande pauvreté" en France, 1990-1991 », *Cahiers de l'IREB*, n° 10, 1991, p. 58-63 *sq.*, et « Alcool et "grande pauvreté" », *Cahier de l'IREB*, n° 10, 1993, p. 155-159) ; enquête dans trois lieux d'hébergements de l'est de la France accueillant des jeunes pris en charge par la Protection judiciaire de la jeunesse, 1997-1999 ; enquête auprès de trois femmes du nord de la France, de 2008 à 2012, en lien avec le travail du photographe Marc Pataut (cf. « Le genre de l'atmosphère », *in* Marc Pataut, Jean-François Chevrier, Véronique Nahoum-Grappe *et al.*, *Humaine*, Cherbourg-Octeville, Le Point du Jour, Douchy-les-Mines, Centre régional de la photographie Nord-Pas-de-Calais, 2012) ; enquête auprès d'associations d'accueil de jeunes en difficulté à Marseille, en 2003, et à Pontault-Combault, entre 2010 et 2015, puis à l'hôpital psychiatrique de Périgueux, dans le pavillon des adolescents, en 2009, toujours en lien avec le travail de Marc Pataut (qui produit textes et expositions) ; enquête sur le quartier Saint-Jacques, Clermont-Ferrand ; plusieurs enquêtes commanditées par le Forum français pour la sécurité urbaine, auprès de groupes spécifiques, mais tous composés de personnes en situation de grave précarité, ayant donné lieu à des rapports internes (à Sarcelles en 2006-2007, à Montreuil en 2013-2014, à La Roche-sur-Yon en 2015-2016). Par ailleurs, la participation au travail de l'association d'accueil de SDF La Moquette – Compagnons de la nuit, régulière depuis 1980, a joué aussi un rôle crucial dans mon approche des gens de la rue. La bibliographie internationale sur la culture de la pauvreté est immense, mais il fallait cibler dans mes carnets d'enquête quelques traits dominants significatifs, et surtout « robustes » – bien

qu'ils ne soient pas statistiques –, observés à chaque fois dans le partage du temps quotidien, et résister aux grandes références mobilisées par le débat discursif général en cours.

19. L'expression d'« ethno-phénoménologie », que j'utilise depuis quelques années, tente de pousser les pistes de compréhension grâce à un usage délibéré d'une description où le chercheur, la chercheuse met en batterie tous les niveaux des paramètres en jeu, objectifs et subjectifs.

20. Il s'agit ici de prendre comme outil la définition la plus simple et prosaïque de la notion de confort économique, qui constitue un large champ de recherche en sciences sociales, comme le montre la bibliographie synthétique de qualité à la fin de l'ouvrage d'Olivier Le Goff, jeune chercheur disparu trop tôt, *L'Invention du confort : naissance d'une forme sociale*, Lyon, Presses universitaires de Lyon, 1994.

21. Voir Martyne Perrot, *Faire ses courses*, Paris, Stock, 2009 : « faire ses courses » est une activité compliquée, diversifiée et capitale au regard de la vie quotidienne.

22. Voir par exemple Marc Heitz, « L'évaluation du bien-être : la perspective d'Amartya Sen », *Esprit*, n° 250, 1999, p. 28-45. Un apport crucial du travail fondateur d'Amartya Sen est cette prise en compte de la sphère des libertés concrètes et pragmatiques dans la vie la plus quotidienne, en particulier celle des femmes ; la privation de certaines d'entre elles, très précises, est liée statistiquement à une importante surmortalité.

23. Olivier Abel, *De l'humiliation : le nouveau poison de notre société*, Paris, Les Liens qui libèrent, 2022.

24. Une source d'insécurité majeure des adultes, sans cesse répétée dans les conversations, concerne « l'avenir des enfants » : dans les milieux aisés, la multiplication des « secondes chances » pour les rejetons transgressifs, pour celles et ceux qui se sabordent dans les addictions, permet plusieurs « survies », sociales, sanitaires, à tous les âges. L'anticipation de ces ceintures de sécurité autour du corps de l'enfant et de son avenir améliore la qualité du sommeil de leurs mères et pères… L'inverse taraude les nuits des parents précaires…

25. Véronique Nahoum-Grappe et Odile Vincent (dir.), *Le Goût des belles choses, ethnologie de la relation esthétique*, Paris, Éd. de la Maison des sciences de l'homme, 2004.

26. Notion forgée par Yves Barel (*La Société du vide*, Paris, Seuil, 1984).

27. Vincent de Gaulejac (*Les Sources de la honte*, Paris, Desclée de Brouwer, 1996) parle de la pauvreté comme d'un « handicap physique ». Cf. Sylvie Consoli et Gisèle Harrus-Révidi, « Interview de Vincent de Gaulejac. La honte dans la peau », *Champ Psy*, vol. 2, n° 62, 2012, p. 9-29.

28. Témoignage recueilli par Michel Grappe, médecin pédiatre bénévole travaillant en 1980 dans la favela de Pirambu, à Fortaleza, ville du Nordeste brésilien.

29. L'expression est de René Diatkine, dans « Familles sans qualités : les troubles du langage et de la pensée dans les familles à multiples problèmes », *La Psychiatrie de l'enfant*, vol. 22, n° 1, 1979, p. 237-273 : cet article faisait le constat d'un cumul fréquent de vulnérabilités économiques et psychiatriques spécifiques dans les familles rencontrées, sans pouvoir décider lequel de ces deux vecteurs de vulnérabilité était prépondérant, ce qui relèverait d'une enquête fine, cas par cas. Dans l'expérience au long cours d'une population de personnes vivant dans la rue, à La Moquette – Compagnons de la nuit (1980-2022), chaque personne relève d'une problématique spécifique.

30. La grande précarité est l'objet de nombreux travaux psychiatriques et cliniques. Ici, notre approche vise seulement à cerner les effets de cette précarité sur la vie quotidienne pour formuler des définitions appuyées sur des enquêtes. On peut aussi se reporter sur cette question à Jean Bedard, « Familles en détresse sociale : approches interdisciplinaires et communautaires… », *Thérapie Familiale*, vol. 23, n° 2, 2002, p. 157-173.

31. Ici, les travaux de Michel de Certeau, comme *L'Invention du quotidien*, Paris, Gallimard, 1980 (*I, Arts de faire ; II, Habiter, cuisiner*), furent pionniers.

32. Nous pouvons faire l'hypothèse que les jeunes de l'Assistance publique se retrouvent plus souvent, une fois adultes, en prison, et que les populations précaires sans réseau ni arrières atterrissent plus souvent à la rue. Une méta-analyse de la nombreuse littérature sur le sujet serait très utile.

33. Héroïne de *L'Assommoir*, d'Émile Zola, Paris, G. Charpentier, 1877. Si le parcours courageux et désastreux de Gervaise avait pu bénéficier des aides sociales du XXe siècle, la pente fatale aurait pu être remontée et les recommencements de vie auraient été plus heureux…

34. « Clément Rosset : "Le réel finit toujours par prendre sa revanche" », entretien avec Alexandre Lacroix, paru dans *Philosophie Magazine*, 27 fevrier 2008. Disponible en ligne.

35. Les chances de recommencement après les désastres multiples constitutifs des vies frappées de vulnérabilités plurielles sont plus importantes dans les pays où les aides sociales permettent aux classes défavorisées de survivre dans des conditions difficiles, mais stabilisées. Il en résulte que l'espace public y présente une autre présence, moindre, de la mendicité que celui que l'on peut voir dans certains pays où la classe moyenne est absente, comme en Afrique, au Brésil ou en Inde, où le risque de *la rue* est majeur pour une grande part des groupes sociaux défavorisés.

36. Mary Douglas, « Complexité culturelle : cuisine et société », *Sociétés*, n° 19, 1988, p. 7.

37. Cf. Véronique Nahoum-Grappe et Michel Grappe, « Alcool et "grande pauvreté" », art. cité.

38. Titre du livre d'Isaac Joseph, *Le Passant considérable : essai sur la dispersion de l'espace public*, Paris, Librairie des Méridiens, 1984, ouvrage qui traite de l'insomnie et des conversations...

39. Le travail de proximité au long cours avec l'association d'accueil La Moquette m'a petit à petit fait comprendre à quel point, dans ce milieu de la rue, les individualités sont hétérogènes et particulières.

40. Choisi parmi beaucoup d'autres dans le livre de Patrick Declerk, *Les Naufragés : avec les clochards de Paris*, Paris, Plon, 2001. Le deuxième est une rencontre personnelle, vécue au sein de l'association La Moquette – Compagnons de la nuit en 2004. Le nombre de personnes à la rue qui fonctionnent en mode « automatique », dans l'abandon de leur propre corps, est masqué par le cliché du clochard ivrogne et éructant.

41. Voir les chiffres publiés régulièrement par le collectif Les Morts de la rue (https://www.mortsdelarue.org/).

42. Depuis décembre 1992, dans l'enquête déjà évoquée sur le thème « Alcool et guerre », financée par l'IREB, ont eu lieu un premier voyage dans le camps de réfugiés de Špansko (trois semaines en décembre 1992), puis, entre 1992 et 1995, au cours de différents programmes (financés par l'IREB, le centre André-Malraux), quatre voyages par an dans plusieurs autres camps de réfugiés en Croatie et dans les villes et enclaves assiégées de Sarajevo et de Bihać, dont chacun m'a permis de partager pendant quelques semaines le quotidien de certaines familles en situation de guerre. Les quelques hypothèses proposées ici s'appuient sur la rédaction de carnets d'enquêtes, plus que sur les publications qui ont accompagné ces enquêtes, dont l'une des premières tentait pourtant de s'approcher du « désastre », mais pas du point de vue et à l'échelle du temps quotidien (cf. « L'épuration ethnique : désastre et stupeur », *in* Véronique Nahoum-Grappe (dir.), *Vukovar, Sarajevo la guerre en ex-Yougoslavie*, Paris, Éd. Esprit, 1993, p. 45-79). La bibliographie sur ce conflit est importante, mais extérieure à la perspective choisie ici, qui consiste à tenter de cerner l'effet du désastre de la guerre dans le quotidien même des personnes impliquées.

43. La notion de cadre est, à mon avis, cruciale. Voir Erving Goffman, *Les Cadres de l'expérience*, Paris, Éd. de Minuit, 1991, avec la magistrale introduction d'Isaac Joseph.

44. La guerre d'invasion destructrice menée par la Russie en Ukraine, commencée le 24 février 2022, a chassé en trois mois plus de 6 millions de personnes de chez elles.

45. 89,3 millions de personnes ont été obligées de fuir leur foyer, toutes causes confondues, en 2021, selon les statistiques de l'UNHCR, publiées le 16 juin 2022. La diversité historique et sociologique des situations et des sites est très importante et suscite de nombreux travaux. Il faudrait distinguer les camps anciens, qui accueillent plus de trois générations de réfugiés (comme dans le cas des migrations palestiniennes, ou des réfugiés afghans étudiés par l'anthropologue Pierre Centlivres dans de nombreux articles), des campements provisoires précaires et clandestins dans les « interstices des villes », qui font l'objet des travaux de Michel Agier en France – voir, par exemple, *Campement urbain. Du refuge naît le ghetto*, Paris, Éd. Payot & Rivages, 2013.

46. Voir Catherine Coquio et Véronique Nahoum-Grappe, « Un œil brûlant du sel de trop de vieilles larmes : *Little Palestine. Journal d'un siège*, d'Abdallah Al-Khatib », actualités de la revue *Esprit*, 21 février 2022.

47. Au sujet du déclenchement et des spécificités de ce conflit (1991-1995), au milieu d'une bibliographie internationale maintenant conséquente, voir le classique, pionnier et prédictif *Vie et mort de la Yougoslavie* de Paul Garde (Fayard, 1992), ainsi que Véronique Nahoum-Grappe (dir.), *Vukovar, Sarajevo :*

la guerre en ex-Yougoslavie, *op. cit.*, où l'on trouve de nombreuses traductions de textes écrits par des auteurs ex-yougoslaves.

48. Information rapportée par Nenad Popović, son ami, éditeur et écrivain yougoslave avant la guerre, qui a ensuite fondé les éditions Durieux dès 1991.

49. La notion d'atmosphère devient de plus en plus un objet des sciences sociales. Cf. Maxime Le Calvé et Olivier Gaudin (dir.), *Communications*, n° 102, « Exercices d'ambiances. Présences, enquêtes, écritures », Paris, Seuil, 2018.

50. Un bombardement produit un effet de terreur et de panique inimaginable lorsqu'il est vu seulement sur écran : une phénoménologie du désastre de guerre à l'échelle du quotidien pourrait en restituer la portée « nucléaire » au sens de la citation de Sandra Laugier évoquée au début de cet article.

51. Dès que le désastre de guerre est devenu l'horizon « normal » de la vie quotidienne, le risque sanitaire lié à l'abus d'alcool, présenté en temps de paix comme grave et constituant un danger public officiellement dénoncé, disparaît totalement des perceptions collectives, à tel point que le grand verre d'alcool de prune tenu en main semble rempli d'eau (cf. Véronique Nahoum-Grappe, *Cahiers de l'IREB*, n° 10, 1991, *op. cit.*).

52. Il faudrait ici décrire les mécanismes neurocognitifs physiologiques précis de cette fatigue particulière, le plus souvent envisagée sous l'angle de la psychiatrie clinique (cf. Ariane Gonthier et Bernard Favrat, « Syndrome de fatigue chronique », *Revue médicale suisse*, n° 11, 2015, p. 2236-2242).

53. Alain Ehrenberg, *La Fatigue d'être soi. Dépression et société*, Paris, Odile Jacob, 1998.

54. Georges Vigarello, *Histoire de la fatigue, du Moyen Âge à nos jours*, Paris, Seuil, 2020.

55. La psychiatre présente dans le camp, Dragica Kozarić-Kovačić (Vrapce Hospital, Zagreb), avait élaboré la notion de « polytraumatisme » : chaque strate de souffrance est autonome mais elles sont toutes ensemble à l'œuvre dans les souvenirs des victimes. La perte de la maison y occupait une place centrale…

56. On devait cette idée à Madame Chenu, épouse de l'ambassadeur de France en Croatie en poste pendant le conflit.

57. Ruwen Ogien, *L'Influence de l'odeur des croissants chauds sur la bonté humaine, et autres questions de philosophie morale expérimentale*, Paris, Bernard Grasset, 2011.

58. Dans le roman policier d'Alexandre Dumal, *Je m'appelle reviens* (Paris, Gallimard 1995, p. 170-180), on trouve une excellente description de la prison comme « non-lieu » : « Cette perte totale de tout repère est un non-lieu. Un lieu neutre où l'on est seulement de passage, un lieu d'attente où on ne peut tendre que vers un seul but : le départ. Tous les prisonniers du monde sont donc condamnés au "non-lieu", et je vois toutes les taules partout dans le monde comme un camp, un gigantesque camp expérimental. » Cette description retrouve bien des aspects de ce que l'anthropologue Marc Augé a décrit dans *Non-lieux : introduction à une anthropologie de la surmodernité*, (Paris, Seuil, 1992). Un camp de réfugiés est un non-lieu.

59. Edmond Jabès, *Un étranger avec, sous le bras, un livre de petit format*, Paris, Gallimard, 1989.

60. L'anthropologue sud-africain Max Gluckman, dans « Analysis of a Social Situation in Modern Zululand » (paru dans *Bantu Studies*, vol. 14, n° 1, 1940, p. 1-30), article fameux connu par un surnom, « The Bridge », a démontré que des groupes ennemis entre eux sont dans l'obligation de s'entendre sous certaines conditions de contraintes et ritualisations situationnelles inscrites dans le temps quotidien. Cet article a été présenté et publié par Yann Tholoniat et Benoîst de l'Estoile dans *Genèse*, vol. 3, n° 72, 2008, p. 119-155. Il me semble que les conflits dans les camps de réfugiés relèvent de cette analyse de Gluckman, axée sur la description minutieuse de chaque jour de négociations, confirmant la notion de « sélection situationnelle » (Evans-Pritchard) lors d'un conflit contraint par le cadre institutionnel, politique et la situation.

61. Cf. Véronique Nahoum-Grappe, *L'Ennui ordinaire : essai de phénoménologie sociale*, Paris, Austral, 1995.

62. Edmond Jabès, *Le Livre des questions*, Paris, Gallimard, 1988-1989.

63. Lors d'une enquête auprès de jeunes hospitalisés en psychiatrie (menée avec Marc Pataut, à Périgueux, entre 2006 et 2009), un jeune autiste m'avait posé la question suivante : « Qu'est-ce qui est le plus long : *toujours* ou *jamais* ? » Cette question a donné son titre à l'ouvrage collectif *Toujours ou Jamais*, Lienart éditions, 2009. L'irrémédiable est « le plus long ».

Véronique Nahoum-Grappe

RÉSUMÉ

L'effet de désastre en temps réel

Il s'agit, dans cet article, de présenter une approche phénoménologique, compréhensive, de l'effet d'un désastre dans les vies quotidiennes en temps de paix, dans un groupe de personnes précaires françaises, et en temps de guerre, dans certains camps de réfugiés (ex-Yougoslavie, 1991-1995). Dans une situation d'insécurité majeure, le rapport au sommeil, aux consommations, au corps, aux objets, au temps et à l'espace se modifie parfois provisoirement, parfois définitivement : l'effet du malheur produit une réduction du temps investi comme réel autour du présent, voire de l'instant, ainsi qu'un fort sentiment de désaffiliation, entraînant une forme de solitude particulière, que partagent à des degrés divers les couches précaires, en temps de paix, et les réfugiés, en temps de guerre.

MOTS-CLÉS : quotidien, sécurité, temps réel, désastre, précarité, confort, guerre, paix

SUMMARY

Real Time Disaster Effect

This article mobilizes a phenomenological, comprehensive approach to explore the effect of a disaster striking the everyday lives, at a time of peace, of a group of precarious French persons, and at a time of war, of a group of refugees (ex-Yugoslavia 1991-1995). As insecurity increases, the relation to sleep, food, body, objects, time and space, is altered (sometimes temporarily, sometimes permanently) : the effect of the disaster produces a narrowing of time perceived as the real around the present, or even the single instant. It may also produce a powerful feeling of de-affiliation, leading to a form of peculiar loneliness when social bonds fade away, which is shared to varying degrees by the persons living in precariousness in times of peace, and the refugees in time of war.

KEYWORDS : everyday life, safety, real time, disaster, precariousness, comfort, war, peace

RESUMEN

Efecto de un desastre en tiempo real

Este artículo es una aproximación fenomenológica y comprensiva del efecto de una catástrofe en la vida cotidiana en tiempos de paz, en un grupo de franceses precarios, y en tiempos de guerra, en ciertos campos de refugiados (ex-Yugoslavia 1991-1995). En una situación de gran inseguridad, la relación con el sueño, el consumo, el cuerpo, los objetos, el tiempo y el espacio se modifican a veces de forma temporal y a veces de forma permanente : el efecto de la desgracia produce una reducción del tiempo invertido como real en torno al presente, o incluso del instante, y también un fuerte sentimiento de desafiliación, que se traduce en una forma particular de soledad compartida en diversos grados por los estratos precarios en tiempos de paz y los refugiados en tiempos de guerra.

PALABRAS CLAVES : cotidiano, seguridad, tiempo real, desastre, precariedad, confort, guerra, paz